'26

一般常識＆最新時事
［一問一答］頻出1500問

別冊
最新時事
一問一答

CONTENTS

特長と使い方

最新時事一問一答

1	ロシア・ウクライナ情勢	▸▸▸ 2
2	北朝鮮情勢	▸▸▸▸▸▸▸ 3
3	中国情勢	▸▸▸▸▸▸▸▸▸▸▸ 4
4	中東情勢	▸▸▸▸▸▸▸▸▸ 6
5	各国首脳・指導者	▸▸▸▸▸▸▸ 8
6	国際問題	▸▸▸▸▸▸▸▸▸▸▸ 10
7	領土問題	▸▸▸▸▸▸▸▸▸▸ 12
8	アメリカ・ヨーロッパ	▸▸▸ 14
9	アジア・アフリカ	▸▸▸▸▸ 16
10	新型コロナウイルス	▸▸▸ 18
11	経済協定	▸▸▸▸▸▸▸▸▸▸▸ 20
12	環境問題	▸▸▸▸▸▸▸▸▸▸▸ 22
13	新エネルギー	▸▸▸▸▸▸▸▸ 24
14	震災復興	▸▸▸▸▸▸▸▸▸▸ 25

15	国内政治	▸▸▸▸▸▸▸▸▸▸▸▸ 26
16	憲法・法令・司法	▸▸▸▸ 28
17	制度改革	▸▸▸▸▸▸▸▸▸▸ 30
18	社会問題	▸▸▸▸▸▸▸▸▸▸ 32
19	経済問題	▸▸▸▸▸▸▸▸▸▸ 34
20	宇宙開発	▸▸▸▸▸▸▸▸▸▸ 36
21	世界遺産	▸▸▸▸▸▸▸▸▸▸ 37
22	ノーベル賞	▸▸▸▸▸▸▸▸▸ 38
23	オリンピック・パラリンピック	▸▸▸ 40
24	野球・サッカー	▸▸▸▸▸▸▸ 42
25	その他のスポーツ	▸▸▸▸ 44
26	映画・芸能	▸▸▸▸▸▸▸▸▸ 46
27	文学賞	▸▸▸▸▸▸▸▸▸▸▸▸▸ 48

いっきにチェック！ 最新データ

1	EU	▸▸▸▸▸▸▸▸▸▸▸▸▸▸▸ 50
2	歴代首相	▸▸▸▸▸▸▸▸▸▸▸ 51
3	経済論・経済史	▸▸▸▸▸▸ 52
4	環境	▸▸▸▸▸▸▸▸▸▸▸▸▸▸ 53
5	日本の主な世界遺産	▸▸▸ 54
6	ノーベル賞	▸▸▸▸▸▸▸▸▸ 55
7	時事英語	▸▸▸▸▸▸▸▸▸▸ 56

8	オリンピック	▸▸▸▸▸▸▸▸ 58
9	メジャーリーグ	▸▸▸▸▸▸ 59
10	サッカー	▸▸▸▸▸▸▸▸▸▸ 60
11	FIFAワールドカップ	▸▸▸ 61
12	文学賞	▸▸▸▸▸▸▸▸▸▸▸ 62
13	映画（アカデミー賞）	▸▸▸ 64

※肩書きのない人名の敬称は略しています。
※本書の時事・事象は主に2023年10月時点の情報に基づいています。

1 ロシア・ウクライナ情勢

注目トピックス

- 2014年に**クリミア**半島を併合したロシアは、2022年にはウクライナ全土に軍事侵攻。ウクライナの**ゼレンスキー**大統領は英米などの支援を得て対抗した。
- 当初は軍事力に勝るロシアが優勢で、ウクライナ東部の**ドンバス**地方などが占領されたが、次第にウクライナが奪還地域を拡大。
- ウクライナ戦争を契機に**エネルギー**価格が暴騰し、世界的な**インフレ**が各国の経済を悪化させた。

▲ビデオ演説するウクライナのゼレンスキー大統領（写真提供：Â©Ukrainian Presidential Press Off/Planet Pix via ZUMA Press Wire ／共同通信イメージズ）

次の【　】にあてはまる語句を答えよ。

解答・解説

1. ロシアがウクライナに侵攻したときのロシア大統領は【　】。

   1 ウラジーミル・プーチン
   1952年生。

2. ロシアがウクライナに侵攻したときのウクライナ大統領は【　】。

   2 ヴォロディミル・ゼレンスキー
   1978年生。元俳優。

3. ウクライナの首都は、ウクライナ語で【　】。

   3 キーウ
   ロシア語の発音では**キエフ**。

4. 2014年にロシアはウクライナ南部の【　】半島を併合した。

   4 クリミア

5. **4**半島が接しているのは【　】海と**アゾフ**海。

   5 黒
   ヨーロッパとアジアの間にある内海。

6. 【　】は**5**に接するリゾート地で2014年に冬季五輪が開催された。

   6 ソチ
   ロシアの都市。フィギュアスケートの**羽生結弦**が金メダル獲得。

2 北朝鮮情勢

注目トピックス

- 2018年6月に、北朝鮮の**金正恩**朝鮮労働党委員長とアメリカの**トランプ**大統領が、史上初の米朝首脳会談を**シンガポール**で開催。
- 2019年には、トランプ大統領は北緯38度線の**板門店**で、現役のアメリカ大統領初となる北朝鮮入国を果たした。
- しかし、米朝間の関係改善にはつながらず、アメリカがバイデン政権に代わった後も、北朝鮮は迎撃が難しい**ロフテッド**軌道の弾道ミサイルなどの発射を繰り返した。

▲新型大陸間弾道弾（ＩＣＢＭ）「火星18」の発射実験（写真提供：朝鮮中央通信＝共同）

次の【　】にあてはまる語句・数字を答えよ。

1 北朝鮮の正式名称は【　】である。

2（注目） 2012年北朝鮮の最高指導者であった**金正日**（キムジョンイル）の後継者として三男の【　】が指名され、第一書記に就任した。

3（注目） 2020年、**2**の体調不良説が流れる中、妹の【　】が国際社会から注目された。

4 北朝鮮と韓国の境界線になっているのは北緯【　】度線である。

5 北朝鮮と韓国の間に位置する、停戦のための**軍事境界線**上にある村を【　】という。

6 2018年6月、アメリカの**トランプ**大統領と北朝鮮の**金正恩**朝鮮労働党委員長は、【　】（国）で初の米朝首脳会談を行った。

解答・解説

1 朝鮮民主主義人民共和国
首都：平壌（ピョンヤン）
同国は「北朝鮮」の呼称を認めていない。

2 金正恩（キムジョンウン）
1983年生。金日成（キムイルソン）の孫にあたる。2021年に総書記に就任。

3 金与正（キムヨジョン）
1988年生。金正恩とは異母兄妹。

4 38
朝鮮半島のほぼ中央部を通り、日本では佐渡島（新潟県）を通る。

5 板門店（パンムンジョム）
1953年に朝鮮戦争の休戦協定が締結された地点。日本語読みはハンモンテン。2023年7月に在韓米軍所属の兵士が軍事境界線を無断で越境して北朝鮮に拘束された。

6 シンガポール

! ポイント　北朝鮮の動向については日々のニュースで確認しましょう！

3 中国情勢

注目トピックス

- 1997年にイギリスから中国に返還された香港では、2019年に「逃亡犯条例」改正案に抗議して民主化デモが起きた。
- 中国は治安維持を目的とした「国家安全維持法」を施行し、香港では逮捕者が相次いだため、国際社会から非難されることになった。
- 一方で、日本、米国、オーストラリア、インドの4か国はQUAD連携を強め、中国と対抗する姿勢を示した。

▲中国の習近平国家主席（写真提供：共同通信社）

次の【　】にあてはまる語句を答えよ。

1 2008年、中国西南部に位置する【　】自治区（首府：ラサ）では、大規模な民族運動が起こった。

2 2013年3月から中国の国家主席を務めているのは【　】。

3（注目）2014年3月、中国雲南省で無差別殺傷事件が起き、中国政府は新疆【　】自治区の分離を目指す勢力のテロと発表した。

4（注目）2020年8月、中国は【　】自治区においてモンゴル語による教育を禁止したため、国際問題化した。

5 2020年、中国政府は香港【　】法を成立させ、香港の民主活動家を逮捕した。

解答・解説

1 チベット（西蔵）
2008年の北京オリンピック開催前に、民族運動が再燃した。

2 習近平
1953年生。

3 ウイグル

4 内モンゴル

5 国家安全（維持）

最新時事一問一答

○○◔注目
6 2022年、アメリカ**下院**の【 】議長の**台湾**訪問に中国は反発した。

6 ナンシー・ペロシ
1940年生。

3
中国情勢

○○◔注目
7 2022年、**ウズベキスタン**の**サマルカンド**で開催された【 】（SCO）の首脳会議で、ロシアの**プーチン**大統領と中国の**習近平**は両国関係を確認した。

7 上海協力機構
英 Shanghai Cooperation Organization

8 1842年、**アヘン**戦争後の【 】条約で香港島がイギリスに割譲された。

8 南京 または 江寧

○○◔注目
9 中国が推し進めているユーラシア大陸を結ぶ経済圏構想を【 】構想という。

9 一帯一路

○○◔注目
10 中国主導で設立した各国のインフラ整備への投資を目的とする国際金融機関は【 】銀行。

10 アジアインフラ投資
英 Asian Infrastructure Investment Bank（AIIB）

11 中国から日本国内への大量飛来が懸念されている、大気汚染源となる微小粒子状物質を【 】という。

11 PM2.5
大気中に浮遊している粒子状物質のうち、粒子径が2.5 μm（1μmは1 mmの1000分の1）以下の小さな粒子のこと。

12 中国の黄河流域や砂漠などで、風によって巻き上げられた砂塵が**偏西風**に乗って日本に飛来する現象を【 】という。

12 黄砂

○○◔注目
13 2010年、中国の**劉暁波**にノーベル【 】賞が授与された。

13 平和
中国政府による拘束下で、2017年に死去。

14 中国は、日本の【 】諸島を自国領土として近隣に公船や航空機を派遣し、日本政府と対立している。

14 尖閣

! ポイント 中国とアメリカの対立の動向に注目しよう！

5

4 中東情勢

注目トピックス

- 2020年8月に、当時の米トランプ政権の仲介で、イスラエルとアラブ首長国連邦（UAE）の和平協定締結が両間で合意され、イスラエルとイスラム国家との和平の進展が期待された。
- 2023年10月、パレスチナ自治区ガザ地区を実効支配するイスラム組織ハマスのメンバーがイスラエルに侵入して奇襲攻撃を行い、多数のイスラエル人が死亡。イスラエルは対抗してガザ地区を空爆、さらに宣戦布告して大規模な軍事衝突に発展した。

▲イランのライースィ（ライシ）大統領（写真提供：共同通信社）

次の【 】にあてはまる語句を答えよ。

1 アフガニスタンでは、2021年に米軍が撤退すると、反政府武装組織【 】が全土を制圧した。

2 アフガニスタンの【 】にある仏像石窟遺跡は、2001年に武力勢力であるタリバンによって破壊された。

3 多くの国はイスラエルの【 】を首都と認めていないが、2018年にアメリカは首都と承認し、大使館を移した。

4 長年アラブ諸国と対立してきたイスラエルは、2020年にアメリカの仲介のもと【 】（国）やバーレーンと国交を回復した。

5 2020年、レバノンの首都【 】では、港湾施設に保管されていた化学物質が爆発し多くの死傷者が出た。

6 2019年、サウジアラビアの石油施設が爆撃され、隣国【 】の反政府シーア派組織が犯行声明を出したがイランの関与も疑われた。

解答・解説

1 タリバン
「神学生たち」または「求道者」の意。

2 バーミヤン
2体の世界最大の大仏立像。2003年に世界文化遺産に登録。

3 エルサレム
日本を含め多くの国はテルアビブに大使館を置いている。

4 アラブ首長国連邦（UAE）
首都：アブダビ
イスラエルはエジプト、ヨルダンとは国交があった。

5 ベイルート
元日産会長のカルロス・ゴーン被告の逃亡先でもある。

6 イエメン
首都：サヌア

最新時事一問一答

4 中東情勢

☐ 7 2021年、**イラン**では対米保守強硬派の【　】大統領が就任した。

7 **ライースィ**（ライシ）
1960年生。

☐ 8 イランの北には**カスピ**海、南には【　】湾がある。

8 **ペルシャ**
この湾をはさんで、クウェートやサウジアラビアなどに面する。

☐ 9 **ペルシャ**湾にある【　】海峡は、イランによる封鎖が憂慮されている。

9 **ホルムズ**
海上交通の要衝で、石油戦略上の重要地点でもある。

☐ 10 イランで信仰されている宗派は、**イスラム**教【　】派が多い。

10 **シーア**
イスラム教二大宗派の一つ。もう一つは**スンニ**派。

☐ 11 イラク共和国の首都は【　】である。

11 **バグダッド**
チグリス川と**ユーフラテス**川が近づいた中央部のチグリス川縁にある。

☐ 12 イスラム教全体では主流派となっている【　】派は、イラクでは少数派である。

12 **スンニ**
フセイン寄りの宗派。

☐ 13 イラク**北**部に居住する少数民族を【　】人といい、**フセイン**大統領時代には激しい弾圧を受けた。

13 **クルド**
化学兵器の攻撃を受けた。

☐ 14 1991年に起こった**湾岸戦争**は、イラクによる【　】（国）侵攻がきっかけとなった。

14 **クウェート**
米軍を主力とする多国籍軍のイラク空爆で戦争が開始。

☐ 15 イラク戦争後、イラク北部・西部のイスラム教【　】派支配地域では、イスラム過激派組織「**イスラム国（IS/ISIL/ISIS）**」が勢力を増した。

15 **スンニ**
元々イラクでは少数派だが、死刑となったフセイン元大統領寄り。

!ポイント　イスラエルとアラブ諸国の国交回復に注目！

5 各国首脳・指導者

注目トピックス

- 2020年11月の米大統領選挙で、民主党のバイデンが共和党のトランプを破って勝利。副大統領にはカマラ・ハリスを指名。パリ協定復帰やアフガニスタンからの米軍撤退を進めた。
- 2021年、ドイツでは首相がメルケルからショルツに。
- 2022年、韓国では尹錫悦が大統領に。
- イギリスではリズ・トラスが首相就任後1か月半で退任し、後任としてリシ・スナクがインド系初の首相となった。

▲リシ・スナク英国首相（写真提供：Â©Tayfun Salci/ZUMA Press Wire/ 共同通信イメージズ）

次の【　】にあてはまる語句を答えよ。

1 フランスでは、2017年の大統領選挙で、当時**39**歳の【　】が当選し大統領に就任した。

2 ロシアでは、【　】前首相が、2012年5月に大統領に再就任した。

3 2020年のアメリカ大統領選挙は共和党のドナルド・トランプと民主党の【　・　】が争った。

4 韓国では、2022年に保守系野党「国民の力」の【　】が大統領に就任した。

5 2016年、フィリピンでは強硬な政治手法で地方の治安を改善した【　】が大統領に就任した。

6 シリアの【　】大統領は、「アラブの春」を契機として発生した大規模デモに対し武力攻撃したことから、国際問題となった。

解答・解説

1 マクロン
1977年生。

2 プーチン
1952年生。メドヴェージェフ前大統領が首相となった。

3 ジョー・バイデン
1942年生。

4 尹錫悦（ユンソンニョル）
1960年生。前任は「共に民主党」の文在寅（ムンジェイン）。

5 ドゥテルテ
1945年生。米大統領や国連事務総長への悪態が話題に。2022年の任期満了に伴い政界引退を発表。後任は、フェルディナンド・マルコス。

6 アサド
1965年生。国連総会で、弾圧即時停止を求める決議が採択された。

最新時事一問一答

□ 7 EUの初代「欧州理事会議長」は、**ベルギー**元首相の【　】である。

7 ヴァン・ロンプイ
1947年生。EUの新基本条約であるリスボン条約に基づき就任。EU大統領とも呼ばれる。

👀注目
□ 8 台湾（中華民国）では2016年1月に総統選挙が行われ、最大野党である**民進**党の【　】主席が当選した。

8 蔡英文（ツァイ・インウェン）
1956年生。台湾初の女性総統となった。2020年も再選。

👀注目
□ 9 ブラジルでは、2019年に【　】が大統領に就任。焼き畑農業の容認や経済優先の感染症対策が話題になった。

9 ボルソナーロ
1955年生。ブラジル版トランプとも呼ばれた。2022年の大統領選挙でルーラ・シルヴァに敗れて再選されなかった。

👀注目
□ 10 中国では、**李克強**に代わり2023年3月に【　】が国務院総理（首相）に就任した。

10 李強（リー・チャン）
1959年生。習近平国家主席の側近。

□ 11 2005年からドイツの首相を務めた【　】は、同国初の**女性**首相である。

11 メルケル
1954年生。キリスト教民主同盟（CDU）党首。2021年政界を引退。

□ 12 2021年、**ドイツ**の首相は11が退任し、【　】が就任した。

12 オラフ・ショルツ
1958年生。ドイツ社会民主党。

□ 13 「世界一幸せな国」として知られる【　】王国の**ワンチュク**国王が、2011年に王妃とともに来日した。

13 ブータン
ヒマラヤ山脈の東端に位置する小さな仏教国。GNH（国民総幸福量）という指標を採用。

👀注目
□ 14 2022年、イギリスでは**3人目の女性首相**である**リズ・トラス**が就任1か月半で辞任し、後任に、初のインド系首相となる【　】が就任した。

14 リシ・スナク
1980年生。保守党。元財務大臣。

□ 15 2016年7月、トルコで【　】大統領への反発から、国軍の反乱勢力によるクーデター未遂事件が起こった。

15 エルドアン
1954年生。反乱勢力は、首都アンカラや最大都市イスタンブールなどを一時占拠。

5
各国指導者

❗ **ポイント** ニュースで頻出する各国首脳の名前は暗記しましょう！

6 国際問題

注目トピックス

- 2021年、ミャンマーでは、国軍がアウン・サン・スー・チー国家顧問率いる政権を転覆させるクーデターが発生。市民デモと衝突するなどして死者が出た。
- アフガニスタンでは、2021年8月に米軍が撤退。反政府武装勢力であるタリバンが首都カブールを含む全土を制圧してガニ大統領は国外脱出。混乱に乗じてイスラム国がテロを起こした。

▲ミャンマー・ヤンゴンでクーデターに抗議するデモ隊（写真提供：共同通信社）

次の【　】にあてはまる語句・数字を答えよ。

解答・解説

1 国連の**安全保障理事会**は、常任理事国5か国と、任期【　】年の非常任理事国【　】か国で構成される。

1 **2、10**

2 安全保障理事会の**常任理事国**は**アメリカ**、**イギリス**、**フランス**、【　】、【　】の5か国である。

2 **ロシア、中国**（順不同）
この5か国は第二次世界大戦の主要戦勝国。

3 安全保障理事会における重要事項の採択には、すべての常任理事国を含む【　】か国以上の賛成が必要となる。

3 **9**
常任理事国は**拒否権**をもつ。

4 2011年に【　】共和国が加わり、国連加盟国は**193**か国となった。

4 **南スーダン**
2006年のモンテネグロ共和国以来の新規加盟。

5 2012年11月、国連**総会**は、【　】の国連での参加資格を「オブザーバー組織」から「オブザーバー国家」に格上げすることを決定した。

5 **パレスチナ**
格上げされても正式な国家承認の効力はないが、国連討議に参加することなどが可能となる。

注目

6 第9代国連事務総長は、元**ポルトガル**首相の【　】である。

6 **グテーレス**
1949年生。元難民高等弁務官。第8代は韓国出身の潘基文。

最新時事一問一答

7 国連の主要機関の一つである【　　】裁判所は、国際紛争を平和的に解決するための国際的な司法機関である。

7 国際司法
オランダのハーグにある。

●●注目
8 2019年、日本は国際捕鯨委員会（略称、【　　】）を脱退し、商業捕鯨を再開した。

8 IWC
英 International Whaling Commission

9 平和を脅かす局地的な紛争の拡大防止を図るため、国連が軍事監視団などを派遣する活動の略称は【　　】。

9 PKO
英 Peacekeeping Operations
国連平和維持活動のこと。

10 NPTとは【　　】条約のことで、核非保有国への核兵器の輸出・生産援助などを禁止する条約である。

10 核拡散防止（核不拡散）
NPTで定められた核保有国は国連安全保障理事会の常任理事国と同じである。

11 CTBTとは【　　】条約のことで、地下核実験を含むすべての核爆発を伴う実験を禁止する条約である。

11 包括的核実験禁止
アメリカや中国などが批准しておらず、未発効。

●●注目
12 2019年、アメリカのトランプ大統領は、中距離核戦力（略称：【　　】）全廃条約を破棄した。

12 INF
英 Intermediate-Range Nuclear Forces

●●注目
13 原子力の平和利用を促進し、軍事利用されないよう監視する機関の略称は【　　】である。

13 IAEA
英 International Atomic Energy Agency
国際原子力機関のこと。NPT加盟国に対して核査察を行う。

14 「国際的な子の奪取の民事上の側面に関する条約」は、【　　】条約とも呼ばれる多国間条約である。

14 ハーグ
主要8か国（G8）では日本だけが加盟していなかったが、2014年4月発効した。

●●注目
15 2021年、米国・ロシア間の軍縮条約である新戦略兵器削減条約（略称：新【　　】）が延長された。

15 START
英 New Strategic Arms Reduction Treaty
長射程用核弾頭と大陸間弾道ミサイルの削減などを定めた条約。

6
国際問題

！ポイント 原子力や軍縮に関する条約や機関はよく出題されます！

7 領土問題

注目トピックス

▲尖閣諸島（写真提供：毎日新聞社）

- 沖縄県石垣市に属する「尖閣諸島」について、2012年9月の日本国有化以降、中国による反日デモや尖閣諸島上空を含む防空識別圏の設定、中国海警局公船の領海侵入などが起きた。
- 2019年、ロシアのメドヴェージェフ首相は大統領時代も含めて4度目の「北方領土」訪問を行い、日本は抗議した。
- 2019年、韓国の国会議員団が日本の輸出管理強化に抗議して、島根県に属する「竹島」（韓国名は独島）に上陸した。

次の【　】にあてはまる語句を答えよ。

1 北方領土問題について、ロシアは歯舞群島と【　】島の二島返還案を主張しているのに対し、日本は四島返還案を主張している。

2 日本がロシアに対して返還を求めている北方四島のうち、最も大きい島は【　】島である。

3（注目）2019年にロシアの【　】首相が、大統領時代も含めて4回目の北方領土訪問を行った。

4（注目）隠岐諸島の北西にある、韓国と日本が領有権を争っている島は【　】である。

5（注目）**4**は【　】県に属するとする日本の閣議決定がなされた。

6 1952年、韓国は自国の領土内に**4**を設定する【　】ラインを設け、**4**を実効支配している。

7（注目）中国や台湾が領有権を主張している石垣島近くの島を【　】諸島という。

解答・解説

1 色丹

2 択捉
2015年、ロシアのメドヴェージェフ首相が訪問。北方四島は、択捉島、国後島、歯舞群島、色丹島の四島。

3 メドヴェージェフ
1965年生。

4 竹島
韓国名は独島。

5 島根
1905年に編入された。

6 李承晩／イ・スンマン
1875年生〜1965年没。
大韓民国（韓国）の初代大統領。朝鮮半島周辺の広大な水域における主権を主張。

7 尖閣
2012年9月、魚釣島などを日本が国有化したことから、中国各地で反日デモが起こった。

最新時事一問一答

8 2013年11月、中国国防部は**7**諸島上空を含む空域を「東シナ海【　　】区（圏）」に設定し、規則に従うよう発表した。

8 防空識別

9 **中国**、**インド**、**パキスタン**が国境線をめぐって対立している、織物で有名な地域は【　　】地方。

9 カシミール
インダス川が流れ、織物（カシミア）の原産地。

10 海岸線から【　　】海里以内の海域を**排他的経済水域**といい、沿岸国が水産資源や鉱産資源を利用する権利をもつ。

10 200
日本は離島が多いため、排他的経済水域の面積は国土面積の10倍以上ある。

11 南シナ海に浮かぶ【　　】群島（諸島）は現在、**中国**が実効支配しているが、**ベトナム**と台湾が領有権を主張している。

11 西沙
パラセル諸島とも呼ばれる。

12 南シナ海に浮かぶ【　　】群島（諸島）は**ベトナム**、**マレーシア**、**フィリピン**、**ブルネイ**、中国、台湾が領有権を主張している。

12 南沙
スプラトリー諸島とも呼ばれ、大油田とガス田が発見された。

13 【　　】高原はイスラエルが**シリア**から奪って占拠し続けているが、**トランプ**米大統領は2019年にイスラエルの主権を承認した。

13 ゴラン
イスラエルはゴラン高原にトランプ高原と名付けた新入植地をつくると発表。

14 アフリカ北西部の【　　】では、同地域の領有権を主張する**モロッコ**と、独立を目指すポリサリオ戦線との間で紛争が起こっている。

14 西サハラ
1991年に停戦が成立したが、解決には至っていない。

15 2020年、【　　】（国）が実質支配する**アゼルバイジャン**のナゴルノ・カラバフ自治州の帰属を巡って、両国が武力衝突した。

15 アルメニア
首都：エレバン。アゼルバイジャンの首都はバクー。

16 【　　】問題とは、もともとアラブ人が住んでいた同地域に、**ユダヤ**人が入植してきたことから起こった領土問題である。

16 パレスチナ
西アジア・中東に位置する。自治政府が暫定共和国として樹立しているが、解決には至っていない。

7
領土問題

ポイント 正確な位置も地図とともに覚えましょう！

13

8 アメリカ・ヨーロッパ

注目トピックス

- 米国では、2021年にバイデン大統領（民主党）が就任すると、気候変動に関するパリ協定へ復帰。軍縮交渉を再開し前トランプ政権（共和党）とは逆の政策をとった。
- ロシアがウクライナに侵攻すると、それまで軍事的中立を保っていたフィンランドが2023年にNATO（北大西洋条約機構）に加盟。スウェーデンについては、トルコが難色を示していたが最終的に支持に同意して加盟が決まった。

▲バイデン米大統領（写真提供：ロイター＝共同）

次の【　】にあてはまる語句・数字を答えよ。

解答・解説

1 アメリカは【　】の採掘によって、世界最大の天然ガス産出国になった。

1 シェールガス
英 shale gas
頁岩（シェール）層から採取される天然ガスのこと。

2 2008年、【　】政府は、自治地域である南オセチアに軍事侵攻したことから、独立を支援するロシアと対立した。

2 ジョージア
首都：トビリシ
日本ではグルジアと呼んでいたが、2015年に呼び名を改める法律が成立。

3 【　】とは、イギリスがEUから離脱することを指す造語である。

3 ブレグジット
英 Brexit。Britishとexitの合成語。

4 キューバでは、1976年から2008年まで【　】議長が長期政権を握った。

4 フィデル・カストロ
1926年生〜2016年没。ゲバラとともにキューバ革命を成功させた。実弟のラウル・カストロを経て、2019年にディアスカネルが大統領に。

5 EU（欧州連合）の前身である【　】（欧州共同体）は、1967年に6か国で発足した。

5 EC
イタリア、オランダ、西ドイツ、フランス、ベルギー、ルクセンブルク。

6 5は1993年にEUに発展したが、統合時の加盟国数は【　】か国であった。

6 12
EU旗の図柄の★も同数。

最新時事一問一答

7 1993年のEU誕生の基礎となったのは【　　】条約である。

7 マーストリヒト
オランダの都市名。

8 2013年に**クロアチア**が新規加盟を果たし、EU加盟国は計【　　】か国となった。

8 28
クロアチアの首都は ザグレブ。
2020年にイギリスが離脱し27か国になった。

9 欧州単一通貨であるユーロを導入した際に、イギリス（**ポンド**）、【　　】（クローネ）、**スウェーデン**（クローナ）は参加しなかった。

9 デンマーク
首都：コペンハーゲン
ユーロ＝ EURO

◎◎≈注目
10 **ユーロ**圏の金融政策を一元的に担っている欧州中央銀行の略称は【　　】である。

10 ECB
英 European Central Bank。

◎◎≈注目
11 バルト三国の一つである【　　】共和国は、IT立国として世界の注目を集めている。

11 エストニア
首都：タリン

12 2014年、【　　】（国名）では大規模な抗議デモが起き、親ロシア派の**ヤヌコーヴィチ**大統領が国外に脱出した。

12 ウクライナ
首都：キーウ（キエフ）
ドラマで大統領役を演じた俳優ゼレンスキーが2019年の大統領選で勝利。

13 2014年、**12**南部で【　　】自治共和国と**セヴァストーポリ**特別市は独立を宣言し、ロシアに併合された。

13 クリミア

◎◎≈注目
14 2022年、国内に侵攻したロシアに、**ウクライナ**の【　　】大統領は全面対抗した。

14 ゼレンスキー
1978年生。

15 2022年、**ロシア**の**ウクライナ**侵攻を受けて【　　】と【　　】は**NATO**加盟を申請した。

15 フィンランド、スウェーデン
英 North Atlantic Treaty Organization（北大西洋条約機構）フィンランドは2023年に正式加盟した。

！ポイント EUの加盟国、ユーロ導入国、金融危機国に注目！

9 アジア・アフリカ

注目トピックス

- 2021年2月、ミャンマーでは軍事クーデターが勃発して市民と衝突して混乱した。
- アフガニスタンでは、米軍が撤退開始すると2021年8月に反政府武装勢力タリバンが全土を制圧。各国機関もアフガニスタンから脱出して混乱した。
- 対外債務が増加し経済破綻に陥ったスリランカでは、ラージャパクサ大統領が国外脱出した。

▲飛行機でアフガニスタンから避難する人々(写真提供:©South Korean Defence Ministry via ZUMA Press Wire/ 共同通信イメージズ)

次の【　】にあてはまる語句を答えよ。

1 2022年、対外債務による経済危機に陥った【　】(国)では、ラージャパクサ大統領が国外脱出した。

2 2021年2月に軍部によるクーデターが起こった国は【　】(首都：ネーピードー)。

3 2012年4月、**2**では国会の補欠選挙にて、【　】が率いる国民民主連盟が圧勝した。

4 **2**では、2017年に政府側が少数民族【　】の居住地焼き討ちや虐殺を行ったため国際問題化した。

5 2020年、【　】(国)と中国は、国境紛争地帯であるガルワン川流域で緊張が高まった。

6 2017年、国民総幸福量を唱える【　】王国と中国は、紛争地であるドクラム高原で緊張が激化した。

解答・解説

1 スリランカ
首都：スリ・ジャヤワルダナプラ・コッテ

2 ミャンマー

3 アウン・サン・スー・チー
1945年生。ミャンマーにおける民主化運動の指導者。長年自宅軟禁されていた。

4 ロヒンギャ
仏教徒が多いミャンマーにおいては数少ないイスラム教徒で、国籍を持たない者が多い。

5 インド
首都：ニューデリー

6 ブータン
首都：ティンプー

最新時事一問一答

7 経済発展が著しい国グループを総称した VISTAのうち、日本より人口が多い国は【　　】（国）である。

7 インドネシア
首都：ジャカルタ。人口2.7億人。
日本：1.26億人。

8 アメリカの**レーガン**大統領（当時）は、1984年にイランを【　　】国家に指定した。

8 テロ支援
イラン、シリア、キューバ、スーダンの4か国が指定された。

9 アメリカの**ジョージ・W・ブッシュ**大統領（当時）は、2002年の一般教書演説で、イラク・イラン・**北朝鮮**を【　　】と呼んで非難した。

9 悪の枢軸
一般教書演説とは、アメリカ大統領が年頭に議会へ送るメッセージ。

10 ヒンズー教寺院遺跡「**プレアビヒア**」をめぐり、**タイ**と【　　】（国）との間で国境線争いが起こった。

10 カンボジア
首都：プノンペン
2013年11月、国際司法裁判所は、カンボジア領とする判決を下した。

11 2020年以降、西アフリカの元フランス植民地である、**マリ・ブルキナファソ・**【　　】（首都：**ニアメー**）でクーデターが相次いだ。

11 ニジェール
首都：ニアメー

👀注目
12 【　　】（国）は、青ナイル川の上流に「大【　　】・ルネサンスダム」を建設し、エジプトなどナイル川流域国と対立した。

12 エチオピア
首都：アディスアベバ

13 インド洋と**アデン**湾に接する【　　】（国）は無政府状態が続き、その沖合では海賊行為が発生していた。

13 ソマリア
首都：モガディシュ

👀注目
14 海賊対策のために東アフリカの【　　】共和国に自衛隊初の海外拠点が設けられた。

14 ジブチ
首都：ジブチ

15 スーダンの【　　】地域では、政府と反政府勢力との紛争で大量虐殺が起こった。

15 ダルフール
2013年2月、停戦協定が合意された。

9

アジア・アフリカ

❗ポイント 各国の政変に関するニュースを要チェック！

17

10 新型コロナウイルス

注目トピックス

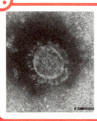

- 2019年12月に中国・湖北省武漢で発生した新型コロナウイルス感染症（COVID-19）は、新型コロナウイルス（SARS-CoV-2）による感染症で、全世界的な流行であるパンデミックに発展し、政治的・経済的に大きな影響を与えた。
- 日本でも地域ごとに緊急事態宣言やまん延防止等重点措置が適用されたが、ワクチン接種が進み、2023年5月からCOVID-19は2類感染症相当から5類感染症に格下げされた。

▲ COVID-19（写真提供：国立感染症研究所）

次の【　】にあてはまる語句を答えよ。

1 新型コロナウイルス感染症の英略語は【　】。

1 COVID-19
英 coronavirus disease 2019

2 新型コロナウイルスの英略語は【　】。

2 SARS-CoV-2
英 Severe Acute Respiratory Syndrome Coronavirus 2
SARSコロナウイルスに類似。

3 新型コロナウイルスのコロナとは、ギリシャ語で【　】の意味。

3 王冠
太陽の外側の高温ガスの部分もコロナと呼ぶ。

4 新型コロナウイルスは脂質二重膜の【　】を持ち、アルコールで不活化できる。

4 エンベロープ
英 envelope

5 新型コロナウイルスの発生源とみられる武漢は中国の【　】省にある。

5 湖北
世界3位の長さの川である揚子江（長江）の中流、洞庭湖北東に位置している。

6 新型コロナウイルスは【　】核酸（英略語【　】）を持つ。

6 リボ、RNA
英 ribonucleic acid

最新時事一問一答

7 新型コロナウイルスは、突起状の**スパイク**を宿主の細胞表面の【　】に結合させて、細胞内に侵入する。

7 受容体
COVID-19は、ACE2受容体が関係しているとみられている。

8 小規模な**集団**感染のことを【　】感染と呼ぶ。

8 クラスター
英cluster
集団、群れのこと。

9 **ポリメラーゼ連鎖**反応を利用したウイルスの検査方法を【　】検査という。

9 PCR
英Polymerase Chain Reaction
COVID-19では、主にリアルタイム-PCR法が用いられる。

👀注目
10 感染防止のために避けるべき**3密**とは【　】、【　】、【　】のこと。

10 密閉、密集、密接
英語では3C (Closed spaces、Crowded places、Close-contact settings)。

11 ウイルスなど**免疫**応答を引き起こす物質を【　】、それを排除するための**たんぱく質**を【　】と呼ぶ。

11 抗原、抗体

👀注目
12 感染症の**世界的**な流行のことを【　】と呼ぶ。

12 パンデミック
英pandemic
地域流行はエンデミック(endemic)、中規模流行はエピデミック(epidemic)。

👀注目
13 2002年頃に流行したSARSとは【　】症候群のこと。

13 重症急性呼吸器
英Severe Acute Respiratory Syndrome
中国を始めとした東アジアで発生。コウモリが自然宿主。

👀注目
14 2012年頃に流行したMERSとは【　】症候群のこと。

14 中東呼吸器
英Middle East Respiratory Syndrome

15 2022年に、げっ歯類やサルが宿主の【　】がヒトの間でも世界的に流行した。

15 サル痘
サル痘ウイルスによる感染症。

10

新型コロナウイルス

❗**ポイント** 細菌との違いなどウイルスの特徴を理解しましょう！

19

11 経済協定

注目トピックス

- 2016年に日米含む12か国が環太平洋パートナーシップ（TPP）協定に署名したが、トランプ政権下のアメリカは離脱。日本など残りの11か国において2018年12月に発効。2023年にイギリス加盟が承認。
- 一方で、日本はオーストラリアやEUとそれぞれ経済連携協定（EPA）を締結。さらにTPPを離脱したアメリカとは二国間で「日米貿易協定」を結んだ。

▲日米貿易協定最終合意書に署名した安倍元首相（左）（写真提供：共同通信社）

次の【　】にあてはまる語句を答えよ。

1 特定の国や地域との間で関税や規制を減らし、通商を自由化する条約を、【　】協定という。

2 1の条約の英語略称は【　】である。

3 1を柱として、関税撤廃など通商上のほか経済取引の円滑化や連携などを含めた条約を、【　】協定という。

4 3の条約の英語略称は【　】である。

5 環太平洋の加盟国による経済自由化を目指す経済連携協定を、日本語名で【　】協定という。

6 5の条約の英語略称は【　】である。

7 5(6)は、2006年に原加盟国の【　】（国）、ブルネイ、チリ、ニュージーランドの4か国間で発効した。

解答・解説

1 自由貿易

2 FTA
英 Free Trade Agreement

3 経済連携
日本は、この条約を軸とした締結を進めている。

4 EPA
英 Economic Partnership Agreement

5 環太平洋パートナーシップ（環太平洋戦略的経済連携）

6 TPP
英 Trans-Pacific Partnership

7 シンガポール
オーストラリア、マレーシア、ベトナム、ペルー、カナダ、メキシコ、日本も参加した。アメリカは離脱。2023年、イギリスの加盟が承認された。

最新時事一問一答

☐/☐ **8** 2014年7月、日本は **5**（**6**）の合意に先駆けて、【 　 】（国）との間で **3** を締結した。

8 **オーストラリア**
牛肉・乳製品などの関税が段階的に引き下げられる。

11
経済協定

☐/☐ **9** 環太平洋地域における多国間経済協力である「**アジア太平洋経済協力**」の略称は【 　 】である。

9 **APEC**（エイペック）
英 Asia-Pacific Economic Cooperation

●●注目
☐/☐ **10** 2018年に、**NAFTA**にかわりアメリカ、メキシコ、カナダで締結された「**米国・メキシコ・カナダ協定**」の略称は【 　 】。

10 **USMCA**
英 United States Mexico Canada Agreement
NAFTA（北米自由貿易協定）
英 North American Free Trade Agreement

☐/☐ **11** 東南アジア10か国で構成される地域協力機構は【 　 】である。

11 **ASEAN**（アセアン）
（東南アジア諸国連合）
英 Association of South-East Asian Nations

●●注目
☐/☐ **12** 中国、**インド**、ロシア、**ブラジル**、南アフリカ共和国の新興5か国の総称を【 　 】と呼ぶ。

12 **BRICS**（ブリックス）
ブラジル（Brazil）、ロシア（Russia）、インド（India）、中国（China）、南アフリカ（South Africa）の頭文字。

●●注目
☐/☐ **13** 2023年、BRICSグループに【 　 】、エジプト、UAE（アラブ首長国連邦）、アルゼンチン、イラン、エチオピアが加わった。

13 **サウジアラビア**
拡大BRICS、BRICSプラスなどと呼ばれる。

●●注目
☐/☐ **14** 日本は、2020年に「地域的な包括的経済連携」（英語略称：【 　 】）に署名した。

14 **RCEP**（アールセップ）
英 Regional Comprehensive Economic Partnership Agreement
日本・中国・韓国・ASEAN10か国に、オーストラリアとニュージーランドを加えた15か国が参加。

●●注目
☐/☐ **15** 中国が主導し、2016年1月に業務を開始した「**アジアインフラ投資銀行**」の略称は【 　 】である。

15 **AIIB**
アジアの国々に、道路や鉄道などのインフラ整備資金を融資。

！ポイント FTA、EPA、TPPの違いを整理しましょう！

21

12 環境問題

注目トピックス

- 2017年に**トランプ**政権下のアメリカは**パリ協定**を離脱したが、2021年に**バイデン**政権になると正式復帰。
- パリ協定とは、2015年の第21回**国連気候変動枠組条約締約国会議**（COP21）で採択された気候変動抑制に関する多国間協定。
- 2020年10月に、日本の菅義偉首相は、2050年までに国内の温室効果ガスの排出を実質ゼロにする**カーボンニュートラル**を達成する目標を公表した。

▲フランス・パリで開かれた COP21（写真提供：共同通信社）

次の【 】にあてはまる語句を答えよ。

解答・解説

1 気候変動枠組条約締約国会議を略して【 】と呼ぶ。

1 COP
1992年に開催された国連環境開発会議（地球サミット）で、気候変動枠組条約締結。

2 「気候変動に関する政府間パネル」を略して【 】と呼ぶ。

2 IPCC
英 Intergovernmental Panel on Climate Change

3 1997年に京都で開催された気候変動枠組条約締約国会議で、先進各国の**温室効果ガス**の削減目標を決定する【 】が採択された。

3 京都議定書
COP3で採択。

4 **スウェーデン**の環境活動家である【 】・**トゥンベリ**が国連気候行動サミット2019で演説し世界的に話題となった。

4 グレタ
2003年生（当時16歳）。

5 2015年のCOP21で採択された地球温暖化に関する協定は【 】協定。

5 パリ
産業革命前よりも世界の平均気温上昇を2℃未満（目標は1.5℃）に抑える。

6 2020年、日本政府は温室効果ガス排出を実質ゼロにする【 】を**2050年**までに達成することを表明した。

6 カーボンニュートラル
英 carbon neutrality

22

最新時事一問一答

注目

7 2020年、経済産業省は温室効果ガス排出量の多い【　】火力発電所を削減する方針を示した。

7 石炭

8 「特に水鳥の生息地として国際的に重要な湿地に関する条約」は【　】条約と呼ばれる。

8 ラムサール

9 1989年に採択された、有害廃棄物の国境を越える移動及びその処分の規制に関する条約は【　】条約である。

9 バーゼル

10 1992年の地球サミットで採択された、生物の多様性の維持などを目的とする条約を【　】条約という。

10 生物多様性
1993年12月に発効。

注目

11 廃棄物排出をゼロにする技術や経営を目指すことを【　】と呼ぶ。

11 ゼロ・エミッション
英 Zero Emission

注目

12 計測機器等を設置して電力需給を自動的に調整する機能により、電力の需給バランスを最適化する電力網を【　】という。

12 スマートグリッド
英 Smart Grid

注目

13 有明海の【　】湾干拓事業では、環境保全の観点から堤防排水門の開門についての訴訟が繰り返された。

13 諫早
2019年9月に最高裁は福岡高裁に審理を差し戻した。

14 2013年、熊本県で「水銀に関する【　】条約」が採択された。

14 水俣

15 「水銀に関する**14**条約」を推進した国連機関は、【　】（UNEP）である。

15 国連環境計画
英 United Nations Environment Programme

12 環境問題

！ポイント 新しい用語や京都議定書以降の流れを整理しましょう！

13 新エネルギー

注目トピックス

▲ソーラーパネル

- 日本では、2016年に電力自由化が実現。2015年に太陽光などの再生可能エネルギーによる発電の電力を、国が定めた価格で電力会社が買い取ることを義務づけた固定価格買取制度は、2019年11月以降、10年間の買取期間が順次満了することになった。
- イギリスは2017年に、2040年以降のガソリン車とディーゼル車の新規販売禁止を正式発表し、環境に悪影響のある廃棄物を排出しない「ゼロ・エミッション」に向けて取り組む姿勢をみせた。

次の【　】にあてはまる語句を答えよ。

1 サトウキビなどの植物を原料としたアルコール系燃料を【　】という。

> **1 バイオエタノール**
> 燃焼時に二酸化炭素を排出するが、植物が育つ過程で二酸化炭素を吸収するため、トータル排出量が少ない。

2 植物、食品廃棄物、家畜の排泄物などの生物資源を【　】と呼ぶ。

> **2 バイオマス**
> 廃材もこれにあたる。

3 発電と同時に発生した排熱も利用し、給湯・冷暖房などを行うエネルギー供給システムを【　】と呼ぶ。

> **3 コジェネレーション**
> 省エネや地球温暖化対策として注目されている。

4（注目）【　】とは、メタンガスと水が結晶化した天然ガスの一種で、「燃える氷」とも呼ばれる。

> **4 メタンハイドレート**
> 2013年3月、愛知県・三重県沖の海底を採掘し、ガスの産出に成功。

5（注目）地下深くにある頁岩と呼ばれる固い泥岩層から取り出される天然ガスを【　】という。

> **5 シェールガス**
> アメリカでは増産ブームに沸いている。

6 ニッケルやマンガンなど、埋蔵量が少ないうえに採掘も困難なことから、流通量が少ない金属を【　】という。

> **6 レアメタル**
> 携帯電話や薄型テレビなどの製造に欠かせない素材で、希少金属とも呼ばれる。

! ポイント　新しい用語が多いので確実に覚えましょう！

14 震災復興

注目トピックス

▲宮城県の東北電力女川原子力発電所（写真提供：共同通信社）

- 東日本大震災以降、原子力発電所は原子力規制委員会によって停止されていた。しかし、2014年4月に「**エネルギー基本計画**」が閣議決定され、原子力発電は重要な「**ベースロード電源**」と位置づけられた。
- しかし、原子力規制委員会が**テロ対策施設**の設置の遅れに対し運転停止を命じたため、多くの原子力発電所が定期検査中または廃止措置中となった。

次の【　】にあてはまる語句・数字を答えよ。

解答・解説

1. 地震の発生エネルギーの大きさを表す単位は【　】である。

   1 マグニチュード（M）
   1増えると約32倍、2増えると約1000倍になる。

2. 地震の揺れの大きさを表す単位は【　】である。

   2 震度
   同じ地震でも、場所によって数値が異なる。

3. 東日本大震災の本震は、**太平洋**プレートと【　】プレートの**プレート境界**型地震であった。

   3 北米
   阪神・淡路大震災は、一つの活断層がずれることによって起こった**直下**型地震。

4. 東日本大震災の本震は、マグニチュード【　】という超巨大地震であった。

   4 9.0
   観測史上、世界で4番目の規模であった。

5. 東日本大震災の本震は、**宮城**県**栗原**市で最大震度【　】を記録した。

   5 7
   震度7の地震は、2018年の**北海道胆振東部**地震を含め、日本で過去6回起こった。

6. 東日本大震災の本震は、【　】半島の東南東約130km付近に位置する**三陸沖**で発生した。

   6 牡鹿
   三陸沖は**青森**県、**岩手**県、**宮城**県の沖合のこと。これらに**福島**県沖を含める場合が多い。

15 国内政治

注目トピックス

- 2021年9月、自民党総裁選が行われ、岸田文雄が勝利して第100代内閣総理大臣に就任。
- 2022年7月、奈良市で参議院選挙の応援演説中だった安倍晋三元首相が手製の銃で狙撃され暗殺された。
- 岸田首相は、エネルギー問題や国際情勢に対応するため、原子力発電所運転期間の60年への延長、防衛費とその関連経費のGDP2%への拡大を決定した。

▲ 2023年5月に開催されたG7広島サミットにて、平和記念公園で献花するサミットの招待国首脳ら（画像提供：共同通信社）

次の【　】にあてはまる語句・数字を答えよ。

解答・解説

注目
1. 2020年9月、安倍晋三首相の持病悪化による辞任のため、内閣官房長官だった【　】が自民党総裁となって第99代内閣総理大臣に就任した。

1 菅義偉
1948年生。

注目
2. 2021年菅義偉首相は自民党総裁選に立候補せず、【　】が総裁選で勝利。第100代内閣総理大臣に就任した。

2 岸田文雄
1957年生。

注目
3. 2022年7月、奈良市で参議院選挙の応援演説中だった【　】元首相が暗殺された。

3 安倍晋三
1954年生〜2022年没。憲政史上、最も首相在任期間が長かった。

4. 衆議院の解散は、内閣の【　】と承認に基づき、天皇が行う国事行為の一つである。

4 助言

注目
5. 衆議院が解散された後、【　】日以内に衆議院議員総選挙が行われる。

5 40
選挙後、特別国会が開かれる。

6. 衆議院議員総選挙の日から【　】日以内に特別国会（特別会）が召集される。

6 30
特別国会では、内閣総理大臣の指名が行われる。

最新時事一問一答

👀ご注目

☐ **7** 2019年の参議院選挙において合区導入の不利を救済するために【　】枠が設けられた。

7 特定

☐ **8** 日本が**消費税**を初めて導入したときの首相は【　】である。

8 竹下登
1924年生〜2000年没。在任1987〜89年。消費税を初めて導入したのは1989年のこと。

☐ **9** 郵政民営化や**三位一体**改革を推し進めたのは【　】首相である。

9 小泉純一郎
1942年生。在任2001〜06年。02年、日朝首脳会談を実現させ、北朝鮮拉致被害者5名が帰国した。

☐ **10** 1993年に慰安婦関係調査結果発表に関する談話を発表した当時の官房長官は【　】。

10 河野洋平
1937年生。2021年の自民党総裁選に出馬した河野太郎は子。

☐ **11** **衆議院**選挙では、各都道府県に1議席を配分し、残りを人口に**比例**して配分する【　】方式がとられていた。

11 一人別枠
最高裁判決で、不合理な制度として早急な是正が求められ、2013年是正された。

👀ご注目

☐ **12** 2018年の改正公職選挙法により、参議院の定数が6増えて、参議院定数は【　】人となった。

12 248
選挙区148人、比例代表100人。2022年の選挙までは245人となった。

👀ご注目

☐ **13** 「**一票の格差**」を是正した結果、国会議員の定数は、2022年7月26日以降、衆議院【　】人、参議院【 **12** 】人。

13 465

☐ **14** 改正【　】法が2013年4月に成立し、**インターネット**を活用した選挙運動が解禁された。

14 公職選挙
2013年7月の参議院議員選挙から適用。

! ポイント 重要政策を導入したときの首相名を覚えましょう！

15
国内政治

16 憲法・法令・司法

注目トピックス

- 選挙権の年齢が20歳以上から18歳以上に引き下げられ、2016年に初めて18歳からの投票が行われた。
- さらに、2018年に民法が改正され、2022年4月1日から成人年齢が20歳から18歳に。クレジットカードやローンの契約、外国人の帰化、性別変更請求、10年パスポート申請、医師等の資格取得、裁判員参加などが18歳から可能になる。また女性の結婚可能年齢が16歳から18歳に引き上げられた。

▲日本国憲法に署名される昭和天皇（写真提供：毎日新聞社）

次の【　】にあてはまる語句・数字を答えよ。

	解 答・解 説

注目
1 日本国憲法において、憲法改正に関する条文は第【　】条である。

1 九六

注目
2 1において、国会は各議院の総議員の【　】分の【　】以上の賛成で憲法改正を発議できる。

2 3、2

注目
3 日本国憲法の改正は、国会が発議した後、特別の国民投票または国会の定める選挙で【　】の賛成が必要である。

3 過半数

4 日本国憲法の改正手続きについて定めた国民投票法によると、改正原案の提出は衆議院【　】名以上、参議院【　】名以上の賛成が必要である。

4 100、50

5 国民投票法改正法では、憲法改正の国民投票権者は、改正法施行時は【　】歳以上、施行4年後から【　】歳以上。

5 20、18
2014年に改正。2018年6月21日から18歳に。

6 国民投票法に基づく国民投票は、国会による改正案の発議の【　】日以後【　】日以内に行われる。

6 60、180

最新時事一問一答

7 裁判員制度は、殺人など重大な【　】事件の裁判に国民が**裁判官**とともに参加する制度で、民事事件は対象外。

7 刑事
無罪・有罪の事実認定と量刑を判断する。

8 裁判員制度の裁判では、原則として裁判官【　】名、裁判員【　】名が評議する。

8 3、6
計9名。争いのない事件は、裁判官1名、裁判員4名での評議も可能。2022年から裁判員の年齢は18歳以上に変更。

9 裁判員制度における評決は、原則として【　】によってなされる。

9 全員一致
結論が出ない場合は多数決。

10 裁判員制度で**有罪**の判定を下す場合、裁判官・裁判員の各【　】名以上の賛成が必要である。

10 1

11 安全保障上の秘匿性（ひとく）の高い情報の漏洩（ろうえい）を防止し、国と国民の安全を確保するために2013年に公布された法律は【　】法。

11 特定秘密保護
正式名称は「特定秘密の保護に関する法律」。

12 【　】会とは、**検察官**が不起訴処分とした刑事事件について、適切かどうか**審査**する機関である。

12 検察審査
有権者から無作為に選ばれた11名から構成される。

13 2016年3月に施行された安全保障関連法とも呼ばれる**平和安全法制**関連2法とは【　】法と【　】法である。

13 平和安全法制整備、国際平和支援

14 自国が直接攻撃されていなくても、自国と密接な関係にある外国に対する武力攻撃を阻止する権利を【　】権という。

14 集団的自衛
自国への攻撃に対しては「個別的自衛権」を保有する。

15 2013年2月、改正【　】法が施行され、**押し買い**とも呼ばれる訪問購入の勧誘が規制された。

15 特定商取引
自動車や本・ゲーム類などを除く、すべての物品が対象。

16
憲法・法令・司法

！ポイント 憲法改正の手続きを再確認しましょう！

29

17 制度改革

注目トピックス

- 2021年にデジタル社会の実現のためにデジタル庁が新設された。
- 2023年にはこども家庭庁が誕生。
- 2019年10月1日に、消費税は8%から10%（内2.2%が地方消費税）に引き上げられたが、飲食料品（ただし、酒類、外食、ケータリングを除く）と新聞は軽減税率（8%に据え置き）の対象となった。

▲こども家庭庁発足式（写真提供：共同通信社）

次の【　】にあてはまる語句・数字を答えよ。

解答・解説

注目
1. 2023年、少子化問題などに対応するため、【　】庁が新設。

    1 こども家庭
    内閣府の外局。

注目
2. 2021年9月にデジタル社会を促進するために【　】庁が新設された。

    2 デジタル
    復興庁と同じく国家行政組織法の適用が除外されている。

3. 製品やサービスなどの安全、表示、取引を管轄するのは【　】庁で、2009年に発足した。

    3 消費者
    内閣府の外局として発足。

4. 観光立国推進のために2008年に発足したのは【　】庁。

    4 観光

5. 4は、海上保安庁や気象庁などとともに【　】省の外局である。

    5 国土交通

6. 金融の円滑化を図ることを目的とする金融庁は、【　】の外局である。

    6 内閣府
    公正取引委員会も、ここに置かれている。

7. 日本の消防活動を統轄する消防庁は、【　】省の外局である。

    7 総務
    公害等調整委員会も、ここに置かれている。

最新時事一問一答

17
制度改革

8 2015年10月に発足したスポーツ庁は【　】省の外局である。

8 文部科学

9 郵政三事業とは、**郵便**事業、**郵便貯金**事業、【　】事業の三つをさす。

9 簡易生命保険
株式会社かんぽ生命保険が業務を担当している。

10 2012年10月、**郵便局**株式会社と**郵便事業**株式会社が統合され、【　】株式会社となった。

10 日本郵便
5社体制から4社体制に再編された。持ち株会社は日本郵政株式会社。

11 2008年に開始された【　】歳以上の高齢者を対象とする**後期**高齢者医療制度は、長寿医療制度とも呼ばれる。

11 75
「高齢者の医療の確保に関する法律」に基づく制度。

12 介護保険制度で**介護保険料**を納めるのは【　】歳以上の者である。

12 40

13 介護保険制度で**介護サービス**を受けるためには【　】認定を受ける必要がある。

13 要介護
介護認定審査会の審査判定結果に基づき、市区町村が認定する。

14 介護保険制度で、**要介護・要支援**のレベルは合わせて【　】段階に分けられている。

14 7
要介護は5段階、要支援は2段階。

●●゛注目
15 **消費税**は2014年4月に【　】％に、2019年10月に【　】％に引き上げられた。

15 8、10
経済状況が好転しなかったので、10％への引き上げは2度延期された。

16 2023年に消費税に関して**適格請求書等保存**方式＝【　】制度が適用される。

16 インボイス

! ポイント 省庁再編や医療改革の問題は頻出です！

31

18 社会問題

注目トピックス

- 合計特殊出生率は一人の女性が一生に産む子供の平均数を示しており、過去最低記録は2005年の1.26。その後やや改善したがまた減少に転じ、2022年は1.26と過去最低に並んだ。
- 高齢者（65歳以上）の総人口に占める割合である高齢化率は、2022年に29.1%に達した。
- 2015年の国勢調査で初めて日本の総人口が減少し、2020年調査では1億2622万人となった。

▲合計特殊出生率が過去最低に並ぶ

次の【　】にあてはまる語句・数字を答えよ。

解答・解説

1 社会保険の一つである国民年金は、【　】歳以上【　】歳未満のすべての国民に加入が義務づけられている。

1 20、60
対象年齢であれば、学生でも加入義務がある。

2 自営業者をはじめすべての国民は、基礎年金とも呼ばれる【　】年金に加入している。

2 国民
老後、全国民に共通する年金が支給される。

3 基礎年金の被保険者は第1～3号に分けられるが、専業主婦は第【　】号被保険者にあてはまる。

3 3
自営業者などは第1号被保険者、会社員や公務員などは第2号被保険者。

4 公的年金制度で、国民一人につき一つ与えられた番号を【　】番号という。

4 基礎年金
10桁からなる。

5 2010年1月、社会保険庁が廃止され、公的年金事業の運営を担う【　】が発足した。

5 日本年金機構
非公務員型の特殊法人。

6 国民全員に個人を識別する番号を割り当て、年金・医療費などの社会保障や納税実績の情報を一元的に管理する制度を【　】制という。

6 マイナンバー
2013年5月に「行政手続における特定の個人を識別するための番号の利用等に関する法律」が成立し、2016年1月から利用開始。

最新時事一問一答

注目

☑7 一人の女性が生涯に産む子供の数の平均値を【 　 】という。

7 合計特殊出生率

注目

☑8 7が過去最低となったのは2005年、2022年で、数値は【 　 】であった。

8 1.26
2006年以降微増・横ばいだったが、2015年には1.45に上昇した。2021年は1.30。

☑9 【 　 】歳以上の者を高齢者といい、そのうち後期高齢者とは【 　 】歳以上の者をさす。

9 65、75
65〜74歳が前期高齢者。

☑10 高齢化社会とは、総人口に占める高齢者人口の割合が【 　 】％以上になった社会のことをいう。

10 7
国連による定義。

☑11 高齢社会とは、総人口に占める高齢者人口の割合が【 　 】％以上になった社会のことをいう。

11 14
国連による定義。

☑12 【 　 】とは、一人当たりの労働時間を短縮し仕事を分け合って、雇用を維持する方法である。

12 ワークシェアリング
すでに欧米諸国では定着している。

☑13 2014年に東京都の代々木公園近辺で蚊を媒介とした【 　 】の感染者が確認された。

13 デング熱

☑14 働きがいのある人間らしい仕事のことを【 　 】・ワークという。

14 ディーセント
ILO（国際労働機関）の活動の主目標に位置づけられている。

☑15 2013年、仲井眞弘多沖縄県知事（当時）は、米軍普天間基地の移設に向け、名護市の【 　 】沖の埋め立てを承認した。

15 辺野古
その後、沖縄県知事は翁長雄志氏を経て玉城デニー氏に。

ポイント 少子高齢化問題における用語や数字を覚えましょう！

18
社会問題

19 経済問題

注目トピックス

- 安倍政権が打ち出したアベノミクス以降、日本経済は回復基調にあったが、新型コロナウイルス感染症が流行すると、非常事態宣言やまん延防止等重点措置によりコロナ不況を招いた。
- ロシアのウクライナ侵攻後、エネルギー価格の上昇や円安による輸入物価高騰でインフレ基調となり、ガソリンを始め様々な商品やサービスの価格が値上げとなった。

▲高騰対策の実施後もガソリン価格の上昇が続いている（写真提供：共同通信社）

次の【　】にあてはまる語句を答えよ。

解答・解説

1 CEO、COO、CFO、CIOのうち、最高位にあるのは【　】である。

1 CEO
英Chief Executive Officer
最高経営責任者のこと。

2【　】とは、販売から製造まで手がけるビジネス形態のことで、製造小売業と訳される。

2 SPA
英Speciality Store Retailer of Private Label Apparel
GAPやユニクロが代表例。

3 自社工場をもたず、生産を外部に委託することを【　】という。

3 ファブレス
製品の設計やマーケティング、販売などに業務を特化する。

4 コンプライアンスとは、日本語で【　】の意味である。

4 法令遵守
英Compliance

5 企業統治のことをコーポレート・【　】と呼ぶ。

5 ガバナンス
企業経営を監視・統治するという意味。

6【　】とは、企業による社会貢献または慈善活動のことをいう。

6 フィランソロピー
これに対し、企業による文化支援活動をメセナという。

7 顧客や従業員、取引先、株主、金融機関など企業を取り巻く関係者の総称を【　】と呼ぶ。

7 ステークホルダー
日本語では利害関係者という。

最新時事一問一答

19
経済問題

☐ **8** 検索エンジンのリストで上位に表示させるよう、**ホームページ**を最適化することを【　】という。

8 SEO
検索エンジン最適化のこと。

☐ **9** ロング【　】とは、**ネット**販売では幅広い品揃えが重要とする考え方のことである。

9 テール
あまり売れない大多数の商品が欠かせない収益源になり、グラフにすると尻尾のような形になる。

☐ **10** 2022年の年始は1ドル115円台だったが、9月には1ドル144円台の円【　】ドル【　】に推移した。

10 安、高
輸入物価が高騰し、インフレーションになった。

◉◉注目
☐ **11** 買付条件を公表し、**証券取引所**などを通さずに株主から株式を直接買い集める買収方法はアルファベットで【　】。

11 TOB
株式公開買付けのこと。似ている略語にMBOがあるが、これは経営陣による株式買収のこと。

☐ **12** 発券銀行であり、「物価の安定」と「金融システムの安定」の役割をもつ日本の**中央銀行**は【　】である。

12 日本銀行
総裁は植田和男。

◉◉注目
☐ **13** 一定の**物価上昇率**の目標を定め、その目標を達成するまで金融政策を行うことをインフレ【　】という。

13 ターゲット
通常はインフレ抑制が目的だが、**アベノミクス**ではデフレ脱却を目指した。

☐ **14** 第2次安倍晋三内閣は、**金融政策、財政政策、成長戦略**を「3本の矢」とする【　】政策を進めた。

14 アベノミクス
アベ(安倍)とエコノミクスを合体させた造語。

◉◉注目
☐ **15** 年120万円までの株や投資信託を対象に、運用益や配当金を非課税にする「少額投資非課税制度」を【　】と呼ぶ。

15 NISA（ニーサ）
2014年から開始された。2016年に投資上限額が100万円から120万円に引き上げられた。

！ポイント 経済・経営用語は頻出。略語・意味の両方を覚えましょう！

35

20 宇宙開発

注目トピックス

- 2010年に小惑星**イトカワ**からのサンプルリターンに成功した小惑星探査機「はやぶさ」の後継機である「**はやぶさ2**」は、2018年に小惑星**リュウグウ**に到着。2022年に**水**や**アミノ酸**の検出が報告された。
- 2023年には、新型の**H3**ロケットの発射実験や民間初の月面探査機HAKUTO-Rの月着陸は失敗に終わったが、H-2Aロケットで日本初の月面着陸を目指す探査機「**SLIM**」（**スリム**）やX線観測衛星「**XRISM**」（**クリズム**）の打ち上げに成功した。

▲初の打ち上げに失敗し、爆破されたH3ロケット（写真提供：共同通信社）

次の【　】にあてはまる語句を答えよ。

解答・解説

1 加盟15か国で建設された、地球周回軌道を回る**国際宇宙ステーション**の略称は【　】である。

1 ISS
英 International Space Station
各国の宇宙飛行士が交代で長期滞在している。

2 日本は、国際宇宙ステーションの実験棟「【　】」の建造を担当した。

2 きぼう
宇宙環境を利用した科学実験が行われている。

3 日本が開発した、国際宇宙ステーションへ補給物資を運ぶための**無人輸送機**（HTV）を「【　】」という。

3 こうのとり
退役した**スペースシャトル**の後継として物資補給を担当。2020年の9号機で運用終了。後継のHTV-Xの開発が進められている。

4 2019年、小惑星探査機はやぶさ2は小惑星【　】のサンプル採取を行った。

4 リュウグウ
2022年に、サンプルから**水**や**アミノ酸**が検出されたことが発表された。

5 日本の**宇宙航空研究開発機構**の略称は、【　】である。

5 JAXA
英 Japan Aerospace Exploration Agency
内閣府、**総務省**、**文部科学省**、**経済産業省**が共同で所管する国立研究開発法人。

6 2019年1月、**5**は小型の**固体**燃料ロケットである【　】ロケットの4度目の打ち上げに成功した。

6 イプシロン
H-ⅡA/Bロケットよりも低コストで打ち上げが可能。

ポイント 日本のロケット・衛星・探査先の天体の名前を覚えましょう！

21 世界遺産

注目トピックス

▲沖縄県・西表島のマングローブ林（写真提供：共同通信社）

- 2021年ユネスコの世界遺産委員会は、新型コロナウイルス感染症の流行で遅れていた「奄美大島、徳之島、沖縄島北部及び西表島」の世界自然遺産への登録を勧告。
- さらに、青森県の三内丸山遺跡を含む「北海道・北東北の縄文遺跡群」が世界文化遺産に登録された。
- その結果、日本の世界遺産登録は、世界自然遺産5件、世界文化遺産20件、計25件となった。

次の【　】にあてはまる語句を答えよ。

1 世界遺産の登録や保護などを管轄しているのは、国連【　】機関である。

2 1の略称は【　】である。

3 世界遺産には自然遺産、文化遺産、【　】遺産がある。

●●注目
4 2021年、「奄美大島、徳之島、沖縄島北部及び【　】島」が、世界自然遺産に登録された。

5 2によって登録された、人類が後世に伝えるべき書物などの記録物を2【　】という。

●●注目
6 2019年、「【　】・【　】古墳群」が世界文化遺産に登録された。

解答・解説

1 教育科学文化
国連専門機関の一つ。

2 UNESCO
[英] United Nations Educational, Scientific and Cultural Organization
教育・科学・文化を通じて国際協力を促進。

3 複合
自然遺産と文化遺産がミックスしたもの。富士山は2013年に世界文化遺産に登録された。

4 西表（いりおもて）
生息するイリオモテヤマネコやカンムリワシは国指定特別天然記念物。

5 世界の記憶
山本作兵衛の炭坑画やグリム童話、マグナ・カルタ、ベートーベン交響曲第九番の自筆楽譜などが登録されている。

6 百舌鳥（もず）、古市（ふるいち）
大仙陵古墳（仁徳天皇陵）などを含む。

!ポイント 日本の世界遺産は「自然遺産」「文化遺産」ごとにすべて暗記！

22 ノーベル賞

注目トピックス

- 2021年、日本出身で米国籍の眞(真)鍋淑郎がノーベル物理学賞を受賞した。日本出身(外国籍含む)のノーベル賞受賞者は、計29人となり、物理学賞では12人目。
- 2019年には吉野彰がリチウムイオン電池の開発により、ノーベル化学賞を受賞していた。
- 2020年には新型コロナウイルス感染症の影響により、生理学・医学賞受賞者の山中伸弥や本庶佑の発言が注目された。

▲物理学賞を受賞した眞(真)鍋淑郎(写真提供：ゲッティ＝共同)

次の【　】にあてはまる語句を答えよ。

1 ノーベル賞の創設を遺言したノーベルは、【　】の発明者である。

2 日本人で初めてノーベル賞を受賞したのは、【　】である。

注目
3 1987年に、抗体の遺伝子解明でノーベル生理学・医学賞を受賞した日本人は【　】である。

4 2001年に、不斉合成の開発でノーベル化学賞を受賞し、後に理化学研究所の理事長を務めた日本人は【　】である。

5 2002年に、【　】の検出でノーベル物理学賞を受賞した日本人は小柴昌俊である。

6 2015年に、5が質量を持つことを示す5振動の発見でノーベル物理学賞を受賞した日本人は【　】である。

解答・解説

1 ダイナマイト
ノーベルはスウェーデン人。

2 湯川秀樹
1907年生～81年没。中間子の研究で1949年に物理学賞を受賞。

3 利根川進
1939年生。

4 野依良治
1938年生。

5 ニュートリノ
岐阜県の神岡鉱山跡の地下施設(スーパーカミオカンデ)で観測。小柴昌俊は1926年生～2020年没。

6 梶田隆章
1959年生。
2020年10月に日本学術会議会長に就任。

最新時事一問一答

7 2014年に、**青色発光ダイオード**に関してノーベル物理学賞を受賞した3人のうち、最年長は【　　】。

7 赤﨑勇
1929年生〜2021年没。

8 2014年に、**青色発光ダイオード**に関してノーベル物理学賞を受賞した3人のうち、**7**の共同研究者は【　　】。

8 天野浩
1960年生。

9 2014年に、**青色発光ダイオード**に関してノーベル物理学賞を受賞した3人のうち、特許料をめぐって裁判を起こしたのは【　　】。

9 中村修二
1954年生。

10 2014年に、子供の教育を受ける権利を訴えた**パキスタン**人の【　　】・ユスフザイが、ノーベル**平和賞**を史上最年少で受賞した。

10 マララ
1997年生。

11 2012年に、**iPS細胞**に関する研究でノーベル生理学・医学賞を受賞した日本人は【　　】である。

11 山中伸弥
1962年生。

●●注目
12 2019年に、**リチウムイオン電池**の開発で【　　】がノーベル化学賞を受賞した。

12 吉野彰
1948年生。旭化成株式会社名誉フェロー。2002年の田中耕一以来の産業界出身の受賞者。

●●注目
13 2021年にノーベル**物理学**賞を受賞した日本出身の米国人は【　　】。

13 眞(真)鍋淑郎
1931年生。「地球温暖化の予測のための気候変動モデルの開発」が受賞理由。

●●注目
14 2017年に、ノーベル文学賞を受賞した日系イギリス人作家は【　　】。

14 カズオ・イシグロ
1954年生。日本生まれ英国育ち。代表作は、『日の名残り』『わたしを離さないで』など。ノーベル財団は、非公式な出生国リストで日本生まれに分類している。

15 日本人がまだ受賞していないノーベル賞は【　　】賞である。

15 経済学
最も多いのは物理学賞。

！ポイント カズオ・イシグロを日本人受賞者に含めない場合もあります

22
ノーベル賞

39

23 オリンピック・パラリンピック

注目トピックス

- 2021年、東京で新型コロナウイルスの影響で1年延期された第32回オリンピック競技大会、東京2020パラリンピック競技大会が開催された。
- 感染症から選手・関係者を守るためバブル方式が取られ、多くの競技が無観客試合となった。
- 日本は、東京2020オリンピックで金27銀14銅17計58個の過去最多のメダルを獲得した。

▲東京2020オリンピック・パラリンピックのエンブレム（写真提供：共同通信社）

次の【 】にあてはまる語句・数字を答えよ。

解答・解説

1 国際オリンピック委員会の略称は【 　 】である。

1 IOC
英 International Olympic Committee

2 国際オリンピック委員会の本部が置かれている都市は【 　 】である。

2 ローザンヌ
スイスの都市。

3 2014年、日本オリンピック委員会（略称：【 　 】）と東京都により、東京オリンピック・パラリンピック競技大会組織委員会が設立された。

3 JOC
日本オリンピック委員会は公益財団法人。

4 東京2020オリンピックで、日本は金【 　 】個、銀14個、銅17個、メダル総数【 　 】個を獲得し、過去最多の金メダル数、メダル総数となった。

4 27、58
それまでの過去最多の金メダル数は16個（東京1964、アテネ2004）。メダル総数は41個（リオデジャネイロ2016）。

5 東京2020オリンピックのスケートボード競技で、【 　 】が13歳10か月で金メダルを獲得し、日本の史上最年少金メダリストとなった。

5 西矢椛
2007年生。種目は女子ストリート。

6 東京2020オリンピックのスケートボード競技で、【 　 】が12歳11か月で銀メダルを獲得し、日本の史上最年少メダリストとなった。

6 開心那
2008年生。種目は女子パーク。

最新時事一問一答

7 2022年の北京オリンピックで、スノーボード男子ハーフパイプの【　】が金メダルを獲得した。

7 平野歩夢
1998年生。東京2020オリンピックにもスケートボードで出場。

8 オリンピックの復興に尽力し、「近代オリンピックの父」と呼ばれた**フランス**人は【　】男爵である。

8 クーベルタン
1863年生～1937年没。　第2代IOC会長。

9 **1896**年の第1回近代オリンピックの開催国は【　】である。

9 ギリシャ
第2回は**フランス**で開催。

10 日本人選手が初めてオリンピックに出場したのは、1912年（第5回）【　】大会である。

10 ストックホルム
スウェーデンの首都。
参加選手は三島弥彦と金栗四三の2人。

11 1928年（第9回）**アムステルダム**大会で、**織田幹雄**選手が陸上種目の【　】で優勝し、日本人初の金メダリストとなった。

11 三段跳び
初めて聖火が使われた大会。

12 アジアで初となるオリンピックが**東京**で開催されたのは、西暦【　】年である。

12 1964
昭和39年。女子バレーボールで金メダルを獲得。

13 日本初の**冬季**オリンピック大会が1972年に【　】で開催された。

13 札幌
冬季オリンピックの日本開催の2回目は、1998年の長野。

14 **2024**年夏季オリンピックの開催地は【　】である。

14 パリ

15 **2028**年夏季オリンピックの開催地は【　】である。

15 ロサンゼルス

16 **2032**年の夏季オリンピックの開催地は【　】。

16 ブリスベン
オーストラリアの東部にある都市。

23 オリンピック・パラリンピック

！ポイント 今後の開催年と開催地は頻出なので要チェック！

24 野球・サッカー

注目トピックス

- 東京オリンピック2020において野球・ソフトボールが復活し、侍ジャパン（野球日本代表。稲葉篤紀監督）は、正式競技として初の金メダルを獲得。ソフトボールも北京大会以来の金。
- MLBでは、エンゼルスの大谷翔平が投打二刀流で大活躍した。
- サッカー日本代表は、東京2020オリンピックでは3位決定戦でメキシコに敗れてメダルを逃した。女子のなでしこジャパンは、2023年のFIFA女子ワールドカップでベスト8。

▲メジャーリーグ、ロサンゼルス・エンゼルスの大谷翔平選手（写真提供：共同通信社）

次の【　】にあてはまる語句を答えよ。

1 日本野球機構の略称は【　】である。

1 NPB
英 Nippon Professional Baseball Organization
メジャーリーグ機構…MLB

注目
2 日本のプロ野球では、セ・パ両リーグともペナントレース上位3球団でプレーオフを行う【　】シリーズを、2007年に導入した。

2 クライマックス

注目
3 2014年、【　】のルールが改正され、複数のメジャーリーグ球団が日本人プロ野球選手と移籍交渉できるようになった。

3 ポスティングシステム
田中将大投手が新ルールを使ってニューヨーク・ヤンキースに移籍した。

4 2016年、マーリンズのイチロー外野手が、【　】のもつメジャー最多安打記録4256本を日米通算記録で更新した。

4 ピート・ローズ
1941年生。

5 メジャーリーグには、アメリカン・リーグと【　】・リーグがある。

5 ナショナル
アメリカン・リーグ、ナショナル・リーグとも15球団ずつある。

6 2013年5月、元巨人軍監督の【　】と、巨人やメジャーリーグで活躍した松井秀喜に国民栄誉賞が授与された。

6 長嶋(島)茂雄
1936年生。

最新時事一問一答

7 国際サッカー連盟の略称を【　】という。

7 FIFA
英 Fédération Internationale de Football Association

8 日本サッカー協会の略称は【　】である。

8 JFA
英 Japan Football Association

9 FIFAワールドカップ大会で、日本代表選手初の得点者は【　】である。

9 中山雅史
1967年生。1998年のフランス大会ジャマイカ戦で得点。

10 FIFA女子ワールドカップにおいて、2011年ドイツ大会で優勝、2015年カナダ大会で準優勝した「なでしこジャパン」の監督（当時）は【　】。

10 佐々木則夫
1958年生。2011年度にFIFA女子世界年間最優秀監督賞を受賞。

11 2011年度、アジア人史上初の「国際サッカー連盟最優秀選手賞」を受賞したのは【　】選手である。

11 澤穂希
1978年生。FIFA女子ワールドカップドイツ大会時のキャプテン。

12 2014年FIFAワールドカップ・ブラジル大会において、【　】がヨーロッパの国としては初めて南米で開催されたワールドカップで優勝した。

12 ドイツ

13 2022年のFIFAワールドカップ大会開催国は【　】である。

13 カタール
首都：ドーハ
西アジアで初めての開催。

14 2026年のFIFAワールドカップ大会は、【　】【　】【　】で史上初の3か国共催で行われる。

14 アメリカ、カナダ、メキシコ
過去にアメリカは1回（1994年）、メキシコは2回（1970年、1986年）開催したことがある。カナダは初。

24
野球・サッカー

！ ポイント 野球やサッカーの団体名の略称はよく出題されます！

43

25 その他のスポーツ

注目トピックス

- 2021年4月、ゴルフ四大メジャー大会の一つ「マスターズ選手権」で松山英樹がプロとしてメジャー初優勝。2022年全米女子アマで、馬場咲希が優勝。
- プロボクシング選手の井上尚弥はバンタム級4団体統一王者のベルトを返上してスーパーバンタム級に階級を上げ、2023年7月にフルトンを倒してWBC・WBOの統一王者となった。

▲スーパーバンタム級の2団体統一王者になった井上尚弥選手（写真提供：共同通信社）

次の【　】にあてはまる語句・数字を答えよ。

	解答・解説

1 東京2020オリンピックの女子バスケット競技で銀メダルを獲得した日本チームの愛称は【　】。

1 AKATSUKI FIVE
7連覇を達成した米国に決勝で敗退したが、バスケット競技初のメダルを獲得した。監督はトム・ホーバス。

2 2021年、ゴルフ四大メジャー大会の一つ「マスターズ選手権」で【　】がプロとしてメジャー初優勝。

2 松山英樹
1992年生。

3 2022年、全米女子アマチュアゴルフ大会で【　】が優勝。

3 馬場咲希
2005年生。日本勢として1985年の服部道子以来37年ぶりの優勝。

4 モンゴル出身の横綱【　】は、2019年に日本国籍を取得したが、2021年に引退した。

4 白鵬
1985年生。首都ウランバートル出身。

5 2013年2月、史上最多32回の優勝を成し遂げた大相撲の元横綱【　】に国民栄誉賞が贈られた。

5 大鵬
1940年生～2013年1月没。

6 2015年に4が【　】度目の優勝をして5の最多記録を塗り替えた。

6 33

44

最新時事一問一答

7 2023年8月の世界陸上男子400mで【　】が、44秒77の日本新記録を出した。

7 佐藤拳太郎
1994年生。1991年の高野進の記録（44秒78）を更新。

8 2014年、テニスの世界四大大会の一つである【　】オープンで日本人で初めて錦織圭が準優勝となった。

8 全米
四大大会（全豪・全仏・全英・全米）全てで優勝することをグランドスラムと呼ぶ。

9 2018年、テニスの世界四大大会の一つである全米オープンで日本人で初めて【　】が優勝した。

9 大坂なおみ
1997年生。当時は米国との二重国籍。決勝対戦相手はセリーナ・ウィリアムズ。2020年にも優勝。決勝対戦相手はアザレンカ。

10 2022年、車いすテニス男子シングルスの【　】がウィンブルドン大会で優勝して、初の生涯ゴールデンスラムを達成した。

10 国枝慎吾
1984年生。テニスのグランドスラムとは、ウィンブルドン、全米、全仏、全豪の四大大会での優勝。ゴールデンスラムはさらにオリンピック・パラリンピック金メダルを含む。

11 2015年3月、卓球ワールドツアーにおいて史上最年少の14歳で初優勝した日本人選手は【　】。

11 伊藤美誠
2000年生。

12 2018年の全日本体操競技個人総合選手権大会において【　】選手が、内村航平選手の11連覇を阻止して優勝した。

12 谷川翔
1999年生。東京2020オリンピックには兄の谷川航が出場。

13 2012年の吉田沙保里選手に続き、2016年にレスリングの【　】選手に、国民栄誉賞が授与された。

13 伊調馨
1984年生。2016年に女子個人としては世界初のオリンピック4連覇を達成。

14 2021年に陸上100m走で【　】が9秒95の日本新記録を樹立した。

14 山縣亮太
1992年生。

！ポイント 相撲など、学生の関心が薄い競技がよく出ます！

25
その他のスポーツ

45

26 映画・芸能

注目トピックス

- 濱口竜介監督は、2022年に『ドライブ・マイ・カー』でカンヌ国際映画祭の脚本賞他、アカデミー賞の国際長編映画賞を、さらに『偶然と想像』でベルリン国際映画祭の銀熊賞を受賞。2023年には、『悪は存在しない』でベネチア国際映画祭の銀獅子賞を獲得した。
- 2023年のカンヌ国際映画祭では、ヴィム・ヴェンダース監督（日独合作）『PERFECT DAYS』で役所広司が男優賞を、是枝裕和監督『怪物』で坂元裕二が脚本賞を受賞した。

▲アカデミー賞国際長編映画賞を受賞した濱口竜介監督（写真提供：ロイター＝共同）

次の【　】にあてはまる語句を答えよ。

解答・解説

1 アカデミー賞の受賞者に贈られる黄金の像を【　】という。

1 オスカー

2 第81回（2008年度）アカデミー賞の外国語映画賞を受賞した『おくりびと』の監督は【　】である。

2 滝田洋二郎
1955年生。代表作は『陰陽師』『壬生義士伝』。

3 2014年に宮崎駿監督がアカデミー名誉賞を受賞したが、2003年に『【　】』が長編アニメーション賞を受賞していた。

3 千と千尋の神隠し
2002年にベルリン国際映画祭金熊賞も受賞。

4 カンヌ国際映画祭で、最優秀作品に贈られる賞を【　】という。

4 パルムドール
以前は「グランプリ」が最高だったが、現在は2番目の賞となった。

5 ベルリン国際映画祭での最高賞は【　】賞である。

5 金熊
銀熊賞は審査員グランプリなど。

6 ベネチア国際映画祭での最高賞は【　】賞である。

6 金獅子
銀獅子賞は最優秀監督賞と審査員グランプリ。

最新時事一問一答

7 2021年、【　】監督は、『ドライブ・マイ・カー』でカンヌ国際映画祭の脚本賞とアカデミー賞の国際長編映画賞を、『偶然と想像』でベルリン国際映画祭の銀熊賞を獲得した。

7 濱口竜介（はまぐちりゅうすけ）
1978年生。

😊😊注目
8 2020年のベネチア国際映画祭で監督賞を受賞したのは、『スパイの妻』の【　】監督。

8 黒沢清（くろさわきよし）
1955年生。

9 【　】賞は、アメリカのテレビ・放送界で優秀な作品・演技・企画などに対して贈られる賞である。

9 エミー
アカデミー賞に匹敵するといわれている。

10 【　】賞は、ブロードウェイで上演された演劇とミュージカルの作品が対象。

10 トニー

11 歌舞伎の五代目中村勘九郎は、2005年に十八代目中村【　】を襲名した。

11 勘三郎（かんざぶろう）
1955年生〜2012年没。
「襲名」とは、歌舞伎や落語の世界で、親や師匠などの名前（名跡）を受け継ぐこと。

😊😊注目
12 将棋八冠とは名人、王将、王位、棋聖、棋王、王座、叡王、【　】の8つをさす。

12 竜王
元々は七冠だったが、叡王が追加された。

13 将棋のプロ棋士とコンピューターソフトが団体戦で争った大会は【　】戦。

13 電王（でんおう）
2017年、主催のドワンゴが終了を発表した。

😊😊注目
14 2023年、【　】が棋聖（きせい）、王位、叡王（えいおう）、竜王、王将、棋王、名人に続き王座のタイトルを獲得し、史上初の将棋八冠独占を達成した。

14 藤井聡太（ふじいそうた）
2002年生。17年に公式戦29連勝の新記録、20年に史上最年少二冠、21年に史上最年少三冠、22年に史上最年少五冠を達成していた。

😊😊注目
15 2016年、【　】が囲碁界史上初の七冠（棋聖・名人・本因坊・王座・天元・碁聖・十段）を達成した。

15 井山裕太（いやまゆうた）
囲碁界史上3人目のグランドスラム達成者でもある。

26
映画・芸能

❗ポイント　三大国際映画祭の最高賞の名称は頻出問題！

27 文学賞

注目トピックス

- 2023年上半期（169回）の芥川龍之介賞は市川沙央『ハンチバック』が、直木三十五賞は垣根涼介『極楽征夷大将軍』、永井紗耶子『木挽町のあだ討ち』が受賞。
- 全国の書店員がいちばん売りたい本を選ぶ本屋大賞（国内小説部門 2023年）は、凪良ゆう『汝、星のごとく』が受賞した。凪良ゆうは2020年にも『流浪の月』で受賞している。

▲直木賞を受賞した永井紗耶子（左）、垣根涼介（中）、芥川賞を受賞した市川沙央（右）（写真提供：共同通信社）

次の【　】にあてはまる語句を答えよ。

解答・解説

1. 芥川賞と直木賞は、作家の【　】が1935年に創設した賞であり、年2回発表される。

   1 菊池寛
   1888年生～1948年没。代表作に『恩讐の彼方に』『真珠夫人』がある。

2. 芥川賞の第1回受賞者は【　】である。

   2 石川達三
   1905年生～85年没。1935年上半期に『蒼氓』で受賞。

3. 芥川賞の最年少受賞者は『蹴りたい背中』の【　】である。

   3 綿矢りさ
   1984年生。2003年下半期の受賞時で19歳。

   ●注目
4. 2023年上半期（169回）の芥川賞は、【　】の『ハンチバック』が受賞した。

   4 市川沙央
   1979年生。

   ●注目
5. 2023年の本屋大賞は、【　】の『汝、星のごとく』が受賞した。

   5 凪良ゆう
   1973年生。2020年にも『流浪の月』で本屋大賞を受賞。

6. 直木賞初の親子受賞は、【　】一郎とその息子の一文である。

   6 白石
   （父）一郎：1931年生～2004年没。『海狼伝』（1987年受賞）。
   （子）一文：1958年生。『ほかならぬ人へ』（2009年受賞）。

！ポイント　最近は本屋大賞に関する出題も多くなりました！

いっきにチェック！
最新データ

1 EU

ここに注目！ EU内でユーロを使用していない国、EU外で使用する国はよく出る。

2023年10月時点

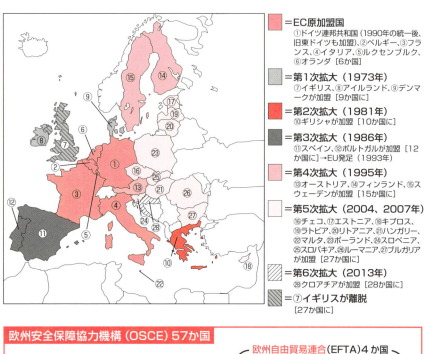

※OSCE加盟国以外ではコソボがユーロを使用　　※赤文字はEU原加盟の12か国

いっきにチェック！最新データ

2 歴代首相

ここに注目！ 消費税導入など歴史的転換が行われたときの首相は要チェック。

首相	期間	主な出来事	背景
□ 吉田茂	1946〜47年	・新憲法制定	
□ 片山哲	1947〜48	・社会党が初めて与党に　・戦後初の社会党首相	
□ 芦田均	1948	・教育委員会法公布	
□ 吉田茂	1948〜54	・日米安全保障条約締結 ・サンフランシスコ平和条約　・テレビ放送開始	
□ 鳩山一郎	1954〜56	・保守合同で自民党成立 ・日ソ共同宣言調印　・国際連合加盟	
□ 石橋湛山	1956〜57	・ジラード事件	
□ 岸信介	1957〜60	・日米新安全保障条約調印　・安保闘争激化	
□ 池田勇人	1960〜64	・国民所得倍増計画　・東京オリンピック	
□ 佐藤栄作	1964〜72	・日韓基本条約調印　・沖縄返還協定調印	
□ 田中角栄	1972〜74	・日中国交正常化　・オイルショック	
□ 三木武夫	1974〜76	・ロッキード事件表面化	
□ 福田赳夫	1976〜78	・日中平和友好条約調印　・200海里実施	
□ 大平正芳	1978〜80	・初の東京サミット開催	
□ 鈴木善幸	1980〜82	・比例代表制導入	
□ 中曽根康弘	1982〜87	・男女雇用機会均等法公布	
□ 竹下登	1987〜89	・昭和天皇死去、平成へ　・消費税スタート	
□ 宇野宗佑	1989	・参院選で自民党大敗、与野党逆転へ	
□ 海部俊樹	1989〜91	・株価の暴落始まる　・湾岸戦争	
□ 宮沢喜一	1991〜93	・国連平和維持活動（PKO）協力法成立	
□ 細川護熙	1993〜94	・非自民連立政権が発足	
□ 羽田孜	1994	・少数与党政権	
□ 村山富市	1994〜96	・社会党を中心とする連立政権発足 ・阪神・淡路大震災　・地下鉄サリン事件	
□ 橋本龍太郎	1996〜98	・住宅金融専門会社処理法成立 ・「日本版金融ビッグバン」の取り組み	
□ 小渕恵三	1998〜2000	・金融再生関連4法成立	
□ 森喜朗	2000〜01	・中央省庁再編	
□ 小泉純一郎	2001〜06	・失業率5％台に　・北朝鮮から拉致被害者帰国	
□ 安倍晋三	2006〜07	・参議院で与野党逆転	
□ 福田康夫	2007〜08	・初めての親子首相　・ねじれ国会	
□ 麻生太郎	2008〜09	・景気対策最優先　・民主党に政権交代	
□ 鳩山由紀夫	2009〜10	・民主党を中心とする連立政権	
□ 菅直人	2010〜11	・東日本大震災	
□ 野田佳彦	2011〜12	・TPP参加表明　・増税法案	
□ 安倍晋三	2012〜20	・アベノミクス　・TPP交渉開始　・集団的自衛権容認	
□ 菅義偉	2020〜21	・安倍晋三の病気悪化により就任	
□ 岸田文雄	2021〜	・令和版『所得倍増計画』　・安倍晋三元首相暗殺	

背景（右列）：
- 戦後復興
- 高度経済成長
- 日本列島改造
- 安定成長
- 戦後体制の見直し
- 行政改革
- バブル経済
- バブルの崩壊
- 政局の変動、自民党が野党に
- 金融危機社会不安
- 不良債権問題の深刻化
- 金融危機への取り組み
- 構造改革戦地への初の自衛隊派遣
- サブプライムローンによる金融危機
- 新型コロナウイルス蔓延

1 EU ／ 2 歴代首相

51

3 経済論・経済史

ここに注目！ 戦後日本の経済の浮き沈みのトピックを時期とともに押さえよう。

時期	主な出来事	詳細
1945.08	□ 敗戦	三大改革（財閥解体、農地改革、労働組合の育成）の実施
1949	□ ドッジ・ライン	ハイパーインフレの抑制、単一為替レート（1＄＝360円）の設定など
1950.06〜53.07	□ 朝鮮戦争特需	朝鮮戦争による「金へん景気」「糸へん景気」
1954.12〜57.06	□ 神武景気	31か月。三種の神器（白黒テレビ、洗濯機、冷蔵庫）ブーム。「もはや戦後ではない」（1956年経済白書）
1957.06〜58.06	□ なべ底不況	13か月
1958.07〜61.12	□ 岩戸景気	42か月
1960.12	□ 国民所得倍増計画発表	池田勇人首相
1962.10〜64.10	□ オリンピック景気	25か月、名神高速道路の開通
1964.10	□ 東京オリンピック	東海道新幹線開業
1965	□ 昭和40年不況	証券不況
1965	□ 3Cブーム	カラーテレビ、カー、クーラー
1965.11〜70.07	□ いざなぎ景気	57か月（戦後最長）
1971.08	□ ニクソンショック	金・ドル交換停止。変動為替制へ
1971.12	□ スミソニアン協定	固定為替制への回帰。1＄＝308円
1972.06	□ 日本列島改造論	田中角栄通産相（当時）
1973.02	□ 変動為替制に移行	1＄＝277円からスタート
1973.10	□ 第一次石油ショック	第四次中東戦争による
1979.01	□ 第二次石油ショック	イラン革命による
1985.04	□ NTT、JTの誕生	日本電信電話公社、日本専売公社の民営化
1985.05	□ 男女雇用機会均等法成立	
1985.09	□ G5プラザ合意	ドル安円高の容認
1986.12〜91.02	□ 平成景気（バブル経済）	51か月
1987.04	□ 国鉄がJR7社に分割民営化	
1987.10	□ ブラックマンデー	（10／19）ニューヨーク証券取引所での株価暴落
1989.04	□ 消費税（3％）導入	竹下登首相
1989.12	□ 株価最高値	日経平均＝3万8915円
1997.04	□ 消費税を5％に引き上げ	橋本龍太郎首相
2011.10	□ 円高1＄＝75円32銭	
2014.04	□ 消費税を8％に引き上げ	安倍晋三首相（アベノミクス）
2019.10	□ 消費税を10％に引き上げ	8％の軽減税率
2022.10	□ 円安1＄＝150円台に	物価高が加速

52

環境

> **ここに注目！** 環境に関する条約は頻出なので、主な条約名と内容を必ず覚えよう。

四大公害裁判

公害名	原因物質
□（熊本）水俣病	有機水銀
□ 新潟水俣病	有機水銀
□ 四日市ぜんそく	工場煤煙（亜硫酸ガスなど）
□ イタイイタイ病	カドミウム

環境に関する英単語

英語	意味	英語	意味
□ abnormal weather	異常気象	□ green-house effect	温室効果
□ acid rain	酸性雨	□ industrial waste	産業廃棄物
□ air pollution	大気汚染	□ multilateral treaty	多国間条約
□ ecosystem	生態系	□ natural resources	天然資源
□ environmental disruption	環境破壊	□ ozone layer	オゾン層
□ global warming	地球温暖化	□ radioactive waste	放射性廃棄物

環境に関する主な条約

□ ラムサール条約（1971年）	「特に水鳥の生息地として国際的に重要な湿地に関する条約」。イランのラムサールで採択された。
□ ワシントン条約（1973年）	「絶滅のおそれのある野生動植物の種の国際取引に関する条約」。動植物自体やその加工品の国際取引などを規制している。
□ バーゼル条約（1989年）	「有害廃棄物の国境を越える移動及びその処分の規制に関するバーゼル条約」。国連環境計画（UNEP）が中心となって1989年に採択し、日本は1993年に加入。
□ 地球サミット（1992年）	「環境と開発に関する国連会議」。ブラジルのリオデジャネイロで開催された。気候変動枠組条約、生物多様性条約の調印、さらに「リオ宣言」「アジェンダ21」を採択した。
□ 気候変動枠組条約（1992年）	別名「地球温暖化防止条約」。地球サミットで採択された、二酸化炭素の排出量規制に関する条約。
□ 生物多様性条約（1992年）	地球サミットで採択された、生物学的多様性を保つための条約。
□ 水銀に関する水俣条約（2013年に採択）	水銀及び水銀化合物の被害防止を目指す条約。

5 日本の主な世界遺産

ここに注目！ ▶ 最近登録された世界遺産や、数少ない自然遺産は要チェック！

2023年10月時点

文化遺産	都道府県名	登録年
□ 法隆寺地域の仏教建造物（法隆寺・法起寺）	□ 奈良	1993
□ 姫路城	□ 兵庫	1993
□ 古都京都の文化財	□ 京都・滋賀	1994
□ 白川郷・五箇山の合掌造り集落	□ 岐阜・富山	1995
□ 原爆ドーム　□ 厳島神社	□ 広島	1996
□ 古都奈良の文化財	□ 奈良	1998
□ 日光の社寺（二荒山神社、東照宮、輪王寺）	□ 栃木	1999
□ 琉球王国のグスク及び関連遺産群	□ 沖縄	2000
□ 紀伊山地の霊場と参詣道	□ 和歌山・奈良・三重	2004
□ 石見銀山遺跡とその文化的景観	□ 島根	2007
□ 平泉―仏国土（浄土）を表す建築・庭園及び考古学的遺跡群	□ 岩手	2011
□ 富士山―信仰の対象と芸術の源泉	□ 山梨・静岡	2013
□ 富岡製糸場と絹産業遺産群 （富岡製糸場、田島弥平旧宅、高山社跡、荒船風穴）	□ 群馬	2014
□ 明治日本の産業革命遺産 製鉄・製鋼、造船、石炭産業 8エリア（萩、鹿児島、韮山、釜石、佐賀、長崎、三池、八幡）の23資産	□ 山口・鹿児島・静岡・岩手・佐賀・長崎・熊本・福岡	2015
□ ル・コルビュジエの建築作品―近代建築運動への顕著な貢献― （国立西洋美術館など）	□ 東京（ほか6か国）	2016
□「神宿る島」宗像・沖ノ島と関連遺産群	□ 福岡	2017
□ 長崎と天草地方の潜伏キリシタン関連遺産	□ 長崎・熊本	2018
□ 百舌鳥・古市古墳群―古代日本の墳墓群―	□ 大阪	2019
□ 北海道・北東北の縄文遺跡群	□ 北海道・青森・岩手・秋田	2021

自然遺産	都道府県名	登録年
□ 屋久島	□ 鹿児島	1993
□ 白神山地	□ 青森・秋田	1993
□ 知床	□ 北海	2005
□ 小笠原諸島	□ 東京	2021
□ 奄美大島、徳之島、沖縄北部及び西表島	□ 鹿児島・沖縄	2021

無形文化遺産（登録年）

□ 能楽（2008）□ 人形浄瑠璃文楽（2008）□ 歌舞伎（2008）□ 雅楽（2009）
□ 那智の田楽（2012）□ 和食（2013）□ 和紙（2014）□ 来訪神（2018）など

世界の記憶（登録年）

□ 炭坑記録画家・山本作兵衛の炭坑画（2011）□ 御堂関白記、慶長遣欧使節関係資料（2013）
□ 舞鶴への生還（2015）□ 東寺百合文書（2015）□ 上野三碑、朝鮮通信使（2017）
□ 円珍関係文書典籍（2023）

いっきにチェック！ 最新データ

6 ノーベル賞

ここに注目！ 2021年に眞(真)鍋淑郎が「地球気候変動モデルの開発」でノーベル物理学賞を受賞。

日本人のノーベル賞受賞者（29人）　※外国籍の者も含む

2023年10月時点

受賞者（受賞年）	賞	理由
□ 湯川秀樹（1949）	物理学賞	「中間子」の存在を予言し、素粒子論の基礎を築いた。
□ 朝永振一郎（1965）	物理学賞	「くりこみ理論」により量子力学を発展させた。
□ 川端康成（1968）	文学賞	『雪国』などの作品で日本の美学、日本人の心を表現。
□ 江崎玲於奈（1973）	物理学賞	半導体「エサキ・ダイオード」を発明。
□ 佐藤栄作（1974）	平和賞	「非核三原則」を掲げて太平洋地域の平和に貢献。
□ 福井謙一（1981）	化学賞	「フロンティア電子軌道理論」を開拓。
□ 利根川進（1987）	生理学・医学賞	「多様な抗体遺伝子が体内で再構成される理論」を実証。
□ 大江健三郎（1994）	文学賞	「魂の救済」を描く独特な小説世界を創造。
□ 白川英樹（2000）	化学賞	「導電性高分子」の発見と開発。
□ 野依良治（2001）	化学賞	触媒による「不斉合成」の研究成果。
□ 小柴昌俊（2002）	物理学賞	「宇宙ニュートリノ」検出へのパイオニア的貢献。
□ 田中耕一（2002）	化学賞	「生体高分子の固定および構造解析」のための手法の開発。
□ 南部陽一郎（2008）	物理学賞	「自発的対称性の破れ」の発見。
□ 小林誠（2008）	物理学賞	「CP対称性の破れの起源」発見。
□ 益川敏英（2008）	物理学賞	「CP対称性の破れの起源」発見。
□ 下村脩（2008）	化学賞	「緑色蛍光タンパク質（GFP）」の発見と開発。
□ 鈴木章（2010）	化学賞	「クロスカップリング」の開発。
□ 根岸英一（2010）	化学賞	「クロスカップリング」の開発。
□ 山中伸弥（2012）	生理学・医学賞	さまざまな細胞にできる能力を持つ「iPS細胞」の作製。
□ 赤﨑勇（2014）	物理学賞	「青色発光ダイオード」の発明。
□ 天野浩（2014）	物理学賞	「青色発光ダイオード」の発明。
□ 中村修二（2014）	物理学賞	「青色発光ダイオード」の発明。
□ 大村智（2015）	生理学・医学賞	寄生虫による感染症に対する治療法の発見。
□ 梶田隆章（2015）	物理学賞	「ニュートリノ振動」の発見。
□ 大隅良典（2016）	生理学・医学賞	「オートファジー」の解明。
□ カズオ・イシグロ（2017）	文学賞	「個」と「世界」との結びつきを問いかける小説世界を創造。
□ 本庶佑（2018）	生理学・医学賞	「PD-1」細胞の発見。
□ 吉野彰（2019）	化学賞	「リチウムイオン電池」の開発。
□ 眞(真)鍋淑郎（2021）	物理学賞	「地球気候変動モデル」の開発。

※日本人がまだ受賞していないのは「経済学賞」

7 時事英語

ここに注目！ ▶ 普段の日本語のニュースでも見聞きするような単語を確認しよう。

政治・外交

英語	意味
arms reduction	軍縮
bill	議案・法案
budget	予算
cabinet	内閣
capital investment	資本投資
coalition government	連立政権
conservative party	保守党
constitution	憲法
crude oil	原油
detente	緊張緩和
developed country	先進国
developing country	発展途上国
diplomatic	外交上の
disarmament	武装解除
election	選挙
force	兵力
general election	総選挙
illegal immigration	不法入国
intervention	介入
joint communique	共同声明
local government	地方自治体
martial law	戒厳令
military aid	軍事援助
nonaligned nation	非同盟国
non-tariff barrier	非関税障壁
nuclear arms / weapon	核兵器
opinion poll	世論調査
opposition party	野党
parliament	議会

英語	意味
plaintiff	原告
political reform	政治改革
press conference	記者会見
puppet government	傀儡政権
referendum	国民投票
refugee	難民
ruling party	与党
sovereign power	主権
the Lower House	下院
the Upper House	上院
victim	犠牲者
vote	投票する

経済・経営

英語	意味
antimonopoly law	独占禁止法
average stock price	平均株価
balance of trade	貿易収支
consumer	消費者
consumption tax	消費税
deficit	赤字
depression	不況
deregulation	規制緩和
dispatched worker	派遣労働者
economic growth	経済成長
exchange rate	為替レート
export	輸出
financial reform	財政改革
fiscal year	会計年度

56

いっきにチェック！ 最新データ

7

時事英語

☐ foreign exchange	外国為替
☐ foreign investment	海外投資
☐ futures market	先物市場
☐ income tax	所得税
☐ indirect tax	間接税
☐ information disclosure	情報公開
☐ insider trading	インサイダー取引
☐ interest rate	利率
☐ labor force	労働力
☐ labor shortage	労働力不足
☐ labor union	労働組合
☐ liberalization	自由化
☐ listed stock	上場株
☐ market research	市場調査
☐ mass production	大量生産
☐ monetary crisis	通貨危機
☐ monopoly	独占
☐ official discount rate	公定歩合
☐ product liability	製造物責任
☐ protectionism	保護貿易主義
☐ real estate	不動産
☐ recession	景気後退
☐ stockholder	株主
☐ stock market	株式市場
☐ stock price index	株価指数
☐ supply and demand	供給と需要
☐ tax reduction	減税
☐ trade friction	貿易摩擦
☐ unemployment rate	失業率
☐ wholesale price	卸売物価
☐ withdraw	撤退する

社会問題

英語	意味
☐ aging society	高齢化社会
☐ audience rating	視聴率

☐ birth rate	出生率
☐ cellular phone	携帯電話
☐ compensation	賠償
☐ defection	亡命
☐ democratic society	民主社会
☐ discrimination	差別
☐ generation gap	世代間の断絶
☐ household	世帯
☐ indigenous people	先住民族
☐ information society	情報社会
☐ majority	多数派
☐ mass culture	大衆文化
☐ minority	少数派
☐ racism	人種差別
☐ standard of living	生活水準
☐ stereotype	固定観念
☐ suit	訴訟
☐ welfare state	福祉国家

科学・技術

英語	意味
☐ allergy	アレルギー
☐ antibody	抗体
☐ brain death	脳死
☐ chain reaction	連鎖反応
☐ clone animal	クローン動物
☐ donor	提供者、ドナー
☐ euthanasia	安楽死
☐ mercy killing	安楽死
☐ gene therapy	遺伝子治療
☐ heart transplantation	心臓移植
☐ human genome	ヒトゲノム
☐ organ transplant	臓器移植
☐ semiconductor	半導体

57

8 オリンピック

ここに注目！ 今後の開催地とメダル獲得数が多かった大会は頻出！

夏季オリンピック

開催年	開催地	金メダルを獲得した種目と選手
2020年 （第32回） ※2021年に 延期	東京 （日本） **メダル数** 合計：58個 金：27個 銀：14個 銅：17個	柔道（女子52kg級／阿部詩、女子70kg級／新井千鶴、女子78kg級／濵田尚里、女子78kg超級／素根輝、男子60kg級／髙藤直寿、男子66kg級／阿部一二三、男子73kg級／大野将平、男子81kg級／永瀬貴規、男子100kg級／ウルフ・アロン）レスリング（女子フリースタイル：50kg級／須崎優衣、同53kg級／向田真優、同57kg級／川井梨紗子、同62kg級／川井友香子、男子フリースタイル：65kg級／乙黒拓斗）野球（侍ジャパン）ソフトボール（上野由岐子他）スケートボード（女子パーク／四十住さくら、女子ストリート／西矢椛、男子ストリート／堀米雄斗）体操（男子鉄棒／橋本大輝、男子個人総合／橋本大輝）競泳（女子200m個人メドレー／大橋悠依、女子400m個人メドレー／大橋悠依）空手（男子形／喜友名諒）卓球（混合ダブルス／伊藤美誠・水谷隼）フェンシング（男子エペ団体／加納虹輝・山田優・宇山賢・見延和靖）ボクシング（女子フェザー級／入江聖奈）

※2024年（第33回）はパリ（フランス）で開催。
※2028年（第34回）はロサンゼルス（アメリカ）で開催。
※2032年（第35回）はブリスベン（オーストラリア）で開催。

夏季パラリンピック

開催年	開催地	金メダルを獲得した種目と選手
2020年 （第16回） ※2021年に 延期	東京 （日本） **メダル数** 合計：51個 金：13個 銀：15個 銅：23個	車いすテニス（男子シングルス／国枝慎吾）車いすバドミントン（女子ダブルス／里見紗李奈・山崎悠麻、女子・WH1／里見紗李奈、男子・WH2／梶原大暉）マラソン（女子・視覚障害T12／道下美里）競泳（男子100mバタフライ・視覚障害S11／木村敬一、男子100m自由形・運動機能障害S4／鈴木孝幸、男子100m平泳ぎ・知的障害／山口尚秀）自転車（女子個人ロードレース・運動機能障害C1～3／杉浦佳子、女子個人ロードタイムトライアル・運動機能障害C1～3／杉浦佳子）陸上（男子400mT52／佐藤友祈、男子1500m／佐藤友祈T52）ボッチャ（脳性まひBC2／杉村英孝）

冬季オリンピック

開催年	開催地	メダル数	金メダルを獲得した種目と選手
2014年 （第22回）	ソチ （ロシア）	合計：8個　金：1個 銀：4個　銅：3個	フィギュアスケート （男子シングル／羽生結弦）
2018年 （第23回）	平昌 （韓国）	合計：13個　金：4個 銀：5個　銅：4個	フィギュアスケート（羽生結弦） スピードスケート（小平奈緒、髙木菜那など）
2022年 （第24回）	北京 （中国）	合計：18個　金：3個 銀：6個　銅：9個	スノーボード（平野歩夢） スキージャンプ（小林陵侑） スピードスケート（髙木美帆）

※2026年（第25回）はミラノ／コルティナ・ダンペッツォ（イタリア）で開催。

9 メジャーリーグ

いっきにチェック！最新データ

ここに注目！ 日本人選手が移籍や活躍などすると頻出問題になる。

2023年10月時点

アメリカン・リーグ

西地区
- 1 オークランド・アスレチックス
- 2 テキサス・レンジャーズ
- 3 ロサンゼルス・エンゼルス
- 4 シアトル・マリナーズ
- 5 ヒューストン・アストロズ

中地区
- 6 デトロイト・タイガース
- 7 シカゴ・ホワイトソックス
- 8 クリーブランド・ガーディアンズ※
- 9 ミネソタ・ツインズ
- 10 カンザスシティ・ロイヤルズ

東地区
- 11 ボストン・レッドソックス
- 12 ニューヨーク・ヤンキース
- 13 ボルティモア・オリオールズ
- 14 トロント・ブルージェイズ
- 15 タンパベイ・レイズ

※2021年シーズンまでクリーブランド・インディアンス。

ナショナル・リーグ

西地区
- 1 サンフランシスコ・ジャイアンツ
- 2 ロサンゼルス・ドジャース
- 3 サンディエゴ・パドレス
- 4 コロラド・ロッキーズ
- 5 アリゾナ・ダイヤモンドバックス

中地区
- 6 シンシナティ・レッズ
- 7 シカゴ・カブス
- 8 ピッツバーグ・パイレーツ
- 9 セントルイス・カージナルス
- 10 ミルウォーキー・ブルワーズ

東地区
- 11 アトランタ・ブレーブス
- 12 フィラデルフィア・フィリーズ
- 13 ニューヨーク・メッツ
- 14 ワシントン・ナショナルズ
- 15 マイアミ・マーリンズ

10 サッカー

ここに注目！ ▶ 「ドーハ」や「ジョホールバル」などの都市名・国名は覚えよう。

日本サッカーの歴史

年	出来事
1921	大日本蹴球協会創立
1929	国際サッカー連盟（FIFA）に加盟
1950	国際サッカー連盟（FIFA）に日本蹴球協会として再加盟
1965	日本サッカーリーグ（JSL）開幕
1968	メキシコ・オリンピック出場、銅メダル獲得。釜本邦茂が得点王に（長沼健監督）
1974	財団法人日本サッカー協会（JFA）に名称変更
1977	奥寺康彦がブンデスリーガ（当時・西ドイツ）の1.FCケルンへ。日本人プロ第一号誕生
1993	Jリーグ（日本プロサッカーリーグ）開幕。初代チェアマンは川淵三郎 FIFAワールドカップ（W杯）アメリカ大会・アジア最終予選で、日本代表はイラクと引き分けて初出場を逃す。『ドーハの悲劇』（オフト監督）
1997	フランスW杯・アジア最終予選（マレーシア・ジョホールバル開催）で、イランを岡野雅行のVゴールで破り（3-2）、初のW杯出場を決める。『ジョホールバルの歓喜』（岡田武史監督）
1998	W杯フランス大会出場。中山雅史がジャマイカ戦でW杯初得点を挙げたものの、3戦全敗グループリーグ敗退（岡田武史監督）
1999	Jリーグ、1・2部制（J1・J2）導入
2002	第17回W杯日韓大会を日本と大韓民国で共同開催（アジア初） 日本代表はロシア戦でW杯初勝利。グループステージ2勝1分でベスト16入りするがトルコに敗れる（トルシエ監督）
2006	W杯ドイツ大会出場。グループステージ1分2敗で敗退（ジーコ監督）
2010	W杯南アフリカ大会出場。グループステージ2勝1敗でベスト16入りするが、決勝トーナメントでパラグアイに0-0の末、PK戦で敗れる（岡田武史監督）
2011	FIFA女子W杯ドイツ大会でなでしこジャパンが優勝。佐々木則夫監督は女子チームの年間最優秀監督に、澤穂希選手が女子年間最優秀選手に選出
2014	W杯ブラジル大会出場。グループステージ1分2敗で敗退（ザッケローニ監督）
2015	日本代表監督がハリルホジッチ監督に交代 FIFA女子W杯カナダ大会でなでしこジャパンが準優勝
2018	日本代表、W杯ロシア大会出場。グループステージ1勝1分1敗でベスト16入りするがベルギーに敗れる（西野朗監督）
2022	W杯カタール大会出場。グループステージ2勝1敗でベスト16入りするが、決勝トーナメントでクロアチアに1-1の末、PK戦で敗れる（森保一監督）
2023	FIFA女子W杯オーストラリア・ニュージーランド大会で、なでしこジャパン（池田太監督）はグループステージを全勝で突破するがスウェーデンに敗れてベスト8。

いっきにチェック！最新データ

11 FIFAワールドカップ

ここに注目！ ► 2014年ブラジル大会のドイツまで、欧州国は南米で優勝できなかった。

FIFA ワールドカップの歴史

○ヨーロッパ　◆中南北アメリカ　■アジア
●アフリカ　＊開催国

回	年	開催国	優勝国	スコア	準優勝国
1	1930	◆ウルグアイ	＊○ウルグアイ（1／1）	4−2	◆アルゼンチン（0／1）
2	1934	○イタリア	＊○イタリア（1／1）	2−1	○チェコスロバキア（0／1）
3	1938	○フランス	○イタリア（2／2）	4−2	○ハンガリー（0／1）
4	1950	◆ブラジル	◆ウルグアイ（2／2）	2−1	＊◆ブラジル（0／1）
5	1954	○スイス	○西ドイツ（1／1）	3−2	○ハンガリー（0／2）
6	1958	○スウェーデン	◆ブラジル（1／2）	5−2	＊○スウェーデン（0／1）
7	1962	◆チリ	◆ブラジル（2／3）	3−1	○チェコスロバキア（0／2）
8	1966	○イングランド	＊○イングランド（1／1）	4−2	○西ドイツ（1／2）
9	1970	◆メキシコ	◆ブラジル（3／4）	4−1	○イタリア（2／3）
10	1974	○西ドイツ	＊○西ドイツ（2／3）	2−1	○オランダ（0／1）
11	1978	◆アルゼンチン	＊◆アルゼンチン（1／2）	3−1	○オランダ（0／2）
12	1982	○スペイン	○イタリア（3／4）	3−1	○西ドイツ（2／4）
13	1986	◆メキシコ②	◆アルゼンチン（2／3）	3−2	○西ドイツ（2／5）
14	1990	○イタリア②	○西ドイツ（3／6）	1−0	◆アルゼンチン（2／4）
15	1994	◆アメリカ	◆ブラジル（4／5）	0−0 (PK3−2)	○イタリア（3／5）
16	1998	○フランス②	＊○フランス（1／1）	3−0	◆ブラジル（4／6）
17	2002	■韓国・日本	◆ブラジル（5／7）	2−0	○ドイツ（3／7）
18	2006	○ドイツ②	○イタリア（4／6）	1−1 (PK5−3)	○フランス（1／2）
19	2010	●南アフリカ	○スペイン（1／1）	1−0	○オランダ（0／3）
20	2014	◆ブラジル②	○ドイツ（4／8）	1−0	◆アルゼンチン（2／5）
21	2018	○ロシア	○フランス（2／3）	4−2	○クロアチア（0／1）
22	2022	■カタール	◆アルゼンチン（3／6）	3−3 (PK4−2)	○フランス（2／4）
23	2026	カナダ・メキシコ③ ・アメリカ②			

※②③は開催回数

（優勝回数／決勝進出回数）

記録（第22回大会終了時まで）

□ 第1回大会は開催国・優勝国ともウルグアイ。
□ 開催国が優勝した大会が6回ある。
□ 優勝最多国は全大会出場のブラジル（5回）だが、第20回の自国開催では4位。
□ 2014年のブラジル大会において、ドイツがヨーロッパ勢として初めて南米の大会で優勝した。

12 文学賞

ここに注目！ 過去数年の芥川賞・直木賞は要暗記。最近は本屋大賞も頻出。

主な芥川賞作家と受賞作品

年	期	回	作家	作品
1935	上期	（1回）	□ 石川達三	『蒼氓』
1949	下期	（22回）	□ 井上靖	『闘牛』
1951	上期	（25回）	□ 安部公房	『壁－Ｓ・カルマ氏の犯罪』
1952	下期	（28回）	□ 松本清張	『或る「小倉日記」伝』
1955	上期	（33回）	□ 遠藤周作	『白い人』
1955	下期	（34回）	□ 石原慎太郎	『太陽の季節』
1957	下期	（38回）	□ 開高健	『裸の王様』
1958	上期	（39回）	□ 大江健三郎	『飼育』
1960	上期	（43回）	□ 北杜夫	『夜と霧の隅で』
1963	下期	（50回）	□ 田辺聖子	『感傷旅行』
1968	上期	（59回）	□ 丸谷才一	『年の残り』
1976	上期	（75回）	□ 村上龍	『限りなく透明に近いブルー』
1977	上期	（77回）	□ 三田誠広	『僕って何』
1982	下期	（88回）	□ 唐十郎	『佐川君からの手紙』
1996	下期	（116回）	□ 辻仁成	『海峡の光』
2003	下期	（130回）	□ 綿矢りさ	『蹴りたい背中』
			□ 金原ひとみ	『蛇にピアス』
2004	下期	（132回）	□ 阿部和重	『グランド・フィナーレ』
2005	下期	（134回）	□ 絲山秋子	『沖で待つ』

主な直木賞作家と受賞作品

年	期	回	作家	作品
1935	上期	（1回）	□ 川口松太郎	『鶴八鶴次郎』ほか
1937	下期	（6回）	□ 井伏鱒二	『ジョン万次郎漂流記』
1958	上期	（39回）	□ 山崎豊子	『花のれん』
1959	下期	（42回）	□ 司馬遼太郎	『梟の城』
1966	下期	（56回）	□ 五木寛之	『蒼ざめた馬を見よ』
1967	下期	（58回）	□ 野坂昭如	『アメリカひじき』『火垂るの墓』
1970	上期	（63回）	□ 渡辺淳一	『光と影』
1972	上期	（67回）	□ 井上ひさし	『手鎖心中』
1980	上期	（83回）	□ 向田邦子	『花の名前』『かわうそ』『犬小屋』
1981	下期	（86回）	□ つかこうへい	『蒲田行進曲』
1993	上期	（109回）	□ 髙村薫	『マークスの山』
2005	下期	（134回）	□ 東野圭吾	『容疑者Ｘの献身』
2006	上期	（135回）	□ 三浦しをん	『まほろ駅前多田便利軒』
2011	上期	（145回）	□ 池井戸潤	『下町ロケット』

いっきにチェック！最新データ

最近の芥川賞・直木賞作家と受賞作品

年・期・回	芥川賞	直木賞
2018 上期(159回)	□ 高橋弘希『送り火』	□ 島本理生『ファーストラヴ』
下期 (160回)	□ 町屋良平『1R1分34秒』 □ 上田岳弘『ニムロッド』	□ 真藤順丈『宝島』
2019 上期(161回)	□ 今村夏子『むらさきのスカートの女』	□ 大島真寿美『渦 妹背山婦女庭訓 魂結び』
下期(162回)	□ 古川真人『背高泡立草』	□ 川越宗一『熱源』
2020 上期(163回)	□ 高山羽根子『首里の馬』 □ 遠野遥『破局』	□ 馳星周『少年と犬』
下期(164回)	□ 宇佐見りん『推し、燃ゆ』	□ 西條奈加『心淋し川』
2021 上期(165回)	□ 石沢麻依『貝に続く場所にて』 □ 李琴峰『彼岸花が咲く島』	□ 佐藤究『テスカトリポカ』 □ 澤田瞳子『星落ちて、なお』
下期(166回)	□ 砂川文次『ブラックボックス』	□ 今村翔吾『塞王の楯』 □ 米澤穂信『黒牢城』
2022 上期(167回)	□ 高瀬隼子『おいしいごはんが食べられますように』	□ 窪美澄『夜に星を放つ』
下期(168回)	□ 井戸川射子『この世の喜びよ』 □ 佐藤厚志『荒地の家族』	□ 小川哲『地図と拳』 □ 千早茜『しろがねの葉』
2023 上期(169回)	□ 市川沙央『ハンチバック』	□ 垣根涼介『極楽征夷大将軍』 □ 永井紗耶子『木挽町のあだ討ち』

12 文学賞

主な本屋大賞受賞作家と受賞作品

年	回	作家	作品
2004	（1回）	□ 小川洋子	『博士の愛した数式』
2006	（3回）	□ リリー・フランキー	『東京タワー オカンとボクと、時々、オトン』
2015	（12回）	□ 上橋菜穂子	『鹿の王』
2016	（13回）	□ 宮下奈都	『羊と鋼の森』
2017	（14回）	□ 恩田陸	『蜜蜂と遠雷』
2018	（15回）	□ 辻村深月	『かがみの孤城』
2019	（16回）	□ 瀬尾まいこ	『そして、バトンは渡された』
2020	（17回）	□ 凪良ゆう	『流浪の月』
2021	（18回）	□ 町田そのこ	『52ヘルツのクジラたち』
2022	（19回）	□ 逢坂冬馬	『同志少女よ、敵を撃て』
2023	（20回）	□ 凪良ゆう ※2回目	『汝、星のごとく』

13 映画（アカデミー賞）

ここに注目！ ▶ 日本映画や日本人が受賞した直後は出題されることが多い。

	作品賞	主演女優賞	主演男優賞
第87回 （2014年対象）	『バードマンあるいは(無知がもたらす予期せぬ奇跡)』	ジュリアン・ムーア 『アリスのままで』	エディ・レッドメイン 『博士と彼のセオリー』
第88回 （2015年対象）	『スポットライト 世紀のスクープ』	ブリー・ラーソン 『ルーム』	レオナルド・ディカプリオ 『レヴェナント 蘇えりし者』
第89回 （2016年対象）	『ムーンライト』	エマ・ストーン 『ラ・ラ・ランド』	ケイシー・アフレック 『マンチェスター・バイ・ザ・シー』
第90回 （2017年対象）	『シェイプ・オブ・ウォーター』	フランシス・マクドーマンド 『スリー・ビルボード』	ゲイリー・オールドマン 『ウィンストン・チャーチル/ヒトラーから世界を救った男』
第91回 （2018年対象）	『グリーンブック』	オリビア・コールマン 『女王陛下のお気に入り』	ラミ・マレック 『ボヘミアン・ラプソディ』
第92回 （2019年対象）	『パラサイト 半地下の家族』	レネー・ゼルウィガー 『ジュディ 虹の彼方に』	ホアキン・フェニックス 『ジョーカー』
第93回 （2020年対象）	『ノマドランド』	フランシス・マクドーマンド 『ノマドランド』	アンソニー・ホプキンス 『ファーザー』
第94回 （2021年対象）	『コーダ あいのうた』	ジェシカ・チャステイン 『タミー・フェイの瞳』	ウィル・スミス 『ドリームプラン』
第95回 （2022年対象）	『エブリシング・エブリウェア・オール・アット・ワンス』	ミシェル・ヨー※アジア初 『エブリシング・エブリウェア・オール・アット・ワンス』	ブレンダン・フレイザー 『ザ・ホエール』

日本映画／日本関連の主な受賞

1951年　『羅生門』（名誉賞、黒澤明監督）
1954年　『地獄門』（名誉賞、衣笠貞之助監督）　和田三造（衣装デザイン賞、『地獄門』）
1955年　『宮本武蔵』（名誉賞、稲垣浩監督）
1957年　ナンシー梅木（助演女優賞、『サヨナラ』）
1985年　ワダ・エミ（衣装デザイン賞、『乱』）
1987年　坂本龍一（オリジナル作曲賞、『ラストエンペラー』）
1989年　黒澤明（名誉賞）
1991年　石岡瑛子（衣装デザイン賞、『ドラキュラ』）
1998年　伊比恵子（短編ドキュメンタリー映画賞、『ザ・パーソナルズ』）
2002年　『千と千尋の神隠し』（長編アニメ映画賞、宮崎駿監督）
2008年　『おくりびと』（外国語映画賞、滝田洋二郎監督）
　　　　『つみきのいえ』（短編アニメ賞、加藤久仁生監督）
2014年　宮崎駿（名誉賞）
2018年　辻一弘（メイクアップ&ヘアスタイリング賞、『ウィンストン・チャーチル/ヒトラーから世界を救った男』）
2020年　カズ・ヒロ[辻一弘が帰化・改名]（メイクアップ&ヘアスタイリング賞、『スキャンダル』）
2022年　『ドライブ・マイ・カー』（国際長編映画賞、濱口竜介監督）

一般常識&最新時事

一問一答【頻出1500問】

角倉裕之　著

はじめに

　本書は、一般企業やマスコミへの内定を目指して就職活動を行う大学生や短大生にむけて、一般常識の学習を手軽にもれなく行えるように企画されました。

　私がマスコミ就職セミナーの講師を始めた頃は、「就職活動は資格試験や公務員試験ではないのだから、新聞社や出版社を志望する場合を除いて、机に向かって勉強するよりもコミュニケーション能力を磨くことに時間を使いなさい」と指導していたものです。

　しかし、やがてそれは間違いであることに気付きました。十分に能力があるだろうと思われた学生が、意外にも筆記試験で落とされることが多くなったのです。

　就職して仕事を進めていくときには、もちろん高いコミュニケーション能力が必要ですが、新入社員が基礎的な思考力や一般常識を持ち合わせてないと、企業にとっても本人にとっても不幸だということに、人事は改めて気付いたのかもしれません。

　就職活動において対策すべきことは広範囲に渡り、学生の皆さんは何から手をつけてよいのか途方に暮れていると思います。

　そこで本書は、皆さんの時間的な効率を高めるために、様々な工夫をしています。

①一問一答式で、電車の中でも、寝ころびながらでも手軽に学習できる。
②難しすぎず簡単すぎず、就職試験の頻出問題をピックアップ。
③現役大学生にモニタリング・テストを実施して、ほとんどの問題に正解率を明記。
　自分の実力を確認しながら学習を進めていくことができる。
④数多くの企業で的中した問題が多数収録！

　ただし、今回モニターになって頂いたのは有名私大を中心とした、それなりに基礎力がある大学生ですが、モニター時期が大学３年生前期であり、まだ筆記試験対策を行っていない段階での正解率だということに留意してください。就職活動時期になると、＋20％以上の正解率アップが予想されます。特にマスコミ志望の方は全問正解を目指しましょう。

　本書を活用して、皆さんが夢に一歩でも近づくことを願ってやみません。
　ご健闘をお祈りします。

著者

CONTENTS

はじめに
本書の特長と使い方 ………………………………………………… 8

1章 国 語

漢 字
1 書き取り ……………………………………………… 10
2 漢字の読み …………………………………………… 12
3 難読漢字 ……………………………………………… 14
4 同音異義語 …………………………………………… 16
5 同訓異義語 …………………………………………… 18
6 類義語・対義語 ……………………………………… 20

語 句
7 四字熟語 ……………………………………………… 22
8 ことわざ・慣用句 …………………………………… 24
9 敬語 …………………………………………………… 26
10 誤文訂正 ……………………………………………… 28

文 学
11 日本文学 ……………………………………………… 30
12 短歌・俳句・詩 ……………………………………… 32
13 世界文学 ……………………………………………… 34

就職活動 Q&A1「全体編」 ……………………………… 36

2章 英 語

単語・熟語
14 経済・自然 …………………………………………… 38
15 日常・カタカナ語 …………………………………… 40
16 ことわざ ……………………………………………… 42

基本構文
17 構文・熟語 …………………………………………… 44

時 事
18 時事英語 ……………………………………………… 48

就職活動 Q&A2「筆記編」 ……………………………… 50

4

3章 政治・経済

政治・法律
19	憲法・法律・司法	52
20	国会・選挙	54
21	内閣・行政	56

経　済
22	経済用語・指標	58
23	経済史	60
24	金融・株式	62
25	経営	64

社会・環境
26	社会問題	66
27	環境問題	68

地　理
28	地理学・地図	70
29	県庁所在地・首都	72
30	都道府県	74
31	日本地理	76
32	世界地理	78

国際情勢
33	国連	80
34	国際機関	82
35	条約・協定・宣言	84
36	国際略語・アルファベット略語	86
37	アメリカ・ヨーロッパ	88
38	アジア・アフリカ	90

歴　史
39	日本史	92
40	世界史	94
就職活動 Q&A3「時事問題編」		96

CONTENTS

4章 数学・理科

数 学
- **41** 計算式 ································ 98
- **42** 損益算・鶴亀算 ················ 100
- **43** 関数 ································· 102
- **44** n進法・面積・体積 ············ 104
- **45** 図形 ································· 106
- **46** 集合・確率 ······················ 108
- **47** その他パターン問題 ·········· 110

理 科
- **48** 化学 ································· 112
- **49** 生物 ································· 114
- **50** 物理 ································· 116
- **51** 気象・地学 ······················ 120
- 就職活動Q&A4「エントリーシート・面接編」 ·········· 122

5章 文化・スポーツ・一般教養

文 化
- **52** 音楽 ································· 124
- **53** 美術・建築 ······················ 126
- **54** 芸能 ································· 128

スポーツ
- **55** 野球・サッカー ················ 130
- **56** その他スポーツ ················ 132

一般教養
- **57** 名数 ································· 134
- **58** 賀寿・旧暦 ······················ 136
- **59** しきたり・マナー ············· 138
- 就職活動Q&A5「その他編」 ·········· 140

6章 ▶ 暗記項目！　重要ポイント特集

重要①	漢字の書き取り	142
重要②	難読漢字の読み	146
重要③	四字熟語	150
重要④	ことわざ	152
重要⑤	敬語	154
重要⑥	日本文学（作家と作品）	156
重要⑦	世界文学（作家と作品）	158
重要⑧	カタカナ語	160
重要⑨	英語のことわざ	161
重要⑩	英語熟語	162
重要⑪	国会・内閣・選挙	164
重要⑫	省庁	165
重要⑬	日本国憲法	166
重要⑭	経済用語・指標一覧	167
重要⑮	M&A用語	168
重要⑯	国連のしくみ	169
重要⑰	国際略語	170
重要⑱	世界史年表	172
重要⑲	日本史年表	174
重要⑳	主な国の首都とその特徴	176
重要㉑	世界の地形	178
重要㉒	日本の地形	180
重要㉓	都道府県とその特徴	182
重要㉔	単位	185
重要㉕	コンピューター	186
重要㉖	情報通信	187
重要㉗	数学の公式	188
重要㉘	理科の法則・公式	189
重要㉙	音楽（作曲家と作品）	190
重要㉚	美術（画家と作品）	191

※肩書きのない人名の敬称は略しています。

編集協力　株式会社 一校舎　　**本文デザイン**　有限会社 エムアンドケイ
DTP　株式会社 明昌堂

本書の特長と使い方

本書は、短期間に効率よく学習することを目的とした一般常識問題集です。
重要問題や語句がスピード攻略できるよう、以下の工夫を施しています。

●「一問一答式の頻出問題」でスピード学習！

➡ 「国語」「英語」「政治・経済」「数学・理科」「文化・スポーツ・一般教養」
全5ジャンルで**頻出の問題を厳選**して収録。一問一答形式の問題だから、クイズ
感覚で楽しみながら覚えられる。

●隠して覚える「赤チェックシート」つき

➡ まずは、**赤チェックシート**で解答を隠しながら問題を解いてみよう。わか
らない問題や間違えた問題は、チェックボックスに印をつけるなどして、何度も
繰り返し解くことで確実に実力がついていく。
解答がわかったら、問題文の赤字を赤チェックシートで隠して覚えよう。ここま
でやれば、得点力アップは間違いなし！

●「正解率」で常識レベルがわかる！

➡ モニタリング・テストの結果を集計した**「正解率」を問題に明記**！例えば、
正解率80%の問題を間違えた場合はもう少し勉強が必要。逆に20%の問題が正
解すれば、かなり実力があることがわかる。
この「正解率」を目安にして、自分自身の常識レベルを知ろう！
（正答率データがない問題は［−%］と表記されています。）

●巻末「暗記項目！重要ポイント特集」

➡ 問題を解いた後は、覚えておきたい**重要語句を徹底暗記**！問題で一度解い
た語句もあるため、効果的に暗記できる。赤チェックシートでどんどん覚えよう。
基礎固めにも直前対策にも使える特集！「一般企業」「マスコミ」のレベル別マー
クつき！

1章

国語

1 漢字

書き取り

▶重要①漢字の書き取り（P142）

次の文の下線部を漢字に直せ。

解 答・解 説

□ **1** 朝の**アイサツ**をする。
正解率 [—%]

1 挨拶
新常用漢字

□ **2** **アイマイ**な返事をする。
[—%]

2 曖昧
新常用漢字

□ **3** **イス**に座る。
[—%]

3 椅子
椅：新常用漢字

□ **4** 医者に**イントウ**炎と診断される。
[—%]

4 咽頭
咽：新常用漢字

□ **5** 親の代からの**オンネン**を晴らす。
[—%]

5 怨念
怨：新常用漢字

□ **6** 子どものお土産に**ガング**を買う。
[—%]

6 玩具
玩：新常用漢字

□ **7** 人混みの**カンゲキ**をぬって進む。
[—%]

7 間隙
隙：新常用漢字

□ **8** 前途を**キグ**する。
[55%]

8 危惧
惧：新常用漢字

□ **9** 規則が**ケイガイ**化する。
[—%]

9 形骸
骸：新常用漢字

□ **10** 彼の才能に**シット**する。
[—%]

10 嫉妬
新常用漢字

□ **11** フランス文学に**ショウケイ**する。
[—%]

11 憧憬
新常用漢字

□ **12** **トバク**は法律で禁止されている。
[—%]

12 賭博
賭：新常用漢字

□ **13** 予算を**ネンシュツ**する。
[—%]

13 捻出
捻：新常用漢字

□ **14** 父親の急死の**フホウ**が届いた。
[—%]

14 訃報
訃：新常用漢字

□ **15** その意味は極めて**メイリョウ**だ。
[64%]

15 明瞭
瞭：新常用漢字

10

問題	解答
☑**16** 田舎で**アンノン**とした生活を送る。 [**10%以下**]	**16** 安穏
☑**17** 一連の不祥事に**イカン**の意を示した。 [**36%**]	**17** 遺憾
☑**18** 物語が**カキョウ**に入る。 [**10%以下**]	**18** 佳境
☑**19** **キゲン**よく鼻歌を歌う。 [**45%**]	**19** 機嫌
☑**20** **クジュウ**の選択を迫られる。 [**73%**]	**20** 苦渋
☑**21** **クツジョク**に耐えた。 [**64%**]	**21** 屈辱
☑**22** 利下げが**ケイキ**となって景気が上向いた。 [**73%**]	**22** 契機
☑**23** 数々の**ケッサク**を残した文豪。 [**45%**]	**23** 傑作
☑**24** 彼は**ケンキョ**な人物だ。 [**64%**]	**24** 謙虚
☑**25** **コチョウ**して話をする。 [**55%**]	**25** 誇張
☑**26** 人事を**サッシン**する。 [**36%**]	**26** 刷新
☑**27** 今後の方針を**シサ**する発言があった。 [**45%**]	**27** 示唆
☑**28** 悲願を**ジョウジュ**する。 [**64%**]	**28** 成就
☑**29** 大国に**ツイズイ**した政策を遂行する。 [**45%**]	**29** 追随
☑**30** 前社長の方針を**トウシュウ**する。 [**27%**]	**30** 踏襲
☑**31** 結婚**ヒロウ**宴を開く。 [**27%**]	**31** 披露
☑**32** 雨の日に出かけるのは**ワズラ**わしい。 [**55%**]	**32** 煩

解答

1 国語

漢字

11

2 漢字

漢字の読み

次の文の下線部の漢字の読みを答えよ。

解答・解説

1 司法の判断に**委**ねる。
正解率 [100%]

1 ゆだ
新常用漢字（読み）

2 素晴らしい選手を**育**んだチーム。
[—%]

2 はぐく
新常用漢字（読み）

3 世論に**鑑**みて判断する。
[—%]

3 かんが
新常用漢字（読み）

4 不思議な雰囲気を**醸**しだす。
[94%]

4 かも

5 アルバイトを**募**る。
[94%]

5 つの

6 チームの**要**となるポジション。
[—%]

6 かなめ
新常用漢字（読み）

7 すっかり**和**む。
[94%]

7 なご

8 家庭を**顧**みない人だ。
[88%]

8 かえり

9 **拙**い文章で手紙を書いた。
[—%]

9 つたな／まず
新常用漢字（読み）

10 大声で**罵**る。
[88%]

10 ののし
新常用漢字

11 多くの人を**欺**く。
[88%]

11 あざむ

12 糸を**紡**ぐ。
[82%]

12 つむ

13 動物を**虐**げる。
[76%]

13 しいた

14 手を**煩**わす。
[71%]

14 わずら

15 **頑**なに断る。
[71%]

15 かたく

12

16 商店街が**廃**れた。 [71%]	**16** すた	**1**
17 洋服を**繕**う。 [71%]	**17** つくろ	国語
18 穴を**塞**ぐ。 [65%]	**18** ふさ 新常用漢字	
19 **芳**しい成績ではない。 [65%]	**19** かんば	漢字
20 女心を**弄**ぶ。 [59%]	**20** もてあそ 新常用漢字	
21 彼の実力を**侮**ってはいけない。 [59%]	**21** あなど	
22 本を**貪**るように読んだ。 [47%]	**22** むさぼ 新常用漢字	
23 物思いに**耽**る。 [35%]	**23** ふけ	
24 **挫**けそうになる。 [35%]	**24** くじ 新常用漢字	
25 みんなから**疎**まれた。 [35%]	**25** うと	
26 彼に**倣**って頑張ろう。 [29%]	**26** なら	
27 **理**ない行動をおこす。 [24%]	**27** ことわり	
28 心が**荒**む。 [18%]	**28** すさ	
29 その図版は菊を**象**っている。 [12%]	**29** かたど	
30 体を**労**る。 [10%以下]	**30** いたわ	
31 彼の気持ちを**慮**って黙っていた。 [10%以下]	**31** おもんぱか	
32 **訝**しい目で見つめていた。 [10%以下]	**32** いぶか	

解答・解説

13

3 漢字
難読漢字

▶重要②難読漢字の読み（P146）

次の文の下線部の漢字の読みを答えよ。

解答・解説

1 台詞を読み上げた。
正解率 [100%]

1 せりふ

2 時雨に濡れて帰る。
[94%]

2 しぐれ

3 隠蔽体質を改善する。
[88%]

3 いんぺい
蔽：新常用漢字

4 秋刀魚を買う。
[88%]

4 さんま

5 羞恥心を忘れた人。
[82%]

5 しゅうちしん
羞：新常用漢字

6 蚊帳を吊った。
[82%]

6 かや

7 彼を凌駕した人物はまだ現れていない。
[82%]

7 りょうが

8 畏怖の念を表す。
[76%]

8 いふ
畏：新常用漢字

9 潮騒に耳をすます。
[59%]

9 しおさい

10 人心から乖離した政治。
[53%]

10 かいり

11 何度も反芻する。
[53%]

11 はんすう

12 防人として赴いた。
[47%]

12 さきもり

13 祭りで山車を引く。
[47%]

13 だし

14 辛辣な批判を繰り返す。
[35%]

14 しんらつ
辣：新常用漢字

15 意見が収斂する。
[35%]

15 しゅうれん

14

解答・解説

☑ **16** 未来**永劫**、幸せになる。 [35%]	**16** えいごう	**1** 国 語
☑ **17** 森を**逍遥**する。 [35%]	**17** しょうよう	漢 字
☑ **18** **固唾**を飲んで見守る。 [29%]	**18** かたず 　唾：新常用漢字	
☑ **19** 彼は**所謂**、独身貴族だ。 [29%]	**19** いわゆる	
☑ **20** **南瓜**を買う。 [24%]	**20** かぼちゃ	
☑ **21** 砂漠を**彷徨**する。 [24%]	**21** ほうこう	
☑ **22** 彼はよく**蘊蓄**を傾ける。 [18%]	**22** うんちく	
☑ **23** 家計が**逼迫**する。 [18%]	**23** ひっぱく	
☑ **24** 沖に**漁火**が見える。 [18%]	**24** いさりび／ぎょか	
☑ **25** **海豚**を発見した。 [18%]	**25** いるか	
☑ **26** **案山子**が見える。 [18%]	**26** かかし	
☑ **27** 彼女の**花魁**姿がきれいだった。 [12%]	**27** おいらん	
☑ **28** **辣腕**を振るう。 [12%]	**28** らつわん 　辣：新常用漢字	
☑ **29** **一縷**の望みを捨てなかった。 [12%]	**29** いちる	
☑ **30** 上司の**言質**をとる。 [10%以下]	**30** げんち	
☑ **31** 漁船が**拿捕**された。 [10%以下]	**31** だほ	
☑ **32** 庭園で**野点**を行う。 [10%以下]	**32** のだて	

15

4 漢字
同音異義語

次の文の下線部を適切な漢字に直せ。

解答

1
- [74%] 人事**イドウ**が発令された。
- [95%] タクシーで**イドウ**する。
- [63%] 細かい意味の**イドウ**については気にしなくてよい。
- [16%] 癌撲滅のために**イドウ**を志す。

1
- 異動
- 移動
- 異同
- 医道

2
- [95%] 社会的**イギ**のある仕事に就く。
- [89%] 試合の判定に**イギ**を唱える。

2
- 意義
- 異議

3
- [79%] 来週**イコウ**の予定を決める。
- [89%] 上司の**イコウ**を伝える。
- [42%] 新組織に**イコウ**する。

3
- 以降
- 意向
- 移行

4
- [32%] 権限を**イジョウ**する。
- [89%] 今年は**イジョウ**気象だ。
- [—%] 巡回時に**イジョウ**はなかった。
- [42%] 土地を**イジョウ**する。

4
- 委譲
- 異常
- 異状
- 移譲

5
- [89%] 月は地球の**エイセイ**だ。
- [79%] **エイセイ**を保つために台所を掃除する。
- [63%] スイスは**エイセイ**中立国だ。

5
- 衛星
- 衛生
- 永世

16

解答

1 国語

漢字

6	[58%] 窓を開けて**カンキ**する。	換気
	[74%] 聴衆から**カンキ**の声があがる。	歓喜
	[47%] 注意を**カンキ**する。	喚起
	[58%] この地域は**カンキ**と雨期がある。	乾期
	[84%] 北からの**カンキ**によって冷え込む。	寒気

6

7	[37%] 雑誌に**キコウ**する。	寄稿
	[68%] 「奥の細道」は**キコウ**文だ。	紀行
	[100%] 経済協力開発**キコウ**に諮る。	機構
	[100%] **キコウ**の良い土地に永住したい。	気候
	[53%] あの人は**キコウ**が目立つ変わった人だ。	奇行
	[11%] ビルの**キコウ**式。	起工
	[53%] その客船は横浜に帰港する前に名古屋に**キコウ**した。	寄港／寄航

7

8	[53%] ハードディスクを**ナイゾウ**したパソコン。	内蔵
	[95%] **ナイゾウ**疾患で入院する。	内臓

8

9	[74%] 交通費を**セイサン**する。	精算
	[10%以下] **セイサン**でむごたらしい事件が発生した。	凄惨
	[37%] 過去を**セイサン**する。	清算

9

10	[39%] 絵画を**カンショウ**する。	鑑賞
	[33%] **カンショウ**植物を育てる。	観賞

10

17

漢字
5 同訓異義語

次の文の下線部を適切な漢字に直せ。

解答・解説

1
- [100%] **アツ**いお茶を飲む。
- [100%] **アツ**い季節。
- [10%以下] 友情に**アツ**い。
- [94%] **アツ**い封筒。

1
熱
暑
篤
厚

＊熟語を考えてみるとよい。
熱→熱湯　暑→猛暑
篤→篤実　厚→重厚

2
- [100%] 例を**ア**げる。
- [78%] 油で**ア**げる。
- [39%] 国旗を**ア**げる。
- [94%] 頭を**ア**げる。

2
挙
揚
揚
上

挙→列挙　揚→浮揚
＊国旗を「揚げる」は「掲げる」と誤らないこと。

3
- [100%] 山に**ノボ**る。
- [67%] 川を**ノボ**る。
- [67%] 朝日が**ノボ**る。

3
登
上
昇

登→登山　上→上流
昇→昇天

4
- [67%] 危険を**オカ**す。
- [94%] 罪を**オカ**す。
- [89%] 領土を**オカ**す。

4
冒
犯
侵

冒→冒険　犯→犯罪　侵→侵略

5
- [89%] **カタ**い決心。
- [67%] **カタ**い表情。
- [50%] **カタ**苦しいスピーチ。

5
固
硬
堅

固→確固　硬→硬直　堅→堅実

解答・解説

6
[83%] 会社に**ツト**める。
[61%] 仲人を**ツト**める。
[67%] **ツト**めて平静を装う。

6
勤
務
努
勤→勤労　務→任務　努→努力

7
[44%] 新刊を**アラワ**す。
[89%] 名は体を**アラワ**す。
[78%] 頭角を**アラワ**す。

7
著
表
現
著→著書　表→表象　現→出現

8
[89%] 戦いに**ヤブ**れる。
[78%] 洋服を**ヤブ**る。

8
敗
破
敗→敗戦　破→破裂

9
[67%] 墓にお**ソナ**えものをする。
[89%] 災害に**ソナ**える。

9
供
備
供→供養　備→準備

10
[89%] 冬を**コ**える。
[89%] 目標値を**コ**える。

10
越
超
越→越冬　超→超過

11
[28%] 体重を**ハカ**る。
[50%] 便宜を**ハカ**る。
[22%] 容積を**ハカ**る。
[67%] 距離を**ハカ**る。
[28%] 暗殺を**ハカ**る。
[10%以下] 審議会に**ハカ**る。

11
量
図
量
測
謀
諮
量→重量　図→企図　量→容量
測→測定　謀→謀略　諮→諮問
＊重量、容量に関しては「量」を使う。

12
[89%] 成功を**オサ**める。
[94%] 国を**オサ**める。

12
収
治
収→収益　治→政治

1

国語

漢字

19

漢字
類義語・対義語

6
漢字

類義語となるように、□に適切な漢字を入れよ。

解答

1 無口 - 寡□
正解率 [50%]

1 黙

2 暗示 - 示□
[60%]

2 唆

3 交渉 - 折□
[20%]

3 衝

4 小心 - □病
[30%]

4 臆／憶

5 専念 - □頭
[60%]

5 没

6 動乱 - 紛□
[80%]

6 争

7 独占 - 占□
[50%]

7 有／領

8 難局 - 苦□
[20%]

8 境

9 納得 - 了□
[80%]

9 解

10 便利 - □宝
[70%]

10 重

11 豊富 - □沢
[30%]

11 潤

12 明白 - □然
[10%以下]

12 歴／瞭

13 休養 - □養
[60%]

13 静／保

14 絶滅 - □滅
[40%]

14 全

15 有名 - □名
[80%]

15 著

16 佳作 - □作
[30%]

16 秀／傑／上

20

次の言葉の対義語を漢字で書け。

☑**17** 演繹
[40%]

☑**18** 横柄
[20%]

☑**19** 開放
[60%]

☑**20** 寛大
[10%以下]

☑**21** 記憶
[50%]

☑**22** 義務
[60%]

☑**23** 建設
[30%]

☑**24** 攻撃
[40%]

☑**25** 興奮
[70%]

☑**26** 混沌
[30%]

☑**27** 弛緩
[30%]

☑**28** 質疑
[80%]

☑**29** 実在
[60%]

☑**30** 需要
[90%]

☑**31** 慎重
[10%以下]

☑**32** 創造
[30%]

☑**33** 保守
[50%]

解答

17 帰納

18 謙虚／謙遜

19 閉鎖

20 狭量／偏狭

21 忘却

22 権利

23 破壊

24 防御／守備

25 冷静／沈着

26 秩序

27 緊張

28 応答

29 架空

30 供給

31 軽率

32 模倣／摸倣

33 革新／進取／改革

1

国語

漢字

21

7 語句
四字熟語

▶重要③四字熟語（P150）

次の□に漢数字を入れて四字熟語を完成させ、読みも答えよ。

解答・解説

1 三寒□温
正解率 [80%]

1 四　さんかんしおん
気候がだんだん暖かくなること。

2 □面六臂
[10%]

2 八　はちめんろっぴ
あらゆる方向でめざましい活躍をすること。

3 □載一遇
[55%]

3 千　せんざいいちぐう
またとない絶好の機会。

4 孟母□遷
[10%以下]

4 三　もうぼさんせん
孟子の母は子供のために三回引っ越した。教育には環境が大事ということ。

5 □変万化
[65%]

5 千　せんぺんばんか
さまざまに変化すること。

6 □位一体
[75%]

6 三　さんみいったい
三者が心を合わせる。

7 朝□暮四
[60%]

7 三　ちょうさんぼし
うまい言葉で人をだますこと。

8 □言居士
[30%]

8 一　いちげんこじ
何か一言いわずにいられない人のこと。

9 □鬼夜行
[50%]

9 百　ひゃっきやこう（ぎょう）
さまざまな化け物が徘徊すること。転じて、得体の知れない人がたくさんいること。

10 一日□秋
[80%]

10 千　いちじつ（にち）せんしゅう
一日が千年のように長く感じられる。非常に待ち遠しいことのたとえ。

11 一騎当□
[60%]

11 千　いっきとうせん
人並みはずれた能力のたとえ。

12 □面楚歌
[100%]

12 四　しめんそか
周りを敵に囲まれ、助けがないこと。

13 危機□髪
[90%]

13 一　ききいっぱつ
非常に危ない瀬戸際。

14 森羅□象
[85%]

14 万　しんらばんしょう
宇宙すべてに存在するもの。

22

次の□に漢字を入れて四字熟語を完成させ、読みも答えよ。

15 暗中□索
[**95%**]

16 紆□曲折
[**30%**]

17 粉□砕身
[**10%以下**]

18 □頭狗肉
[**20%**]

19 馬□東風
[**70%**]

20 大器□成
[**65%**]

21 付和□同
[**60%**]

22 試行□誤
[**55%**]

23 泰□自若
[**15%**]

24 気宇□大
[**10%以下**]

25 博□強記
[**10%以下**]

26 一□托生
[**40%**]

27 竜頭□尾
[**35%**]

28 □視眈眈
[**25%**]

29 当意□妙
[**10%以下**]

30 勧善□悪
[**15%**]

解答・解説

15 模／摸 あんちゅうもさく
手がかりのないまま、あれこれやってみること。

16 余 うよきょくせつ
事情が込み入り、いろいろ変化のあること。

17 骨 ふんこつさいしん
一生懸命努力すること。

18 羊 ようとうくにく
見かけは立派でも実質が伴っていないこと。

19 耳 ばじとうふう
人の言うことを心にとめず聞き流すこと。

20 晩 たいきばんせい
真の大人物は往々にして遅れて頭角をあらわすこと。

21 雷 ふわらいどう
他人の意見にすぐに同調すること。

22 錯 しこうさくご
試みと失敗を繰り返しながら、適切な方法を見つけること。

23 然 たいぜんじじゃく
ものごとに動じないさま。

24 壮 きうそうだい
心構えが大きく立派なさま。

25 覧 はくらんきょうき
広く書物を読み、豊富な知識があること。

26 蓮 いちれんたくしょう
事のよしあしにかかわらず、行動や命運を共にすること。

27 蛇 りゅうとうだび
始めはよいが、次第に尻すぼみになること。

28 虎 こしたんたん
虎が獲物を狙(ねら)って鋭い目つきでにらんでいる様子から、すきを狙いじっと機会を窺うこと。

29 即 とういそくみょう
機転が利いていること。

30 懲 かんぜんちょうあく
善行を勧め、悪行を懲らしめること。

国語
語句

1

23

8 語句 ことわざ・慣用句

▶重要④ことわざ（P152）

次の□に漢字を入れて、ことわざ・慣用句を完成させよ。

解答・解説

1 青菜に□
正解率 [55%]（元気がないさま）

1 塩

2 □□の不養生
[73%]（立派なことを言いながら、行動が伴っていない）

2 医者
類義語として「紺屋（こうや）の白袴（しろばかま）」（正答率36%）。

3 □□あれば水心
[45%]（こちらの好意は相手の好意次第である）

3 魚心

4 えびで□を釣る
[27%]（少しの元手で大きな利益をあげる）

4 鯛

5 □□の川流れ
[36%]（専門家でも思わぬ失敗をすることがある）

5 河童
類義語として「猿も木から落ちる」（正答率100%）、「弘法にも筆の誤り」。

6 □□は寝て待て
[55%]（人事を尽して、あとは運にまかせる）

6 果報
「家宝」ではないことに注意。

7 □□多くして船山に登る
[27%]（指揮をとる者が多いと混乱する）

7 船頭

8 □□の火事
[18%]（他人事で、こちらは少しの苦痛もない）

8 対岸

9 二階から□□
[64%]（回りくどくて効果がなく、もどかしい）

9 目薬
類義語に「隔靴掻痒（かっかそうよう）」。「棚からぼたもち」と混同しないこと。

10 猫に□□
[64%]（貴重な物も価値の分からない者には無意味）

10 小判
類義語に「豚に真珠」。

24

解答・解説

11 □□を懸げて狗肉を売る
[18%] （見かけは立派だが実質が伴わない）

11 羊頭
同意語として「看板に偽りあり」「牛首を懸げて馬肉を売る」。

12 のれんに□押し
[73%] （少しも手応えがなく、拍子抜けである）

12 腕
同義語として「糠（ぬか）に釘（くぎ）」。

13 年寄りの冷や□
[64%] （老人が年不相応な無理をするたとえ）

13 水
老年をわきまえない振る舞いを冷やかしたり、たしなめたりするときに使う。同意語として「老いの木登り」。

14 ひょうたんから□
[55%] （ありえないことが実現するたとえ）

14 駒

15 □□にも衣装
[64%] （つまらない者でも、身なりを整えれば立派に見える）

15 馬子
馬子とは、馬をひいて荷を運ぶ人。孫と誤用しないこと。

16 □に短し たすきに長し
[64%] （中途半端で役に立たない）

16 帯
ものの用途や人の能力について使うことが多い。

17 肉を斬らせて□を斬る
[55%] （犠牲を払って敵に勝つ）

17 骨
「肉を切らせて骨を断つ」ともいう。

18 □の滝登り
[10%以下] （めざましい勢いで立身出世するさま）

18 鯉
鯉が黄河にある竜門の急流を遡って竜となる伝説が語源。「登竜門」と同じ。

19 鬼も□□ 番茶も出花
[10%以下] （何でも盛りは美しいものである）

19 十八
「出花」は湯をついで出したばかりのお茶。褒め言葉ではないので他人には使わない。身内の謙遜の意味で使う。

20 一寸の虫にも五分の□
[73%] （どんな弱者にも、それ相応の意地があるのだから侮ってはいけない）

20 魂

1

国語

語句

25

9 ▷ 語句
敬 語

※敬語は、文化庁の分類では「丁重語」「美化語」にも分けられますが、
　本項では「尊敬語」「謙譲語」「丁寧語」としています。

▶重要⑤敬語（P154）

次の文が表している敬語の種類を答えよ。

解 答

☑**1**　話し手が、聞き手や話題の主、また、
正解率 [**89%**]　その動作・状態などを高めて言い表す。

1 尊敬語

☑**2**　話し手が、自分または自分の側にある
[**89%**]　と判断されるものに関して、へりくだ
　　　った表現をして相手に敬意を表す。

2 謙譲語

☑**3**　話し手が、聞き手に対し敬意を表して
[**84%**]　丁寧に言う。

3 丁寧語

次の言葉の尊敬語と謙譲語を記入せよ。

解 答

☑**4** 会う
　（尊）（　　　　　）（謙）（　　　　　）
　[**26%**]　　　　　　　[**10%以下**]

4（尊）お会いになる／会われる
　（謙）お目にかかる／お会いする

☑**5** 言う
　（尊）（　　　　　）（謙）（　　　　　）
　[**90%**]　　　　　　　[**47%**]

5（尊）おっしゃる／言われる
　（謙）申し上げる／申す

☑**6** 行く
　（尊）（　　　　　）（謙）（　　　　　）
　[**26%**]　　　　　　　[**90%**]

6（尊）いらっしゃる／お出かけになる
　（謙）伺う／参上する／参る

☑**7** 食べる・飲む
　（尊）（　　　　　）（謙）（　　　　　）
　[**79%**]　　　　　　　[**74%**]

7（尊）あがる／召しあがる
　（謙）いただく／頂戴する

☑**8** 見る
　（尊）（　　　　　）（謙）（　　　　　）
　[**42%**]　　　　　　　[**74%**]

8（尊）ご覧になる
　（謙）拝見する／見させていただく

次の文の下線部において、敬語の使い方が正しければ○を、間違っていれば×をつけて、誤り部分を直せ。

解答・解説

□9 部長、稟議書（りんぎしょ）を拝見されましたでしょうか。
[正解率 **26%**]

9 × → **ご覧になり**
目上の人の動作には尊敬語を使う。「拝見する」は謙譲語。

□10 私のおばあちゃんが、明日伺いたいと申しております。
[**84%**]

10 × → **祖母**
お父さん／お母さん→父／母、お兄さん／お姉さん→兄／姉、おじいちゃん→祖父

□11 父が本日伺いたいとおっしゃっております。
[**63%**]

11 × → **申して**
身内には謙譲語を使う。

□12 近くですから、駅まで一緒に参りましょう。
[**63%**]

12 ○
「行く」の謙譲語。

□13 遠慮なく、召しあがらせていただきます。
[**53%**]

13 × → **削除する（不要）**
「召しあがる」は「食べる」の尊敬語。「いただく」だけで構わない。

□14 つまらないものですが、引き出物をどうぞいただいてください。
[**37%**]

14 × → **お受け取りになって／お納めになって**
目上の人の動作には尊敬語を使う。「いただく」は謙譲語。

□15 夫がこちらに参りますので、よろしくお願いします。
[**79%**]

15 ○
身内には謙譲語を使う。「来る」の謙譲語。

□16 私ではわかりかねますので、他の者にお伺いください。
[**37%**]

16 × → **お聞きになってください／お尋ねになってください**
「伺う」は謙譲語。

□17 今、母はおりませんので、後ほど電話をかけさせます。
[**74%**]

17 ○
身内には尊敬語を使わない。

□18 素晴らしい演奏ですので、ぜひ御拝聴なさってください。
[**37%**]

18 × → **お聴きになって**
「拝聴する」は謙譲語。

10 語句
誤文訂正

次の文の下線部が正しければ○を、間違っていれば×をつけて、誤り部分を直せ。

解答・解説

1 「一つ返事で引き受ける」は、ためらわずにすぐに承諾することである。
正解率 [40%]

1 ×一つ → 二つ

2 尻込みすることを「二の舞を踏む」という。
[50%]

2 ×舞 → 足
二の足を踏む…躊躇（ちゅうちょ）すること。　二の舞を演じる…同じ失敗を繰り返すこと。

3 「二目と見られない」は、非常に珍しいものを目にしたときの表現である。
[10%以下]

3 ×非常に珍しいもの → 惨状
目を覆いたくなるような惨状のときに使う。

4 「三顧の礼」は、目上の優れた人物を招くために何度も訪ねることをいう。
[10%以下]

4 ×目上 → 目下
帝（劉備）が優れた軍師（諸葛亮)を迎え入れるために礼を尽くして頼んだことが語源。

5 勢力が牽制し合い、動きがとれないことを「四つどもえ状態」という。
[60%]

5 × 四つ → 三つ

6 「慇懃」とは無礼な様をいう。
[10%以下]

6 ×無礼 → 丁寧
慇懃無礼とはうわべは丁寧だが、実は尊大な態度で接すること。

7 すぐに時間が経ってしまうことを「人生矢のごとし」という。
[70%]

7 ×人生 → 光陰

8 的確に要点をとらえることを「的を突く」という。
[20%]

8 ×突く → 射る
的を突く／的を得るは、「的を射る」または「当を得る」の誤用。

9 「色目を使って、相手の顔色をうかがう」とは、人の出方を待って、あざむいたりだまそうとしたりする気持ちを表す。
[10%以下]

9 ×色目を使って → 上目遣いに
色目は色気を使って相手の気持ちを引き寄せるとき。

10 「肩をそびやかす」とは、威張った様子を表現している。
[40%]

10 ○
恐縮した様子ではない。

28

解答・解説

11 [30%] 「情けは人のためならず」とは、相手を甘やかすのでよくないことをいう。

11 × 相手を甘やかすのでよくない → 他人に情けをかければ、結局は自分のためになる

12 [10%以下] 「流れに棹（さお）さす」とは流れに逆らうことである。

12 × 逆らう → 乗る
棹…川底を突いて舟を進める棒。棹さすとは舟を進めることなので、川の流れ＋竿（さお）の力でスイスイと進むこと。

13 [10%以下] 「けんもほろろ」とは、剣の刃が欠けた様子を示している。

13 × 剣の刃が欠けた様子 → 雉（きじ）の鳴き声

14 [40%] 信頼していた人に裏切られることを「飼い犬に足を噛まれる」という。

14 × 足 → 手

15 [10%以下] 「あらずもがな」とは、「あるはずがない」という意味である。

15 × あるはずがない → ないほうがよい

16 [10%以下] 商売が忙しいときを「掻き入れ時」という。

16 × 掻き → 書き
商売繁盛時には、帳簿にたくさん書き入れねばならないことが語源。

17 [40%] 退き際の潔いことを「立つ鳥跡を濁さず」という。

17 ○

18 [10%以下] 目上の人の怒りを買うことを「激鱗に触れる」という。

18 × 激 → 逆
逆鱗…竜の顎の下に逆さまについているとされるウロコ。このウロコに触ると竜が激怒するという逸話が語源。竜は古来、中国で天子・皇帝のこと。

19 [60%] 偶然に聞くことを「小耳に入れる」という。

19 × 入れる → はさむ

20 [60%] 「口さがない」は、うわさなどを言いたがることをいう。

20 ○

21 [60%] 逃れようのない差し迫った状態や立場にあることを「絶対絶命」という。

21 × 対 → 体

11 文学
日本文学

▶重要⑥日本文学（P156）

次の文で始まる日本文学の著者名と作品名を答えよ。

解 答・解 説

1 山路を登りながら、こう考えた。智に働けば、角が立つ。情に棹させば流される。

正解率 [10%以下]

1 夏目漱石／草枕
1867年生〜1916年没。他作品に『三四郎』『虞美人草』『それから』『道草』など。晩年は「則天去私」の境地を求めた。

2 親譲りの無鉄砲で、子供の時から損ばかりして居る。

[45%]

2 夏目漱石／坊っちゃん
舞台は愛媛県松山市。

3 私は常に其の人を先生と呼んでいた。だから此所でもただ先生と書く丈で本名は打ち明けない。

[25%]

3 夏目漱石／こころ

4 幼時から父は、私によく、金閣のことを語った。

[25%]

4 三島由紀夫／金閣寺
1925年生〜70年没。耽美（たんび）主義。他作品に『仮面の告白』『潮騒』『豊饒（ほうじょう）の海』など。

5 或日の事でございます。御釈迦様は極楽の蓮池のふちを、独りでぶらぶら御歩きになっていらっしゃいました。

[20%]

5 芥川龍之介／蜘蛛の糸
1892年生〜1927年没。他作品に『鼻』『羅生門』『河童（かっぱ）』『藪（やぶ）の中』『或阿呆（あるあほう）の一生』など。

6 私はその男の写真を三葉見たことがある。一葉は、その男の、幼年時代、とでも言うべきであろうか、……。

[15%]

6 太宰治／人間失格
1909年生〜48年没。他作品に『津軽』『斜陽』など。

7 メロスは激怒した。必ず、かの邪智暴虐の王を除かなければならぬと決意した。

[65%]

7 太宰治／走れメロス

8 道がつづら折りになって、いよいよ天城峠に近づいたと思うころ、雨脚が杉の密林を白く染めながら、すさまじい早さでふもとからわたしを追ってきた。

[10%以下]

8 川端康成／伊豆の踊子
1899年生〜1972年没。新感覚派。1968年ノーベル文学賞受賞。他作品に『千羽鶴』『山の音』など。

30

解 答・解 説

9 国境の長いトンネルを抜けると雪国であった。
[45%]

9 川端康成／雪国

10 石炭をば早や積み果てつ。中等室の卓のほとりはいと静にて、熾熱灯の光の晴れがましきも徒なり。
[15%]

10 森鷗外／舞姫
1862年生〜1922年没。陸軍軍医。他作品に『雁』『ヰタ・セクスアリス』『阿部一族』『高瀬舟』など。

11 廻れば大門の見返り柳いと長けれど、お歯ぐろ溝に燈火うつる三階の騒ぎも手に取る如く、……。
[10%以下]

11 樋口一葉／たけくらべ
1872年生〜96年没。『文学界』の同人と親交。他作品に、『にごりえ』『十三夜』など。2004年〜2024年発行の五千円札の肖像画に採用された。

12 木曾路はすべて山の中である。
[10%以下]

12 島崎藤村／夜明け前
1872年生〜1943年没。浪漫主義詩人として出発。他作品に『破戒』『落梅集』『新生』など。

13 春はあけぼの。
[50%]

13 清少納言／枕草子
平安中期。一条天皇の中宮定子（ていし）に仕えた。鋭い感覚・機知に富む随筆集。

14 いずれの御時にか、女御更衣あまたさぶらひたまひける中に……。
[30%]

14 紫式部／源氏物語
973年頃〜1014年頃。一条天皇の中宮彰子（しょうし）に仕えた。2004年〜2024年発行の二千円札の肖像画に採用された。

15 月日は百代の過客にして、行きかふ年もまた旅人なり。
[30%]

15 松尾芭蕉／奥の細道
1644年生〜94年没。名は宗房。他作品に『更科（さらしな）紀行』『嵯峨（さが）日記』など。

16 祇園精舎の鐘の声、諸行無常の響きあり。（＊作品名のみでよい）
[40%]

16 作者不詳／平家物語
鎌倉時代の軍記物語。琵琶法師によって伝承された。

17 僕は37歳で、そのときボーイング747のシートに座っていた。
[10%以下]

17 村上春樹／ノルウェイの森
1949年生。他作品に『羊をめぐる冒険』『世界の終りとハードボイルド・ワンダーランド』『1Q84』など。

18 私がこの世でいちばん好きな場所は台所だと思う。
[30%]

18 吉本ばなな／キッチン
1964年生。この作品で第6回海燕新人文学賞受賞。他作品に『うたかた／サンクチュアリ』『TUGUMI』など。

1
国語

文学

31

12 文学
短歌・俳句・詩

和歌において、次の言葉の前にくる枕詞は何か（ひらがなで書け）。

解答

1 日・昼・紫
正解率 [24%]

1 あかねさす

2 山・峰
[28%]

2 あしひきの

3 母・親
[36%]

3 たらちねの

4 旅
[40%]

4 くさまくら

5 命・人・世
[12%]

5 うつせみの

6 奈良
[20%]

6 あをによし

次の俳句の（　）にあてはまる言葉を答えよ。

解答・解説

7 閑かさや（　）にしみ入る蟬の声 [松尾芭蕉]
[92%]

7 岩
「蟬」の季語は夏。

8 （　）や蛙飛びこむ水の音 [松尾芭蕉]
[96%]

8 古池
「蛙」の季語は春。

9 （　）や兵どもが夢の跡 [松尾芭蕉]
[80%]

9 夏草
「夏草」の季語は夏。

10 （　）を集めて早し最上川 [松尾芭蕉]
[64%]

10 五月雨
「五月雨」の季語は夏。

解 答 ・ 解 説

11 旅に病（ん）で夢は（　　）をかけ廻る
[24%] ［松尾芭蕉］

11 枯野
「枯野」の季語は冬。

12 雀の子そこのけそこのけ（　　）が通る
[80%] ［小林一茶］

12 御馬
「雀の子」の季語は春。

13 （　　）や月は東に日は西に［与謝蕪村］
[76%]

13 菜の花
「菜の花」の季語は春。

14 春の（　　）終日のたりのたりかな［与
[64%] 謝蕪村］

14 海
「春の海」の季語は春。

15 （　　）食へば鐘が鳴るなり法隆寺［正
[88%] 岡子規］

15 柿
「柿」の季語は秋。

次の文で始まる短歌、詩の作者名を答えよ。

解 答 ・ 解 説

16 天の原 ふりさけ見れば 春日なる 三笠
[12%] の山に 出でし月かも

16 阿倍仲麻呂
698年生〜770年没。百人一首の一つ。

17 雨ニモマケズ　風ニモマケズ　雪ニモ
[92%] 夏ノ暑サニモマケヌ

17 宮沢賢治
1896年生〜1933年没。手帳に記された独白の一節。

18 東海の 小島の磯の 白砂に われ泣きぬ
[76%] れて 蟹とたはむる

18 石川啄木
1886年生〜1912年没。代表的歌集に『一握の砂』。

19 僕の前に道はない　僕の後ろに道は出
[88%] 来る

19 高村光太郎
1883年生〜1956年没。『道程』の一節。

20 あゝをとうとよ　君を泣く、君死にた
[64%] まふことなかれ

20 与謝野晶子
1878年生〜1942年没。『君死にたまふことなかれ』の一節。

21 『この味がいいね』と君が言ったから
[64%] 七月六日はサラダ記念日

21 俵万智
1962年生〜。『サラダ記念日』の一首。

1

国語

文学

33

13 文学
世界文学

▶重要⑦世界文学（P158）

次の文学作品の著者名を答えよ。

解答・解説

1 『イーリアス』『オデュッセイア』
正解率 ▶[35%]

1 ホメロス
生没年不詳。古代ギリシャ。

2 『オイディプス王』『エレクトラ』
[10%以下]

2 ソフォクレス
前496年頃生〜前406年没。古代ギリシャ。

3 『神曲』『新生』『帝政論』
[45%]

3 ダンテ
1265年生〜1321年没。イタリア。

4 『ハムレット』『マクベス』『オセロ』『じゃじゃ馬ならし』
[75%]

4 シェークスピア
1564年生〜1616年没。イギリス。

5 『ガリヴァー旅行記』『桶物語』
[10%以下]

5 スウィフト
1667年生〜1745年没。イギリス。

6 『失楽園』『復楽園』
[10%以下]

6 ミルトン
1608年生〜74年没。イギリス。

7 『赤と黒』『パルムの僧院』『恋愛論』
[10%]

7 スタンダール
1783年生〜1842年没。フランス。

8 『ファウスト』『若きウェルテルの悩み』
[20%]

8 ゲーテ
1749年生〜1832年没。ドイツ。

9 『レ・ミゼラブル』『ノートルダム・ド・パリ』
[10%]

9 ユゴー
1802年生〜85年没。フランス。

10 『戦争と平和』『アンナ・カレーニナ』
[15%]

10 トルストイ
1828年生〜1910年没。ロシア。

34

解答・解説

☑**11** 『罪と罰』『カラマーゾフの兄弟』
[**30%**]

11 ドストエフスキー
1821年生〜81年没。
ロシア。

☑**12** 『女の一生』『脂肪の塊』
[**10%以下**]

12 モーパッサン
1850年生〜93年没。
フランス。

☑**13** 『桜の園』『かもめ』
[**10%以下**]

13 チェーホフ
1860年生〜1904年没。
ロシア。

☑**14** 『阿Q正伝』『狂人日記』
[**25%**]

14 魯迅
1881年生〜1936年没。
中国。

☑**15** 『老人と海』『武器よさらば』
[**20%**] 『誰がために鐘は鳴る』

15 ヘミングウェー
1899年生〜1961年没。
アメリカ。

☑**16** 『異邦人』『ペスト』
[**15%**]

16 カミュ
1913年生〜60年没。
フランス。

☑**17** 『指輪物語』『ホビットの冒険』
[**10%以下**]

17 トールキン
1892年生〜1973年没。
イギリス。『指輪物語』
は映画『ロード・オブ・
ザ・リング』の原作。

☑**18** 『大地』
[**10%以下**]

18 パール・バック
1892年生〜1973年没。
アメリカ。

☑**19** 『ライ麦畑でつかまえて』
[**10%以下**]

19 サリンジャー
1919年生〜2010年没。
アメリカ。

☑**20** 『エデンの東』『怒りの葡萄』
[**15%**]

20 スタインベック
1902年生〜68年没。
アメリカ。

☑**21** 『スタンド・バイ・ミー』
[**10%以下**]

21 スティーブン・キング
1947年生〜。アメリカ。

☑**22** 『ハリー・ポッターと賢者の石』
[**10%以下**]

22 J・K・ローリング
1965年生〜。イギリス。

1
国語

文学

35

就職活動 Q & A

「全体編」

Q 新卒の就職対策として何が必要でしょうか？

　企業によってまったく異なりますが、大別すると下図のように「①エントリーシート・面接対策」と「②筆記対策」に分類できます。

「自己分析」や「業界・企業研究」は、企業から直接問われるものではありませんが、エントリーシートや面接の準備には必要不可欠です。

筆記対策では、本書の範囲である「一般常識」以外には、採用企業が増えている「SPI」は対策を講じる必要があるでしょう。また、パソコンを使って受験するWebテストやテストセンター形式が主流になってきており、「CAB・GAB」「玉手箱」「TG-WEB」などSPI以外のテストを採用する企業も増えてきています。

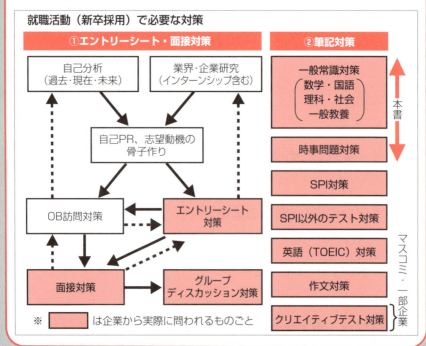

2章 英語

14 単語・熟語
経済・自然

次の日本語を英語に直せ。

解答

☑ **1** 両替する［動詞］
正解率 [76%]

1 exchange

☑ **2** （預金を）引き出す［動詞］
[44%]

2 withdraw

☑ **3** 利子［名詞］
[48%]

3 interest

☑ **4** 口座番号［名詞］
[48%]

4 account number

☑ **5** 郵便番号［名詞］
[80%]

5 zip code／post code

☑ **6** 同僚［名詞］
[36%]

6 colleague

☑ **7** 契約［名詞］
[84%]

7 contract

☑ **8** 赤字［名詞］
[48%]

8 deficit

☑ **9** 概算［名詞］
[24%]

9 estimation

☑ **10** 輸出する［動詞］
[68%]

10 export

☑ **11** 交渉する［動詞］
[48%]

11 negotiate

☑ **12** 利益［名詞］
[53%]

12 profit

☑ **13** 昇進させる［動詞］
[24%]

13 promote

☑ **14** 支店／支部［名詞］
[48%]

14 branch

☑ **15** 年功序列［名詞］
[10%以下]

15 seniority system

38

解答・解説

16 株式市場 [名詞]
[**60%**]

16 stock market

17 汚職 [名詞]
[**10%以下**]

17 corruption

18 華氏 [名詞]
[**10%以下**]

18 Fahrenheit

19 摂氏 [名詞]
[**24%**]

19 Centigrade

20 気候 [名詞]
[**44%**]

20 climate

21 洪水 [名詞]
[**32%**]

21 flood

22 夜明け [名詞]
[**60%**]

22 dawn

23 気温 [名詞]
[**72%**]

23 temperature

24 湾 [名詞]
[**32%**]

24 gulf／bay

25 石油 [名詞]
[**10%以下**]

25 petroleum／oil

26 資源 [名詞]
[**56%**]

26 resources

27 気圧 [名詞]
[**44%**]

27 pressure

28 オンス（重さの単位）[名詞]
[**40%**]

28 ounce
ヤード・ポンド法の質量の単位。

29 ポンド（重さの単位）[名詞]
[**56%**]

29 pound
1ポンド＝16オンス。

30 頂点 [名詞]
[**12%**]

30 apex

31 楕円軌道 [名詞]
[**10%以下**]

31 elliptical orbit

32 螺旋 [名詞]
[**40%**]

32 spiral

2

英語

単語・熟語

39

15 単語・熟語
日常・カタカナ語

▶重要⑧カタカナ語（P160）

次の日本語を英語に直せ。

	解答
1 柱 ［名詞］ 正解率[**12%**]	**1** pillar
2 家具 ［名詞］ [**72%**]	**2** furniture
3 冷蔵庫 ［名詞］ [**64%**]	**3** refrigerator
4 離婚する ［動詞］ [**72%**]	**4** divorce
5 甥 ［名詞］ [**36%**]	**5** nephew
6 心理学 ［名詞］ [**32%**]	**6** psychology
7 けちな ［形容詞］ [**24%**]	**7** stingy
8 楽天的な ［形容詞］ [**36%**]	**8** optimistic
9 処方箋 ［名詞］ [**10%以下**]	**9** prescription
10 はさみ ［名詞］ [**44%**]	**10** scissors
11 会話 ［名詞］ [**48%**]	**11** conversation
12 中毒 ［名詞］ [**36%**]	**12** addiction
13 咳 ［名詞］ [**52%**]	**13** cough
14 疲労 ［名詞］ [**24%**]	**14** fatigue
15 注射 ［名詞］ [**56%**]	**15** injection

40

次のカタカナ語を英語に直せ。

1 アーカイブ
正解率 [26%]

2 アナウンサー
[26%]

3 アナリスト
[42%]

4 アマチュア
[21%]

5 アルコール
[37%]

6 インキュベーター
[26%]

7 エチケット
[10%以下]

8 オークション
[53%]

9 オールタナティブ
[63%]

10 カスタマイズ
[37%]

11 コラボレーション
[16%]

12 ジャーナリズム
[37%]

13 テーマ
[63%]

14 ナレッジ・マネジメント
[32%]

15 バイタリティ
[42%]

16 バリアフリー
[21%]

17 ビジネス
[63%]

解答・解説

1 archive
情報の蓄積

2 announcer
放送員

3 analyst
分析家・研究員

4 amateur
職業ではなく趣味として楽しむ人

5 alcohol
酒類の総称

6 incubator
孵卵器。企業支援システム

7 etiquette
礼儀作法

8 auction
競売

9 alternative
代替案

10 customize
注文に応じて作ること

11 collaboration
協力・共同

12 journalism
新聞・放送などによる情報伝達

13 theme
主題

14 knowledge management
知識を蓄積・活用した経営

15 vitality
生命力・活力

16 barrier free
障壁がないこと

17 business
仕事・事業

2
英語

単語・熟語

16 単語・熟語
ことわざ

▶重要⑨英語のことわざ（P161）

次の英文の（　）に英単語を入れて、ことわざを完成させよ。

解答・解説

1 A good medicine tastes （　）.
正解率 [11%]

1 bitter
良薬は口に苦し

2 A wonder lasts but （　）days.
[10%以下]

2 nine
人の噂（うわさ）も七十五日

3 It is no （　）to wake a sleeping lion.
[17%]

3 good
触らぬ神に祟（たた）りなし

4 It is no use crying over spilt （　）.
[56%]

4 milk
覆水盆に返らず

5 Look （　）you leap.
[22%]

5 before
転ばぬ先の杖（つえ）

6 Necessity is the mother of （　）.
[28%]

6 invention
必要は発明の母

7 Never （　）off till tomorrow what you can do today.
[39%]

7 put
思い立ったが吉日

8 Out of sight, out of （　）.
[10%以下]

8 mind
去る者は日々に疎し

9 Seeing is （　）.
[39%]

9 believing
百聞は一見にしかず

10 Strike while the （　）is hot.
[61%]

10 iron
鉄は熱いうちに打て

42

解答・解説

11 The ( ) man does not court danger.
[10%以下]

11 wise
君子危うきに近寄らず

12 The early ( ) catches the worm.
[33%]

12 bird
早起きは三文の得

13 There is no ( ) for tastes.
[10%以下]

13 accounting
蓼（たで）食う虫も好きずき

14 There is no ( ) road to learning.
[11%]

14 royal
学問に王道なし

15 There is no ( ) without fire.
[72%]

15 smoke
火のないところに煙は立たぬ

16 Time ( ).
[17%]

16 flies
光陰矢のごとし

17 Too many ( ) spoil the broth.
[11%]

17 cooks
船頭多くして船山に登る

18 Truth is stranger than ( ).
[11%]

18 fiction
事実は小説よりも奇なり

19 It ( ) rains but pours.
[11%]

19 never
泣きっ面に蜂

20 Don't ( ) your chickens before they are hatched.
[22%]

20 count
捕らぬ狸（たぬき）の皮算用

21 Time is ( ).
[94%]

21 money
時は金なり

22 All is not gold that ( ).
[10%以下]

22 glitters
光るもの必ずしも金ならず

2

英語

単語・熟語

43

17 基本構文
構文・熟語

▶重要⑩英語熟語（P162）

次の（　）から適する語句を選び、英文を完成させよ。

解答・解説

1 [100%] According (by / in / to) the weather forecast, it will clear up tomorrow.

2 [100%] As soon (on / as / that) he came back, he telephoned to her.

3 [72%] He is familiar (on / with / about) English.

4 [67%] He is (on / with / by) no means lazy.

5 [94%] I was (too / so / in) tired that I couldn't study yesterday.

6 [94%] He neither smokes (nor / with / and) drinks.

7 [78%] He put (on / off / in) the meeting until next week.

8 [94%] He succeeded (on / with / in) spite of handicaps.

9 [89%] I can never make you (with / in / out).

---

1 to
「According to ～」＝～によると
天気予報によると明日は快晴だ。

2 as
「As soon as ～」＝～するとすぐに
彼は帰るやいなや、彼女に電話をかけた。

3 with
「be familiar with ～」＝～に精通している
彼は英語に精通している。

4 by
「by no means ～」＝決して～ない
彼は決して怠惰ではない。

5 so
「so ～ that(人)can't ...」＝とても～なので(人)が…できない
私は昨日とても疲れていたので勉強できなかった。

6 nor
「neither A nor B ～」＝ AもBも～ない
彼は煙草も酒もやらない。

7 off
「put off ～」＝～を延期する
彼は会議を来週に延期した。

8 in
「in spite of ～」＝～にもかかわらず
彼は障害にもかかわらず成功した。

9 out
「make(人)out ～」＝(人の)考えを理解する
私はあなたをさっぱり理解できない。

44

10 I was too tired (with / on / to) study.
[100%]

11 I wrote my resume (on / with / in) English.
[89%]

12 I'm afraid (on / in / of) the results.
[100%]

13 I'm looking forward (to / in / on) seeing you again.
[100%]

14 It goes (with / without / on) saying that he is a great teacher.
[61%]

15 It's getting hotter day (on / by / with) day.
[89%]

16 May I ask a favor (in / with / of) you?
[78%]

17 She speaks not only Japanese (and / nor / but) also English.
[100%]

18 Water consists (in / from / of) hydrogen and oxygen.
[72%]

19 What is wine made (by / of / from)?
[78%]

20 What's the matter (with / on / of) you?
[94%]

解答・解説

10 to
「too ～ to ...」＝～すぎて…できない
私は疲れすぎて勉強できなかった。

11 in
「in（言語）」＝（言語）で
私は英語で履歴書を書いた。

12 of
「be afraid of ～」＝～を恐れる、～が気がかりだ
私は結果が気がかりだ。

13 to
「look forward to ～ing」＝～することを楽しみにする
また会えることを楽しみにしている。

14 without
「It goes without saying that ～」＝～であることは言うまでもない
彼が偉大な教師であることは言うまでもない。

15 by
「day by day」＝日に日に
日に日に暑くなってくる。

16 of
「ask a favor of（人）」＝（人に）頼み事をする
あなたに頼み事をしてもよろしいでしょうか。

17 but
「not only A but also B」＝A ばかりでなくBも
彼女は日本語だけでなく英語も話す。

18 of
「consist of ～」＝～から構成される
水は水素と酸素から構成される。

19 from
「be made from ～」＝～からできている（原材料が明確に推定できる場合はof）
ワインは何からできていますか。

20 with
「What is the matter with（人）?」＝（人）はどうしたのですか
どうしたのですか。

2
英語

基本構文

45

21 I need (a little / a few / few) time to repair your car.

正解率 [82%]

22 If you don't know what the word means, you'd better (look after it / look for it / look it up) in the dictionary.

[54%]

23 Will you help me to (look after / look for / look on) my purse?

[71%]

24 Because of the poor harvest, wheat prices have (grown up / gone up / looked up).

[61%]

25 I can't (give / make / try) myself understood in French.

[79%]

26 Tom is not an idle boy (any / much / no) longer.

[46%]

27 He is known (all throughout / all over / every part) the world.

[93%]

28 It goes without (saying / thinking / asking) that you should take a rest.

[86%]

29 What (gave up / made up / brought about) your change in attitude?

[64%]

解 答・解 説

21 a little
a little + 不可算名詞
a few + 可算名詞
あなたの車を修理するには、ちょっと時間が必要です。

22 look it up
「look up A in B」＝「look A up in B」＝ AをBで調べる
言葉の意味が分からないのであれば、辞書で調べたほうがいい。

23 look for
「look for ～」＝～を捜す
「look after ～」＝～の世話をする
「look on ～」＝～を傍観する
私の財布を捜すのを手伝ってくれませんか。

24 gone up
「go up」＝（物価・温度が）上がる
収穫不良で小麦の値段が上がった。

25 make
「make oneself understood」＝自分の言うことを相手に分からせる
私はフランス語で意思の疎通ができない。

26 any
「not ～ any longer」＝「no longer ～」＝もはや～ではない
トムはもはや怠惰な少年ではない。

27 all over
「all over + 場所」＝（場所）中で
彼は世界中に知られている。

28 saying
「it goes without saying that ～」＝～は言うまでもない
休みを取るべきなのは言うまでもない。

29 brought about
「bring about ～」＝「bring ～ about」＝～を引き起こす
何があなたの態度の変化を引き起こしたのですか。

46

30 What do the NPT (mean / represent / stand) for?
[75%]

31 The meeting was (called down / called off / called on) because he was sick.
[61%]

32 Please (refrain from / take up / go out of) smoking while the non-smoking signs are on.
[43%]

33 Please be sure to (call / remember / give) my best regards to your family.
[54%]

34 I like (both / neither / same) Taro and Jiro.
[82%]

35 She spends a lot of money (on / in / to) clothing.
[71%]

36 (Millions / Millions of / Million of) people watched the TV program.
[82%]

解 答・解 説

30 stand
「stand for ～」＝「represent ～」＝～を表す
NPTは何を表していますか。
（NPT ＝核不拡散条約）

31 called off
「call off ～」＝「call ～ off」＝「～を中止する」＝ cancel ～
彼が病気だったので、会議は中止になった。

32 refrain from
「refrain from ～」＝～を控える
禁煙サインがついている間は、お煙草はお控えください。

33 give
「remember me to ～」＝「say hello to ～」＝「give my (best) regards to ～」＝～によろしく伝える
必ずやご家族によろしくお伝えください。

34 both
「both A and B」＝ AもBもどちらも
私はタロウもジロウもどちらも好きだ。

35 on
「spend on 物」＝(物)にお金を費やす
「spend 時間 (in) ～ing」＝～するのに（時間）を費やす
彼女は洋服に多くのお金を費やしている。

36 Millions of
「millions of ～」＝何百万もの～
何百万もの人々がそのテレビ番組を見た。

2

英語

基本構文

47

18 時事

時事英語

次の英語を日本語に訳せ。

	解 答

☑ **1** aging society
正解率 ► [38%]

☑ **2** arms reduction
[10%以下]

☑ **3** defection
[10%以下]

☑ **4** illegal immigration
[14%]

☑ **5** racism
[14%]

☑ **6** refugee
[14%]

☑ **7** suit
[10%以下]

☑ **8** antimonopoly law
[48%]

☑ **9** budget
[33%]

☑ **10** consumption tax
[62%]

☑ **11** deficit
[10%以下]

☑ **12** supply and demand
[81%]

☑ **13** depression
[19%]

☑ **14** exchange rate
[19%]

☑ **15** information disclosure
[10%以下]

☑ **16** insider trading
[24%]

☑ **17** monopoly
[48%]

1 高齢化社会

2 軍縮

3 亡命

4 不法入国

5 人種差別

6 難民

7 訴訟

8 独占禁止法

9 予算

10 消費税

11 赤字／欠損

12 供給と需要

13 不況

14 為替レート

15 情報公開

16 インサイダー取引

17 独占

		解 答
18	product liability [10%以下]	18 製造物責任
19	stock market [38%]	19 株式市場
20	tax reduction [43%]	20 減税
21	trade friction [19%]	21 貿易摩擦
22	unemployment rate [48%]	22 失業率
23	withdraw [10%以下]	23 撤退する
24	abnormal weather [52%]	24 異常気象
25	acid rain [86%]	25 酸性雨
26	air pollution [62%]	26 大気汚染
27	ecosystem [14%]	27 生態系
28	environmental disruption [38%]	28 環境破壊
29	global warming [71%]	29 地球温暖化
30	radioactive waste [10%以下]	30 放射性廃棄物
31	allergy [57%]	31 アレルギー
32	antibody [10%以下]	32 抗体
33	brain death [76%]	33 脳死
34	euthanasia [10%以下]	34 安楽死
35	gene therapy [10%以下]	35 遺伝子治療
36	human genome [57%]	36 ヒトゲノム

2

英語

時事

49

就職活動 Q & A

「筆記編」

> 英語があまり得意ではないのですが、
> 就職試験に向けて勉強が必要でしょうか？

　英語については、ほとんどの企業がTOEICまたはTOEFLの点数をエントリーシートに記入させます。仕事に就いてからも重要なスキルですから、できるに越したことはありません。最近は帰国子女の採用割合も多く、大手や外資系企業の内定者には800点以上の実力者も多いのが実状です。

　ただ、英語の実力アップにはそれなりの時間がかかります。採用直前期には、基本構文と時事英語のチェック以外は、SPI対策などに時間を割いたほうが効率的でしょう。

　マスコミ内定者のTOEIC平均点は600点程度だと思われるので、英語をアピールポイントにしたい方以外は、それくらいの実力があれば安心できます。TOEICは必ず受けてください。

> 筆記対策としてやるべきことが多すぎて
> 何から手をつけてよいかわかりません。

　就職活動では「何事も、やらないよりやったほうがよい」というのが私の持論です。しかし、時間が無尽蔵にあるわけではないので、優先順位をつけることが大事です。

　まず、就活を大きく左右する「SPI」の問題集を1冊解いて、自分は何が得意か不得意かを自己判定してみましょう。

　中学受験を経験していない、また高校や大学を自己推薦で入学するなど受験勉強に力を入れなかった方は、SPIで苦労する可能性大です。そのような方は対策を早めに立てましょう。

　次いで、CAB・GAB・玉手箱などSPI以外のテスト対策、一般常識、英語対策が重要になってきます。

　新聞記者や雑誌編集者などのマスコミ志望者は、時事問題・作文対策に数か月単位の準備が必要です。

3章

政治経済

19 政治・法律
憲法・法律・司法

▶重要⑬日本国憲法（P166）

次の問いに答えよ。

正解率

1 [57%] 日本国憲法が公布されたのは西暦何年何月何日か。

2 [71%] 日本国憲法が施行されたのは西暦何年何月何日か。

3 [11%] 日本国憲法は何章何条からなるか。

4 [36%] 「天皇ハ神聖ニシテ侵スヘカラス」とある憲法は。

5 [14%] 日本国憲法では、思想及び「何」を侵してはならないと定めているか。

6 [—%] 日本国憲法において、憲法改正についての条文は第何条か。

7 [14%] 「教育は、その目的を実現するため、学問の自由を尊重しつつ、次に掲げる目標を達成するように行われるものとする。」とある法律は。

8 [50%] 条例、憲法、政令、省令、法律を、上位の法令から順に並べよ。

9 [27%] 独占価格や不正取引について監視を行う政府の機関を答えよ。

解答・解説

1 1946年11月3日
昭和21年。

2 1947年5月3日
昭和22年。5月3日は憲法記念日に制定されている。

3 11章103条

4 大日本帝国憲法
1889（明治22）年2月11日発布、翌年11月29日施行。

5 良心の自由
日本国憲法第一九条。

6 第九六条

7 教育基本法
1947（昭和22）年制定。
2006（平成18）年改正。

8 憲法、法律、政令、省令、条例

9 公正取引委員会
独占禁止法の運営を担当。総務庁・総務省の外局から、2003年4月に内閣府の外局に移管。

解 答・解 説

10 法律を実施するために、内閣で定めた法的拘束力のある決まりのことを何というか。
[10%以下]

10 政令
閣議によって成立し、天皇が公布する。

11 暴力的破壊活動を行った団体や個人を法規を超えて処罰することを目的として定められた法律は何か。
[10%以下]

11 破壊活動防止法
1952（昭和27）年公布。通称「破防法」。公安審査委員会が審査するが、オウム事件については、請求棄却された。

12 2009年から日本で開始した、国民が刑事裁判に参加する制度を何と呼ぶか。
[—%]

12 裁判員制度
裁判官3名、裁判員6名の計9名で評議・評決する。

13 「満15歳に満たない児童は労働者として使用してはならない。」と規定する法律は。
[59%]

13 労働基準法
労働三法とは、労働基準法、労働組合法、労働関係調整法。

14 国や自治体の重要事項の決定を、「国民投票」や「住民投票」など国民・住民の直接選挙によって判断することを何と呼ぶか。
[18%]

14 レファレンダム

15 少年犯罪の審理を行う裁判所は。
[43%]

15 家庭裁判所
裁判所には、最高裁判所、高等裁判所、地方裁判所、家庭裁判所、簡易裁判所がある。

16 立法など国家機関の行為が憲法に適合するかどうかを審査する、最高裁判所が持つ権限を何というか。
[61%]

16 違憲立法審査権（違憲審査権、法令審査権）

17 罷免の訴追をうけた裁判官を裁判する、国会に設けられる裁判所は。
[36%]

17 弾劾裁判所

18 三審制において、第一審の判決を不服として上級の裁判所に上訴することを何というか。
[46%]

18 控訴
通常は、地方裁判所 → 高等裁判所。

19 三審制において、第二審の判決を不服として上級の裁判所に上訴することを何というか。
[39%]

19 上告
通常は、高等裁判所 → 最高裁判所。

3
政治・経済
政治・法律

20 政治・法律
国会・選挙

▶重要⑪国会・内閣・選挙（P164）

次の問いに答えよ。

正解率

1 日本国憲法下の衆議院の定数は。
[―%]

2 日本国憲法下の衆議院の任期は何年か。
[―%]

3 参議院の任期は何年か。また、改選は何年ごとに行われるか。
[23%]

4 国会本会議の定足数と、決議条件は。
[10%以下]

5 通常国会は年何回開かれるか。
[54%]

6 5の会期は何日か。
[23%]

7 衆議院の解散後に初めて召集される国会の名称を答えよ。
[27%]

8 ある特定分野に通じ、政策決定に大きな影響力を持つ国会議員を何と呼ぶか。
[10%以下]

9 議員の自由な活動を保障するためにある、議員特権を2つ答えよ。
[18%]

解答・解説

1 465人
289人が小選挙区選出議員、176人が比例代表選出議員。（2023年10月時点）

2 4年
全議員が改選される。

3 任期6年、改選3年
3年ごとに半数が改選される。

4 定足数：総議員の3分の1以上
決議条件：出席議員の過半数

5 1回
1月中に召集される。

6 150日
1回だけ延長できる。

7 特別国会（特別会）
内閣総理大臣の指名の議決を行う。

8 族議員

9 不逮捕特権、免責特権
不逮捕特権……特に国会開会中の逮捕には厳しい条件がある。
免責特権……議員は国会での演説、討論または表決について、院外で責任を問われない。

54

解答・解説

☑10 予算や重要な法案について、専門家などの意見を聞くために開かれるものは何か。 [23%]	10 **公聴会**
☑11 1. 衆議院　2. 参議院　3. 都道府県知事　4. 市区町村長 の被選挙権に達する満年齢をそれぞれ答えよ。 [10%以下]	11 1. **25歳**　2. **30歳** 　3. **30歳**　4. **25歳**
☑12 日本で初めて男女平等の選挙権が認められたのは、何年のことか。 [10%以下]	12 **1945年** 昭和20年12月の衆議院議員選挙法改正による。同時に年齢要件が満25歳から満20歳に引き下げられた。平成28年から満18歳以上に引き下げられた。
☑13 1 選挙区について当選者が1人のため、死票の出やすい選挙制度を何というか。 [41%]	13 **小選挙区制**
☑14 各政党に対して投票し、得票率に比例した議席を配分する選挙制度を何というか。 [64%]	14 **比例代表制**
☑15 14において、政党の獲得議席数を政党名と個人名の票の合計に応じて配分する方法を何名簿式と呼ぶか。 [14%]	15 **非拘束名簿式** 選挙の際に、政党名だけを記入できるのが、拘束名簿式。
☑16 14において、得票数を議席に変換する際に採用されている、得票数を整数で割って議席を決定する方式は。 [18%]	16 **ドント式** 各政党の票を整数（1、2、3、…）で順々に割った数の大きさで議席を決定する。
☑17 16において、3党が7議席を争う選挙の場合、A党が1000票、B党が800票、C党が500票を獲得したとすると、各党の当選人数は。 [10%以下]	17 **A党：3人、B党：3人、C党：1人** 　　　　A党　　B党　　C党 ÷1) ①1000,②800,③500 ÷2) ④ 500,⑤400,　250 ÷3) ⑥ 333,⑦266,　166
☑18 人口比に応じて都道府県の議席数を割り振る方式は。 [—%]	18 **アダムズ式**

3

政治・経済

政治・法律

21 政治・法律 内閣・行政

▶重要⑫省庁（P165）

次の問いに答えよ。

1 行政の最高機関は。
正解率 [71%]

2 内閣がその職務を行うにあたり、意思
[27%] を決定するために、総理大臣とすべて
の国務大臣が行う会議を何と呼ぶか。

3 副大臣の下におかれる特別公務員で、
[10%以下] 主に国会議員から選ばれるのは。

4 国務大臣を補助するために、各府省に
[18%] 1人だけ置くことのできる官僚のトッ
プは。

5 内閣不信任案が可決された場合、内閣
[23%] は何日以内に衆議院を解散させない
と、総辞職しなければならないか。

6 2019年に法務省入国管理局が昇格し
[—%] て発足した庁はどこか。

7 2001年の省庁再編時に「総務省」に
[25%] 統合された旧省庁3つをすべて挙げよ。

8 2001年の省庁再編時に、「国土交通
[14%] 省」に統合された旧省庁4つをすべて
挙げよ。

解 答・解 説

1 内閣
内閣総理大臣と国務大臣から構成される。

2 閣議
内閣総理大臣が主宰する秘密会議。

3 政務官
総理大臣、大臣、政務官などを、特別職と呼ぶ。

4 事務次官
特別職に対して、一般職と呼ばれる。

5 10日以内

6 出入国在留管理庁
法務省の外局。

7 総務庁、自治省、郵政省
総務省は国の基本的しくみにかかわる制度や国民の経済・社会活動の基本的システムを整備するなど、国民生活の基盤にかかわる行政機能を担う。

8 建設省、運輸省、国土庁、北海道開発庁

56

解答・解説

9 2001年の省庁再編時に、「沖縄開発庁」はどこに統合されたか。
[10%以下]

9 内閣府
北海道開発庁は国土交通省に統合された。

10 国および地方公共団体で普通の歳入歳出を経理する会計を何というか。
[82%]

10 一般会計
特定の歳入を特定の歳出にあてるものは、特別会計。

11 使途が公共事業などの社会資本に限られている国債を何というか。
[10%以下]

11 建設国債
建設国債以外は赤字国債と呼ばれる。

12 国が使途を特定して地方公共団体に交付する資金を何と呼ぶか。
[32%]

12 国庫支出金
使途が特定されないものは地方交付税交付金。

13 内閣の所轄のもと、国家公務員の勤務条件や人事行政への勧告などを行う、独立性の強い機関は。
[10%以下]

13 人事院

14 特定の行政目的や公共目的の実現のために、特別の法律によって設立される法人は。
[12%]

14 特殊法人
省庁の天下り先としての存在が問題になっており、行政改革の対象となっている。

15 「国立博物館」など、省庁下にあった行政サービス機関に法人格を持たせて、企業会計と同等のルールを定めて効率化した組織を何と呼ぶか。
[11%]

15 独立行政法人
モデルになったのは英サッチャー政権のエージェンシー制。

16 2012年2月に発足した、東日本大震災復興のための機関は何庁か。
[—%]

16 復興庁
10年間の期間限定で発足したが、さらに10年間延長された。

17 2007年10月に「日本郵政公社」から民営化されたときの①持ち株会社 ②4つの事業会社を挙げよ。
[—%]

17 ①**日本郵政**株式会社
②**郵便局**株式会社、
郵便事業株式会社、
株式会社ゆうちょ銀行、
株式会社かんぽ生命保険
2012年に郵便局株式会社と郵便事業株式会社が合併し、日本郵便株式会社となった。

18 政府と民間の共同出資による公私混合企業を何と呼ぶか。
[39%]

18 第3セクター
公共事業は第1セクター、私的事業は第2セクター。

3

政治・経済

政治・法律

57

22 経済 経済用語・指標

▶重要⑭経済用語・指標一覧（P167）

次の文の（　）にあてはまる言葉を答えよ。

解答・解説

1 経済における需要と供給のバランスが
正解率 [74%] 崩れ、物価が上昇し貨幣価値が下降する状態を（　）という。

1 インフレ（インフレーション）
生産能力が限界に達し、需要の増加に生産の増加が追いつかないときの極端なインフレをハイパー・インフレと呼ぶ。

2 経済における需要と供給のバランスが
[79%] 崩れ、物価が下降し貨幣の価値が上昇する状態を（　）という。

2 デフレ（デフレーション）

3 経済活動が停滞し失業率が上昇すると
[42%] 同時に、物価も上昇する状態を（　）という。

3 スタグフレーション

4 金融機関以外の一般法人・個人・地方
[10%以下] 公共団体が保有する通貨量のことを（　）という。

4 マネーストック
金融機関以外であることに注意。従来はマネーサプライと呼ばれていたが、名称変更された。

5 景気変動に応じて、自動的に経済安定
[11%] 化を図るように作用する財政構造のしくみを（　）という。

5 ビルト・イン・スタビライザー
日本語では自動安定化装置という。累進課税制度もその一つ。

6 在庫変動による短期（約40か月）の
[10%以下] 経済変動のことを（　）の波という。

6 キチン

7 設備投資による中期（約7～10年）の
[10%以下] 経済変動のことを（　）の波という。

7 ジュグラー

8 技術革新による長期（約40～50年）の
[10%以下] 経済変動のことを（　）の波という。

8 コンドラチェフ

58

解 答・解 説

9 [42%] 不景気対策で、企業が事業統廃合をしたり社員の人員整理や配置転換を行ったりする事業再構築を（　　）という。

9 リストラ(リストラクチャリング)
人員削減ばかりではないことに注意。

10 [10%以下] 国の経済状態を示す基本的指標を一括して（　　）という。

10 ファンダメンタルズ

11 [37%] 経済不況下の物価下落が更に不況を誘因する悪循環のことを（　　）という。

11 デフレスパイラル
①物価低下 → ②企業利益低下 → ③従業員給与低下 → ④購買力、需要低下 → ①のように循環する。

12 [32%] 同業種またはそれに近い企業同士が、互いに競争を避け利益を確保するために、協定や合意を行うことを（　　）という。

12 カルテル
企業連合ともいわれる。トラスト、コンツェルンなども要チェック。

13 [63%] 家計に占める食費の割合を（　　）という。

13 エンゲル係数
家計に占める養育費の割合はエンジェル係数という。

14 [58%] 国内で生産された付加価値の合計を（　　）と呼ぶ。またその略語は（　　）である。

14 国内総生産、GDP
国内で生産している外資系企業の付加価値が含まれ、海外で生産している日系企業の付加価値は含まない。

15 [37%] GDPが生産面、分配面、支出面のいずれの方向から見ても等しい値になることを（　　）の法則と呼ぶ。

15 三面等価

16 [58%] 国民総生産（GNP）に代わり使われるようになった国民総所得の略語は（　　）である。

16 GNI
国内で生産している外資系企業の付加価値は除外され、海外で生産している日系企業の付加価値は含まれる。

17 [10%以下] 国際収支 ＝ 経常収支 ＋（　　）等収支 － 金融収支

17 資本移転
経常収支＝貿易・サービス収支（商品・サービス取引）＋第一次所得収支＋第二次所得収支

3

政治・経済

経済

59

23 経済

経済史

次の文の（　）にあてはまる言葉を答えよ。

解答・解説

1 18世紀後半に「国富論」で有名な（　　）によって経済学の体系化が行われ、後に古典経済学派と呼ばれた。
正解率 [37%]

1 アダム・スミス
1723年生～90年没。イギリス。個々人の経済活動を「神の見えざる手」という言葉で説明した。

2 マルサスはその著書『（　　）』で、食糧と人口の関係について説いた。
[37%]

2 人口論
1766年生～1834年没。イギリス。

3 『雇用・利子及び貨幣の一般理論』を著した（　　）によって近代経済学の理論体系が確立した。
[26%]

3 ケインズ
1883年生～1946年没。イギリス。

4 1929年の大恐慌から始まったアメリカ経済の危機を打開するために、33年以降、F・ルーズベルト大統領がとった政策を（　　）政策という。
[37%]

4 ニューディール
テネシー川流域開発公社を設立。

5 ポツダム宣言受諾後の日本の経済三大改革は、農地改革、労働改革、（　　）解体である。
[63%]

5 財閥

6 1944年に連合国44か国が調印した国際通貨・金融に関する協定を（　　）体制という。
[32%]

6 ブレトン・ウッズ
アメリカの行楽地ブレトン・ウッズで締結された。

7 6の体制においては、1ドル＝（　　）円の固定相場制が採用されていた。
[42%]

7 360
1ドル＝360円は1971年まで続いた。

8 日本において、1949年からGHQ経済顧問によって実施された経済政策を、（　　）という。
[10%以下]

8 ドッジ・ライン
デトロイト銀行頭取のドッジが来日して指導。

60

問題

9 [47%] 第二次世界大戦後、1948〜51年にアメリカの行ったヨーロッパ経済復興援助計画を（　）・プランという。

10 [16%] 1960年に10年間で国民所得を倍増させる「所得倍増政策」を唱えたのは、（　）首相である。

11 [10%以下] オリンピック景気後、1965年11月から57か月続いた、昭和最長の好景気を（　）景気という。

12 [21%] 1971年の金とドルの交換停止を（　）ショックと呼び、一時的に変動相場制になった。

13 [11%] 1971年12月に結ばれた、固定相場制へ戻す取り決めを（　）協定という。

14 [37%] 1970年代に「日本列島改造論」を唱えたのは（　）首相である。

15 [16%] アメリカのレーガン政権が1981年から掲げた自由主義経済政策を（　）という。

16 [53%] 1985年9月に開かれたG5において、ドル高是正の（　）合意がなされ、急激な円高が進行した。

17 [21%] 1987年10月19日にニューヨーク株式市場で起こった株価の大暴落を（　）と呼ぶ。

解答・解説

9 マーシャル
提唱者であるアメリカ国務長官マーシャルにちなんで呼ばれた。マーシャル…1880年生〜1959年没。

10 池田勇人
1899年生〜1965年没。首相在任期間は、1960〜64年。

11 いざなぎ
1954年から始まった好景気を神武景気、58年7月から42か月続いたものを岩戸景気という。

12 ニクソン
1913年生〜94年没。1969〜74年、米大統領に在任。ウォーターゲート事件で辞任した。

13 スミソニアン
ワシントンにあるスミソニアン博物館で締結された。

14 田中角栄
1918年生〜93年没。1972〜74年に首相。娘は田中眞紀子。

15 レーガノミクス
ロナルド・レーガン…1911年生〜2004年没。元映画俳優。共和党。

16 プラザ
ニューヨークのプラザホテルで開催された。

17 ブラックマンデー
株の暴落が月曜日に起きたことによる。

3

政治・経済

経済

24 経済 金融・株式

次の文の（　）にあてはまる言葉を答えよ。

1 ［16%］ ２国間における通貨交換比率を、外国為替市場の動向に任せる制度を（　）という。

2 ［84%］ 外国為替において、１ドル＝120円から１ドル＝100円に変動した場合、円（　）ドル（　）になったという。

3 ［10%以下］ 銀行が一流企業に対して適用する最優遇貸出金利のことを（　）という。

4 ［44%］ 日本銀行が市中銀行に対して貸し出しを行う際に適用する基準金利を金融自由化前は（　）と呼んでいた。

5 ［—%］ 2024年度から流通する千円札に描かれている人物は（　）である。

6 ［—%］ 2024年度から流通する１万円札に描かれている人物は（　）である。

7 ［17%］ 日本橋兜町にある日本最大の株式取引所は（　）である。

8 ［11%］ 1968年1月4日を基準に算出される **7** の株価指数をアルファベットで（　）と呼ぶ。

解答・解説

1 変動（為替）相場制
１ドル360円の固定相場制の時代もあった。

2 円高ドル安
逆に１ドル＝100円から１ドル＝120円に変動した場合は、円安ドル高。

3 プライム・レート
長期と短期がある。

4 公定歩合
現在は基準割引率および基準貸付利率という。

5 北里柴三郎
1853年生〜1931年没。ペスト菌を発見し、「日本細菌学の父」と呼ばれた。
※旧千円札は野口英世。

6 渋沢栄一
1840年生〜1931年没。明治〜大正の官僚・実業家。第一国立銀行をはじめ多数の銀行や企業を創設した。
※旧１万円札は福沢諭吉。

7 東京証券取引所
略して東証。

8 TOPIX
東証株価指数のこと。旧東証一部全銘柄が対象だったが、東証再編により対象企業が見直される予定。

解答・解説

9 いわゆる日経平均株価は、**7**の（　　）[旧一部]市場に上場している企業のうち、日本経済新聞社が指定する銘柄の平均株価である。
[―%]

9 プライム
東証は2022年4に「プライム」「スタンダード」「グロース」の3市場に再編。

10 アメリカで、信用力の低い人が対象の高金利型住宅ローンを（　　）という。
[―%]

10 サブプライムローン
不良債権化することで株価低下の原因となった。

11 自社株を、権利行使価格で買える権利を会社の役員や従業員に与える制度を（　　）と呼ぶ。
[10%以下]

11 ストック・オプション

12 金融機関の破綻などにより預金払い戻しを停止した場合、預金者1人当たり元本1000万円までを限度に預金を払い戻す制度を（　　）と呼ぶ。
[50%]

12 ペイオフ
ペイオフのルールを適用することをペイオフ解禁という。

13 企業の内部情報を知り得た人物が、不正にその企業の株式を売買することを、（　　）取引という。
[44%]

13 インサイダー

14 通貨の単位を切り下げることを（　　）と呼ぶ。
[10%以下]

14 デノミネーション（デノミ）

15 1980年代にイギリスで起こった金融市場や証券市場をめぐる大改革のことを金融（　　）と呼ぶ。
[56%]

15 ビッグバン
宇宙創生期の大爆発が語源である。

16 アメリカの中央銀行である「連邦準備制度理事会」の英語略称は（　　）である。
[18%]

16 FRB
（Federal Reserve Board）
2018年に議長がイエレンからバウエルに交代した。

17 国際決済銀行は国際業務を営む民間銀行に対して、（　　）比率の下限を定めている。
[17%]

17 自己資本
国際決済銀行…BIS。スイスのバーゼルにある。

3

政治・経済

経済

63

25 経済
経営

次の文の（　）にあてはまる言葉を答えよ。

1 [正解率 22%] 企業経営において、業務を外部委託することを（　）という。

2 [—%] （　）とは日本語では「モノのインターネット」のこと。

3 [22%] マーケティングにおける4Pとは、プロダクト、プライス、プロモーション、（　）である。

4 [10%以下] 企業を次々と買収・合併して多角的経営を営む複合企業体を（　）と呼ぶ。

5 [10%以下] 企業が株主・債権者などの利害関係者に対して、経営方針や財務実態などの内容を公開することを（　）と呼ぶ。

6 [33%] 経営者を監視するために株主の権利が十分に機能しなければならないという考え方をコーポレート・（　）と呼ぶ。

7 [10%以下] 企業利益に直結するような情報やノウハウなどをデータベースなどを使って蓄積・共有し、競争力を強化する経営を（　）と呼ぶ。

8 [11%] 他社が参入しないような隙間市場で事業を展開することで、競争に勝とうとするマーケティング戦略を（　）戦略という。

解答・解説

1 アウトソーシング
(out sourcing)

2 IoT
(Internet of Things)

3 プレイス
Product…製品、Price…価格、Promotion…広告宣伝、Place…流通

4 コングロマリット
(conglomerate)

5 ディスクロージャー
(disclosure)
利害関係者のことをステークホルダーと呼ぶ。

6 ガバナンス
(corporate governance) …企業統治と訳される。

7 ナレッジ・マネジメント
(Knowledge Management)

8 ニッチ
(niche)

9 書籍やCDなどの再販制度は（　　）法に基づいている。
[10%以下]

10 一定の取引下において、商品購入時の契約の撤回や解除ができることを認めた制度を（　　）と呼ぶ。
[61%]

11 一人一人の顧客の属性や過去の行動に対応して、企業の活動を変化させるマーケティングのあり方を（　　）マーケティングという。
[10%以下]

12 生産財など企業対企業の取引形態をB to B と呼ぶが、一方で、一般消費財など企業対消費者の場合は（　　）と呼ぶ。
[33%]

13 企業の工場や事業所の品質管理システムについて、国際標準化機構（ISO）が認定する制度を（　　）という。
[10%以下]

14 国内価格よりも極端に低い価格で商品を輸出して販売することで、現地の産業に打撃を与えることを（　　）という。
[10%以下]

15 障害の有無、年齢、性別にかかわらず、すべての人が使いやすいように考えられたデザインを（　　）と呼ぶ。
[10%以下]

16 ブロードバンドなどITの普及によって可能になった在宅型業務形態を（　　）と呼ぶ。
[10%以下]

17 企業による社会貢献や慈善事業などの活動を（　　）と呼ぶ。
[11%]

解 答・解 説

9 独占禁止
正式名称は「私的独占の禁止及び公正取引の確保に関する法律」。公正取引委員会が担当。

10 クーリング・オフ
2000年に「訪問販売等に関する法律（訪問販売法）」から「特定商取引に関する法律」に改正された。

11 ワン・トゥ・ワン
（one to one）

12 B to C
（Business to Consumer）
B to B
（Business to Business）

13 ISO9000
環境マネジメントについては、ISO14001。

14 ダンピング
同一商品の国内外の価格差を内外価格差という。

15 ユニバーサル・デザイン
（universal design）

16 SOHO
（Small Office Home Office）

17 フィランソロピー
Philanthropy…博愛、慈善。
文化支援活動のことは、メセナと呼ぶ。

3

政治・経済

経済

65

26 社会・環境 社会問題

次の問いに答えよ。

解答・解説

1 ペストやスペイン風邪のように、伝染病が爆発的に流行することを何というか。
[正解率] [—%]

1 パンデミック
(pandemic)

2 性的いやがらせを意味する「セクハラ」は何の略か。
[100%]

2 セクシャル・ハラスメント
(sexual harassment)

3 雇用や昇進などにおいて男女差別をなくすことを目的として1985年に制定された法律は。
[64%]

3 男女雇用機会均等法

4 日本語では「生活の質」と訳される、個人や社会がより充足感をもって暮らせる生活を重視しようとする考え方を何というか。
[36%]

4 クオリティ・オブ・ライフ
(QOL)
(Quality Of Life)

5 末期患者が残された余生を有意義に過ごせるように専門のケアを行う病院を何と呼ぶか。
[55%]

5 ホスピス
末期医療をターミナル・ケア
(terminal care) と呼ぶ。

6 国民からの保険料をもとに高齢者に介護サービスを提供する、2000年4月から実施された社会保障制度は。
[45%]

6 介護保険制度

7 6の保険料は何歳から徴収されるか。
[10%以下]

7 40歳

8 少子化の進行度を測る要素にもなっている「一人の女性が生涯平均何人の子供を産むか」という推計を何と呼ぶか。
[10%以下]

8 合計特殊出生率
平成17年（2005年）は過去最低の1.26。令和3年（2021年）は1.30。令和4年（2022年）は1.26で過去最低に並んだ。

66

解答・解説

9 消費支出に占める養育費の割合を、何係数と呼ぶか。 [27%]

9 エンジェル係数
エンゲル係数（消費支出に占める食費の割合）を真似ている。

10 一人あたりの労働時間を短縮し、仕事を分け合うことで、雇用を維持しようとする方法を何と呼ぶか。 [64%]

10 ワークシェアリング
（work-sharing）

11 医師や薬剤師が患者に対して診療や投薬内容について十分に説明することを何というか。 [36%]

11 インフォームド・コンセント
（informed consent）

12 配偶者や恋人など身近な人物から受ける暴力のことを何というか。 [91%]

12 ドメスティック・バイオレンス
DV = Domestic Violence

13 犯罪や非行を犯した少年の処分や手続きを規定した「少年法」によって、刑事処分可能な年齢は何歳以上と定められているか。 [18%]

13 14歳以上
2000年11月に大幅改正。また、2007年に少年院送致の年齢下限が「おおむね12歳以上」に引き下げられた。

14 「高齢化社会」とは、総人口に対して何歳以上の人が7％を超えた状態か。 [45%]

14 65歳以上
国連の定義では、14％を超えると高齢社会、21％を超えると超高齢社会と呼ぶ。

15 後期高齢者医療制度は何歳以上の高齢者を対象としているか。 [―%]

15 75歳以上

16 有事法制関連三法とは、改正自衛隊法、改正安全保障会議設置法と何か。 [10%以下]

16 武力攻撃事態対処法
2003年6月に成立した。

17 「郵政三事業」とは何か。 [10%以下]

17 郵便、郵便貯金、簡易生命保険

18 マイナンバー制度の個人番号は何桁か。 [―%]

18 12桁
住民基本台帳ネットワークでは11桁だった。

3 政治・経済 社会・環境

27 社会・環境 環境問題

次の問いに答えよ。

解答・解説

1 地球の成層圏にあり、酸素の同素体によって構成される紫外線を吸収する層を何というか。
正解率 [94%]

1 オゾン層
南極や北極でオゾンが薄くなった状態をオゾンホールと呼ぶ。

2 森林破壊の原因になっている窒素酸化物や硫黄酸化物が溶け込んだ雨を何というか。
[100%]

2 酸性雨

3 開発がもたらす環境への影響を、事前に予測・評価することを何というか。
[10%以下]

3 環境アセスメント／環境影響評価

4 モノの燃焼に伴って生成される有害な有機塩素化合物で、発ガン性が問題になっている物質を何というか。
[72%]

4 ダイオキシン

5 一定の金額を預かり金として販売価格に上乗せし、製品や容器を返却すると預かり金を消費者に戻すという仕組みを何制度と呼ぶか。
[28%]

5 デポジット制度

6 廃棄物排出をゼロにする技術や経営を目指すことを何と呼ぶか。
[39%]

6 ゼロ・エミッション
(Zero Emission)

7 使用済みの家電のメーカー引き取りを定めた法律「特定家庭用機器再商品化法」の通称名は。
[10%以下]

7 家電リサイクル法

8 「気候変動枠組条約締約国会議」の略称は。
[10%以下]

8 COP
(Coefficient Of Performance)

68

解答・解説

9 [72%] 1997年に日本で開かれた「気候変動枠組条約締約国会議」において採択された温室効果ガスの排出削減目標を定めた議定書は。

9 **京都議定書**
日本は－6%の目標に対して排出権取引分などを含めて－8.4%を達成。

10 [－%] 2015年にフランスで開かれたCOP21において採択された気温上昇に関する協定は。

10 **パリ協定**
産業革命前からの気温上昇を2℃より充分低く抑え（努力は1.5%）、21世紀後半に温室効果ガス排出ゼロにすることが定められたが、アメリカはトランプ政権下で離脱したが、バイデン政権になると復帰した。

11 [10%以下] 1987年にフロンガスの使用削減を定めた議定書は。

11 **モントリオール議定書**

12 [10%以下] 1989年に採択された、有害廃棄物の国境を越える移動及びその処分の規制に関する条約は。

12 **バーゼル条約**

13 [10%以下] 1971年にイランで実施された会議で採択された、「特に水鳥の生息地として国際的に重要な湿地に関する条約」は。

13 **ラムサール条約**
日本は1980年に釧路（くしろ）湿原の一部を登録して条約締結国となった。

14 [44%] 動物や人のホルモンに似た化学物質である「外因性内分泌攪乱化学物質」の通称は。

14 **環境ホルモン**

15 [－%] 計測機器等を設置して電力需給を自動的に調整する機能により、電力の需給バランスを最適化する電力網は。

15 **スマート・グリッド**
（Smart Grid）

16 [39%] 家庭において、住宅建材や家具に含まれる化学物質によって起きる健康障害を何と呼ぶか。

16 **シックハウス（症候群）**
学校の場合、シックスクール症候群と呼ぶ。

17 [33%] 1975年に発効した、絶滅のおそれのある野生動植物の種の保護を目的とした条約を何というか。

17 **ワシントン条約**
絶滅のおそれのある野生動物のリストをレッドリストという。

3 政治・経済

社会・環境

69

28 地理

地理学・地図

次の問いに答えよ。

1 正解率 [33%] 子午線とも呼ばれる、北極と南極を結ぶ地球表面上の仮想の線を何というか。

2 [72%] 世界標準時の基準となる旧天文台の名称は。

3 [50%] 地図投影法の分類において、2地点間の角度を正しく表すことができるので航海図に使われてきた、「正角円筒図法」とも呼ばれる図法は。

4 [10%以下] 地図投影法の分類において、面積を正しく表すことができ、「楕円図法」とも呼ばれる図法は。

5 [10%以下] 地図投影法の分類において、レーダー図のように描かれ、中心からの方位と距離が正しい図法は。

6 [33%] 時差を修正するために地球表面に引かれた想像上の線で、北極から経度180度の線に沿うようにして、南極まで続いている線を何というか。

7 [39%] 国土交通省の付属機関で、日本国内の測量、基本地図の作成を行うのは。

8 [17%] 川が山地から平地へ流れ出る所にできた三角形の地形を何というか。

解答・解説

1 経線
赤道に平行な線は緯線。

2 グリニッジ天文台
イギリスのロンドンにある。

3 メルカトル図法

4 モルワイデ図法

5 正距方位図法

6 日付変更線
太平洋上を通る。

7 国土地理院

8 扇状地
川が海に注ぐ河口にできるのが三角州（デルタ）。

70

解答・解説

9 [44%] 同じ耕地で、1年に2度、別種の農作物を栽培することを何というか。

9 **二毛作**
1年に同じ作物を複数回栽培するのは**二期作**。地力低下を防ぐために、年をおいて複数の作物を栽培するのは**輪作**。

10 [56%] 地価高騰や生活環境悪化に伴って、住民が郊外に移動する現象を何というか。

10 **ドーナツ化現象**

11 [10%以下] 都市が郊外に向かって無秩序に拡大する現象を何というか。

11 **スプロール現象**

12 [－%] 交通網の整備によって、小都市が大都市の経済圏に取り込まれる現象を何というか。

12 **ストロー現象**

13 [28%] 日本標準時は世界標準時より何時間進んでいるか。

13 **9時間**
日本標準時…JST
世界標準時…GMT
イギリスが**サマータイム**の時、時差は8時間。

14 [50%] 日本標準時の基準となっている都市は、何県何市か。

14 **兵庫県明石市**
東経135度。

15 [39%] 大都市の近くにあって補助的な役割を務める中・小都市を、天体になぞらえて何と呼ぶか。

15 **衛星都市**

16 [10%以下] 陸から離れた沖合の島が砂州によって陸とつながった地形を何と呼ぶか。

16 **トンボロ**
別名は**陸繋（りくけい）島**。日本では**函館（はこだて）**が有名。

17 [33%] 日本は領海の範囲を何海里以内に定めているか。

17 **12海里以内**

18 [11%] 沿岸国が生物・鉱物資源について主権を持つ、沿岸から200海里以内の水域（領海を除く）を何と呼ぶか。

18 **排他的経済水域**
英語の略称は**EEZ**（exclusive economic zone）。
国連海洋法条約に基づく。

3
政治・経済

地理

71

29 地理
県庁所在地・首都

▶重要⑳主な国の首都とその特徴（P176）／重要㉓都道府県とその特徴（P182）

県庁所在地を書け。

解答

1 北海道
正解率 [59%]

2 岩手県
[45%]

1 札幌市　**2** 盛岡市

3 宮城県
[64%]

4 茨城県
[73%]

3 仙台市　**4** 水戸市

5 栃木県
[36%]

6 群馬県
[32%]

5 宇都宮市　**6** 前橋市

7 埼玉県
[77%]

8 神奈川県
[91%]

7 さいたま市　**8** 横浜市

9 石川県
[36%]

10 山梨県
[41%]

9 金沢市　**10** 甲府市

11 愛知県
[82%]

12 三重県
[32%]

11 名古屋市　**12** 津市

13 滋賀県
[32%]

14 兵庫県
[59%]

13 大津市　**14** 神戸市

15 島根県
[14%]

16 香川県
[27%]

15 松江市　**16** 高松市

17 愛媛県
[14%]

18 沖縄県
[41%]

17 松山市　**18** 那覇市

次の国の首都を答えよ。

解答

19 アメリカ合衆国
[55%]

20 朝鮮民主主義
人民共和国
[64%]

19 ワシントンD.C.

20 平壌
（ピョンヤン）

21 大韓民国
[73%]

22 カナダ
[18%]

21 ソウル

22 オタワ

23 インド
[23%]

24 パキスタン
[10%以下]

23 ニューデリー
（デリー）
ニューデリー
が正式名称

24 イスラマバード

25 イラク
[64%]

26 イラン
[10%以下]

25 バグダッド

26 テヘラン

27 イスラエル
[23%]

28 ドイツ
[41%]

27 エルサレム

28 ベルリン

29 スウェーデン
[27%]

30 イタリア
[86%]

29 ストックホルム

30 ローマ

31 スペイン
[73%]

32 スイス
[10%以下]

31 マドリード

32 ベルン

33 オランダ
[27%]

34 アルゼンチン
[18%]

33 アムステルダム

34 ブエノスアイレス

35 オーストラリア
[36%]

36 アフガニスタン
[36%]

35 キャンベラ

36 カブール

3

政治・経済

地理

73

30 地理 都道府県

▶重要㉓都道府県とその特徴（P182）

次の問いに答えよ。

解答・解説

1 海に接していない都道府県をすべて挙げよ。
正解率 [14%]

1 栃木、群馬、埼玉、山梨、長野、岐阜、滋賀、奈良（計8県）

2 名前に「山」がつく都道府県をすべて挙げよ。
[29%]

2 山形、富山、山梨、和歌山、岡山、山口（計6県）

3 名前に「川」がつく都道府県をすべて挙げよ。
[57%]

3 神奈川、石川、香川（計3県）

4 名前に「島」がつく都道府県をすべて挙げよ。
[64%]

4 福島、島根、広島、徳島、鹿児島（計5県）

5 名前に「福」がつく都道府県をすべて挙げよ。
[79%]

5 福島、福井、福岡（計3県）

6 名前に「宮」がつく都道府県をすべて挙げよ。
[75%]

6 宮城、宮崎（計2県）

7 名前に「岡」がつく都道府県をすべて挙げよ。
[82%]

7 静岡、岡山、福岡（計3県）

8 他の都道府県と同じ漢字を全く使わない都道府県はいくつあるか（県・府・都の文字は除く）。
[14%]

8 15県
北海道、青森、岩手、秋田、群馬、栃木、埼玉、千葉、新潟、岐阜、三重、兵庫、鳥取、熊本、沖縄

9 日本で政令指定都市になるための人口の条件は。
[25%]

9 人口50万人以上
地方自治法において「人口50万人以上で法令で指定する市」と規定されているが、実際には人口70万人以上の都市を指定。

10 2012年4月に政令指定都市となったのは何市か。
[—%]

10 熊本
そのほかの都市は、横浜、大阪、名古屋、札幌、神戸、京都、福岡、川崎、広島、さいたま、仙台、北九州、千葉、静岡、堺、浜松、新潟、岡山、相模原

次のキーワードがあてはまる県を答えよ。

解答

11
[64%] 「赤城おろし」「富岡製糸場」
「上野国」「嬬恋村」「草津」

11 群馬県

12
[57%] 「有田」「伊万里」「鳥栖」「有明海」
「筑紫平野」「唐津くんち」

12 佐賀県

13
[68%] 「出雲大社」「宍道湖」「隠岐諸島」
「森鷗外」「ラフカディオ・ハーン」

13 島根県

14
[89%] 「大久保利通」「桜島」「シラス台地」
「さつまいも」「屋久島」「知覧」

14 鹿児島県

15
[79%] 「鹿島臨海工業地域」「日立」「東海村」
「偕楽園」「筑波研究学園都市」

15 茨城県

16
[71%] 「カルデラ」「阿蘇山」「球磨川」
「馬肉」「水俣病」「西南戦争」

16 熊本県

17
[61%] 「三大砂丘」「梨」「らっきょう」
「ズワイガニ」「三朝温泉」

17 鳥取県

18
[96%] 「諏訪大社」「長寿日本一」「軽井沢」
「りんご」「松本城」「オリンピック」

18 長野県

19
[75%] 「七夕まつり」「松島」「青葉城」
「ササニシキ」「金華山」「伊達政宗」

19 宮城県

20
[68%] 「東照宮」「足尾銅山」「益子焼」
「ギョーザ」「鬼怒川」「那須・塩原」

20 栃木県

21
[93%] 「天然ガス」「コシヒカリ」「田中角栄」
「燕」「越後湯沢」「上杉謙信」

21 新潟県

22
[75%] 「豊田」「瀬戸物」「養鶏」「知多半島」
「中京工業地帯」「織田信長」

22 愛知県

3

政治・経済

地理

75

31 地理
日本地理

▶重要㉒日本の地形（P180）

次の問いに答えよ。

解答・解説

1 日本列島の総面積は約何万km²か。
正解率 [11%]

1 約38万km²
ドイツ（約36万km²）とほぼ同じ面積。

2 日本の河川で最も長いのは。
[32%]

2 信濃川
（367km）
2位：利根川、3位：石狩川

3 日本の河川で最も流域面積が広いのは。
[39%]

3 利根川
（16840km²）
2位：石狩川、3位：信濃川

4 日本の湖沼で最も大きいのは。
[86%]

4 琵琶湖
（669km²）

5 日本の湖沼で2番目に大きいのは。
[46%]

5 霞ヶ浦
（168km²）

6 北緯38度線が通る新潟県の島は。
[32%]

6 佐渡島
北緯38度は、北朝鮮と韓国の軍事停戦ライン。アテネ、サンフランシスコの近くも通る。

7 奄美大島、与論島があるのは何県か。
[57%]

7 鹿児島県
沖縄県ではない。

8 北海道と本州の間にある海峡は。
[82%]

8 津軽海峡

9 関東地方に広く分布する、火山灰が堆積してできた地層を何と呼ぶか。
[75%]

9 関東ローム層
鹿児島県の火山灰層はシラス。

10 三陸地方の語源となった、宮城、岩手、青森の旧称をそれぞれ答えよ。
[21%]

10 陸前、陸中、陸奥

76

問題

11 [57%] 山岳部の谷が地盤沈下してできたため複雑に入り組んでいる、**10**の太平洋岸に広がる海岸線を何というか。

12 [79%] 伊豆諸島にあり、2000年の火山噴火により住民が全員退去した島は。

13 [21%] 北緯40度線が通る、秋田県の大規模干拓地は。

14 [29%] 日本の最北端にある島は。

15 [10%以下] 日本の最南端にある島は。

16 [10%以下] 日本の最東端にある島は。

17 [10%以下] 日本の最西端にある島は。

18 [29%] 北海道本島の最北端の岬は。

19 [10%以下] 九州最南端の岬は。

20 [21%] 本州中央部を南北に横断する断裂帯を何と呼ぶか。

21 [14%] **20**の西淵を構成するのは、太平洋側の静岡市と日本海側の何市を結ぶ線か。

解答・解説

3
政治・経済
地理

11 リアス海岸
スペイン・ガリシア地方や、三重県の志摩半島にも見られる。

12 三宅島
東京都三宅島三宅村。富士箱根伊豆国立公園に属する。

13 八郎潟
北緯40度線は、北京（中国）、アンカラ（トルコ）、マドリード（スペイン）、ニューヨーク、ソルトレークシティ（ともにアメリカ）の近くを通る。

14 択捉島
いわゆる北方領土の一つ。

15 沖ノ鳥島
東京都。北緯約20度で、ハワイとほぼ同緯度。

16 南鳥島
東京都。マーカス島ともいう。

17 与那国島
沖縄県。八重山列島西端。

18 宗谷岬
宗谷海峡を挟んでサハリンがある。

19 佐多岬
鹿児島県大隅半島の先端。

20 フォッサマグナ

21 糸魚川市
新潟県。

77

32 地理
世界地理

▶重要㉑世界の地形（P178）

次の問いに答えよ。

解答・解説

1 ヨーロッパとアジアを合わせた大陸を
[88%] 何というか。

1 ユーラシア大陸

2 世界で最も高い山であるエベレストを
[47%] チベット語で何というか。

2 チョモランマ
標高8848m。世界で最初にエベレストに登頂した登山家は、ニュージーランドのエドモンド・ヒラリー卿である。

3 アラスカにある北米大陸で最も高く、
[10%以下] 日本の登山家植村直己が遭難した山は。

3 デナリ
標高6190m。旧名マッキンリー山。植村直己は1941年生〜84年没。1984年に国民栄誉賞受賞。

4 南極大陸で最も高い山は。
[10%以下]

4 ビンソンマッシーフ（ヴィンソン・マシフ）
標高4892m。

5 アルゼンチンにある南米大陸で最も高
[10%以下] い山は。

5 アコンカグア
標高6961m。

6 タンザニアにあるアフリカ大陸で最も
[12%] 高い山は。

6 キリマンジャロ
標高5895m。

7 世界最長の川は。
[65%]

7 ナイル川
6695km。流域面積は約335万km²。

8 世界で最も流域面積が広い川は。
[35%]

8 アマゾン川
約705万km²。長さは6516km。

9 南アフリカのケープ半島南端にある岬
[24%] は。

9 喜望峰

10 インドに古くからある身分制度のこと
[82%] を何というか。

10 カースト制度
現在、憲法では否定されている。

正解率

11 大陸周辺にある水深200m以内の浅い海底を何というか。 [35%]	**11** 大陸棚
12 フランス・イギリスの経営を経て1956年にエジプトに国有化された紅海と地中海とを結ぶ運河は。 [53%]	**12** スエズ運河 フランス人レセップスの計画により着工し1869年に開通。
13 偏西風と暖流の影響で高緯度の割に温暖な西ヨーロッパの気候を何というか。 [10%以下]	**13** 西岸海洋性気候
14 ヨーロッパ南部における、夏は乾燥し冬は降雨量が多い気候を何というか。 [24%]	**14** 地中海性気候
15 アフリカ大陸とヨーロッパ大陸の間の海峡は。 [10%以下]	**15** ジブラルタル海峡
16 スカンディナビア半島の西海岸で見られる氷河地形を何というか。 [35%]	**16** フィヨルド
17 世界で最も広い湖は。 [10%以下]	**17** カスピ海 37.4万km^2。
18 人口の多い国の上位3か国を挙げよ。 [35%]	**18** 1. 中国（約14.3億人） 2. インド（約14.2億人） 3. アメリカ（約3.4億人） 2022年。国連資料による。
19 国連統計による国土面積の大きい国の上位3か国を挙げよ。 [10%以下]	**19** 1. ロシア（1709.8万km^2） 2. カナダ（998.5万km^2） 3. アメリカ（983.4万km^2） 2021年。国連資料による。
20 国内総生産の大きい国の上位3か国を挙げよ。 [18%]	**20** 1. アメリカ（23.3兆ドル） 2. 中国（17.7兆ドル） 3. 日本（4.9兆ドル） 2023年。国連資料による。

3

政治・経済

地理

33 国際情勢 国連

▶重要⑯国連のしくみ（P169）

次の問いに答えよ。

1 国際連合の前身である国際連盟を提唱したアメリカ大統領は誰か。
正解率 [28%]

2 国際連合が設立されたのは何年か。
[50%]

3 日本が国連に加盟したのは何年か。
[10%以下]

4 国連本部がある都市は。
[44%]

5 国連の主要機関の一つで、総会と並ぶ最高機関。国際平和の維持、国際紛争の解決を目的とする機関は何か。
[33%]

6 5の機関を構成するのは、（　　）か国の常任理事国と（　　）か国の非常任理事国である。
[44%]

7 5の常任理事国をすべて挙げよ。
[22%]

8 5の採決において、重要事項は常任理事国5か国を含む何か国以上の賛成が必要か。
[10%以下]

9 5の機関の評決において、常任理事国が持つ特権は何か。
[39%]

10 2007年にコフィ・アナンに代わり国連事務総長に就任した韓国出身の人物は。
[－%]

解 答・解 説

1 ウィルソン
1856年生～1924年没。

2 1945年

3 1956年

4 ニューヨーク

5 安全保障理事会
（Security Council）

6 5、10

7 アメリカ、イギリス、フランス、ロシア、中国
現在、日本、ドイツ、ブラジル、インド（G4）が常任理事国入りを目指している。

8 9か国

9 拒否権

10 潘基文（パン・ギムン）
1944年生～。韓国出身。

80

解答・解説

□**11** 2017年に**10**に代わって第9代事務総
[—%] 長になったポルトガル出身の人物は。

11 アントニオ・グテーレス
1949年生～。

□**12** 国際紛争を平和的に解決するために設置
[22%] している国連の司法機関を何というか。

12 国際司法裁判所
(the International Court of Justice)

□**13** **12**はどこにあるか。国名・都市名を
[22%] 答えよ。

13 オランダ・ハーグ

□**14** 国連が軍事監視団などを派遣して、国
[44%] 際的な紛争の平和的解決に寄与するこ
とを目的とした活動を日本語で何とい
うか。

14 国連平和維持活動

□**15** **14**のアルファベット略語は。
[61%]

15 PKO
(Peace Keeping Operations)

□**16** **14**において、停戦や撤兵の実施や治
[22%] 安維持など戦闘以外の活動を行う部隊
を日本語で何というか。

16 国連平和維持軍
平和維持活動と混同しないこと。

□**17** **16**のアルファベット略語は。
[17%]

17 PKF
(Peace Keeping Force)

□**18** 1945年6月26日に国連憲章が調印さ
[11%] れたアメリカの都市はどこか。

18 サンフランシスコ

□**19** 21世紀最初に独立した国連加盟国は。
[10%以下]

19 東ティモール（民主共和国）

□**20** 年1回開かれる国連全加盟国が参加す
[11%] る会議を何というか。

20 (国連) 総会

□**21** **20**において、重要な議題の採決に必
[11%] 要な票数の条件は、出席しかつ投票す
る構成国の何分の何以上か。

21 3分の2

3

政治・経済

国際情勢

81

34 国際情勢 国際機関

次の問いに答えよ。

1 EUの単一通貨は。

正解率 [**45%**]

2 **1**の通貨記号は。

[**27%**]

3 **1**の通貨が流通するまでに暫定的に使われていた通貨名は。

[**36%**]

4 **1**の通貨統合時に導入を見送った当時のEU加盟国3か国を挙げよ。

[**55%**]

5 イギリスのEU離脱のことを（　　）と呼ぶ。

[**一%**]

6 2004年5月から新しくEUに加盟した10か国のうち、バルト三国を挙げよ。

[**64%**]

7 2004年5月から新しくEUに加盟した10か国のうち、東欧5か国を挙げよ。

[**64%**]

8 2004年5月から新しくEUに加盟した10か国のうち、地中海にある島国2か国を挙げよ。

[**18%**]

解答・解説

1 ユーロ（EURO）

2 €
¢（セント）と混同しないこと。[参考] 円（¥）、ドル（$）、ポンド（£）。

3 エキュ
「エキュ（European Currency Unit）」はフランス革命後に銀貨がエキュと呼ばれていたことから、反発する国があった。

4 イギリス、デンマーク、スウェーデン
イギリス（ポンド）、デンマーク（クローネ）、スウェーデン（クローナ）
※イギリスは2020年にEUを離脱。

5 Brexit（ブレグジット）
Britainとexitの合成語。

6 エストニア、ラトビア、リトアニア
旧ソビエト連邦の国々で1991年9月に独立した。

7 ポーランド、ハンガリー、チェコ、スロバキア、スロベニア

8 マルタ、キプロス

解答・解説

□9 2000年まで「国際連合難民高等弁務官」を務めていた日本人は。
[73%]

9 緒方貞子
国際連合難民高等弁務官事務所＝
UNHCR（United Nations High Commissioner for Refugees）
緒方貞子…1927年生〜2019年没。

□10 先進国首脳会議から発展した「主要国首脳会議」の略称は。
[64%]

10 サミット
日本、アメリカ、イギリス、ドイツ、フランス、イタリア、カナダ、ロシア（現在は除外）の8か国の首脳及びEU委員長が参加。

□11 2020年、アメリカ、メキシコ、カナダの3か国において発効した「NAFTA」に代わる自由貿易協定の略称は。
[―%]

11 USMCA
USMCA ＝ United States Mexico Canada Agreement

□12 石油産出国が加盟している「石油輸出国機構」の略称は。
[64%]

12 OPEC
OPEC ＝ Organization of the Petroleum Exporting Countries

□13 「石油輸出国機構」の創設国5か国の一つで、南米唯一の加盟国は。
[64%]

13 ベネズエラ

□14 国際銀行の自己資本比率を定めている国際決済銀行（BIS）の本部はどこの国・都市にあるか。
[10%以下]

14 スイス・バーゼル
BIS ＝ Bank for International Settlements

□15 アメリカと中南米など35か国で構成される地域協力機構は。
[10%以下]

15 米州機構（OAS）
OAS ＝ Organization of American States

□16 東南アジア10か国で構成される地域協力機構は。
[80%]

16 ASEAN（東南アジア諸国連合）
ASEAN ＝ Association of South-East Asian Nations
東ティモールが加盟を検討中。

□17 アフリカ統一機構に替わり、2002年に発足したアフリカの地域協力機構は。
[10%以下]

17 アフリカ連合（AU）
OAU ＝ Organization of African Unity / AU ＝ African Union

□18 アフリカ諸国の中で、1985年にアフリカ統一機構を脱退し、2017年に17に参加した国（首都：ラバト）は。
[10%以下]

18 モロッコ
スペインとの間にジブラルタル海峡がある。

3 政治・経済

国際情勢

83

35 国際情勢
条約・協定・宣言

次の問いに答えよ。

1 1875年に日本とロシアの間で国境について調印・批准された条約は。
正解率[10%以下]

2 日清戦争後の1895年に締結した講和条約は何か。
[18%]

3 日露戦争後の1905年に締結した日露間の講和条約は何か。
[45%]

4 1945年8月に日本が受諾した、第二次世界大戦に関する米・英・中の共同宣言は。
[80%]

5 1949年にアメリカが中心となって設立した北米・ヨーロッパの安全保障機構であるNATOの日本語名は。
[50%]

6 太平洋戦争後の1951年に連合国と日本の間で締結された講和条約は何か。
[27%]

7 6の条約締結時の日本代表は誰か。
[18%]

8 6とともに結ばれた日本とアメリカの軍事協力などを定めた条約は。
[36%]

解答・解説

1 樺太・千島交換条約
（サンクトペテルブルク条約）
樺太をロシア領に、千島列島のうち得撫（ウルップ）島以北の島々を日本領と規定。

2 下関条約
日本代表は伊藤博文と陸奥宗光。

3 ポーツマス条約
日本代表は小村寿太郎。
朝鮮半島の優越権、南樺太・南満州鉄道・遼東半島南端部租借権の譲渡などが定められた。

4 ポツダム宣言

5 北大西洋条約機構
NATO = North Atlantic Treaty Organization

6 サンフランシスコ平和条約

7 吉田茂
1878年生～1967年没。

8 日米安全保障条約
講和後も米軍が安全保障のため日本に駐留し、また基地を設定することを定めたもの。

84

解答・解説

9 1955年にソビエト連邦と東ヨーロッパの社会主義国によって設立、1991年7月に解体された安全保障機構は。
[50%]

9 ワルシャワ条約機構
北大西洋条約機構（NATO）に対抗しソ連・ポーランド・チェコスロバキア・東ドイツ・ハンガリー・ブルガリア・ルーマニア・アルバニアの8か国が加盟して発足。

10 1993年11月のEU（ヨーロッパ連合）発足のもとになった条約は。
[55%]

10 マーストリヒト条約
マーストリヒトはオランダの都市。

11 1996年に国連で採択された、爆発を伴う核実験の禁止を定めた「包括的核実験禁止条約」の略称は。
[10%以下]

11 CTBT
（Comprehensive Nuclear-Test-Ban Treaty）

12 1997年6月に開かれたEU首脳会議で採択された新しい条約は。
[73%]

12 アムステルダム条約
全会一致の原則を変更し、棄権国は義務を免除される建設的棄権制を導入した。

13 2009年12月に発効したEUの新条約は。
[一%]

13 リスボン条約
欧州理事会議長にロンプイ・元ベルギー首相が選出された。

14 2002年、日本の小泉純一郎首相と北朝鮮の金正日総書記との初めての首脳会談によって署名された宣言は。
[10%以下]

14 日朝平壌宣言
小泉純一郎…1942年生〜。

15 2014年に日本でも発効された、正式名称を「国際的な子の奪取の民事上の側面に関する条約」という条約の通称は。
[一%]

15 ハーグ条約

16 2003年1月に北朝鮮が脱退を宣言した原子力に関する条約は。
[40%]

16 核不拡散条約または核拡散防止条約（NPT）
NPT = Treaty on the Non-Proliferation of Nuclear Weapons

17 原子力の平和利用促進と軍事利用縮小を目的とし、**16**の加盟国を監視するために核査察を行う機関は。
[40%]

17 国際原子力機関（IAEA）
IAEA = International Atomic Energy Agency

18 **16**の条約において、核兵器保有国として規定されている5か国は。
[10%以下]

18 アメリカ、ロシア、イギリス、フランス、中国

3

政治・経済

国際情勢

85

36 国際情勢
国際略語・アルファベット略語

▶重要⑰国際略語（P170）

次の国際機関の略称またはアルファベット略語を答えよ。

解答・解説

1 環太平洋パートナーシップ協定
正解率 [—%]

1 TPP
Trans-Pacific Partnership Agreement

2 自由貿易協定
[—%]

2 FTA
Free Trade Agreement

3 経済連携協定
[—%]

3 EPA
Economic Partnership Agreement

4 締約国会議
[—%]

4 COP
Confence of the Parties

5 国際原子力機関
[18%]

5 IAEA
International Atomic Energy Agency

6 国際エネルギー機関
[10%以下]

6 IEA
International Energy Agency

7 包括的核実験禁止条約
[10%以下]

7 CTBT
Comprehensive Nuclear-Test-Ban Treaty

8 核拡散防止条約
[10%以下]

8 NPT
Treaty on the Non-Proliferation of Nuclear Weapons

9 国連平和維持軍
[18%]

9 PKF
Peace Keeping Forces

10 国連平和維持活動
[59%]

10 PKO
Peace Keeping Operations

11 大陸間弾道ミサイル
[10%以下]

11 ICBM
Intercontinental Ballistic Missile

12 朝鮮半島エネルギー開発機構
[10%以下]

12 KEDO
Korean Peninsula Energy Development Organization

13 北大西洋条約機構
[47%]

13 NATO
North Atlantic Treaty Organization

14 パレスチナ解放機構
[29%]

14 PLO
Palestine Liberation Organization

15 国連難民高等弁務官事務所
[10%以下]

15 UNHCR
（Office of the）United Nations High Commissioner for Refugees

解 答・解 説

16 国連児童基金 [**24%**]	**16** UNICEF United Nations Children's Fund
17 国連教育科学文化機関 [**35%**]	**17** UNESCO United Nations Educational, Scientific and Cultural Organization
18 国連貿易開発会議 [**10%以下**]	**18** UNCTAD United Nations Conference on Trade and Development
19 世界保健機関 [**47%**]	**19** WHO World Health Organization
20 世界貿易機関 [**59%**]	**20** WTO World Trade Organization
21 東南アジア諸国連合 [**35%**]	**21** ASEAN Association of South-East Asian Nations
22 アジア太平洋経済協力（会議） [**35%**]	**22** APEC Asia-Pacific Economic Cooperation
23 国際労働機関 [**53%**]	**23** ILO International Labour Organization
24 国際通貨基金 [**59%**]	**24** IMF International Monetary Fund
25 政府開発援助 [**18%**]	**25** ODA Official Development Assistance
26 経済協力開発機構 [**10%以下**]	**26** OECD Organization for Economic Cooperation and Development
27 国際決済銀行 [**10%以下**]	**27** BIS Bank for International Settlements
28 最高経営責任者 [**47%**]	**28** CEO Chief Executive Officer
29 最高執行責任者 [**10%以下**]	**29** COO Chief Operating Officer
30 最高財務責任者 [**10%以下**]	**30** CFO Chief Financial Officer
31 （アメリカ）連邦準備制度理事会 [**10%以下**]	**31** FRB Federal Reserve Board
32 民間非営利団体 [**65%**]	**32** NPO Non-Profit Organization
33 非政府組織 [**65%**]	**33** NGO Non-Governmental Organization

3

政治・経済

国際情勢

37 国際情勢 アメリカ・ヨーロッパ

次の問いに答えよ。

解 答・解 説

1 アメリカで同時多発テロが起きたのは、何年何月何日か。
正解率 [89%]

1 2001年9月11日
世界貿易センタービル、国防総省などに航空機が突入した自爆テロ。

2 同時多発テロの標的にもなったアメリカ国防総省の別称は。
[57%]

2 ペンタゴン
ワシントンD.C.にある。

3 **1**のときの第43代アメリカ大統領は誰か。
[100%]

3 ジョージ・W・ブッシュ
テキサス州知事後、大統領選に当選。父親は第41代大統領 ジョージ H.W. ブッシュ。

4 **3**が、2002年1月に行った一般教書演説において「悪の枢軸」と名指しした3か国を挙げよ。
[25%]

4 イラン、イラク、北朝鮮
（朝鮮民主主義人民共和国）
首都は、イラン…テヘラン、イラク…バクダッド、北朝鮮…平壌（ピョンヤン）。

5 シェールガス採掘の実用化によって、世界最大の天然ガス産出国になった国はどこか。
[—%]

5 アメリカ

6 世界三大料理とは、フランス料理、中華料理と何料理か。
[—%]

6 トルコ料理
広大な国土を持つ国家で育まれた宮廷料理が特長。

7 石油輸出国機構（OPEC）に現在加盟している南米の国を挙げよ。
[—%]

7 ベネズエラ
（2023年度10月現在）エクアドルは2020年に、中東のカタールは2019年に脱退した。

8 1959年の革命以来、社会主義体制が続いており、米ソ間の冷戦の舞台となったカリブ海の島国は。
[68%]

8 キューバ
首都ハバナ。1962年にソ連製ミサイル配備が明らかになったことからキューバ危機が起こった。

9 **8**で長年政権を握った議長は誰か。
[43%]

9 フィデル・カストロ
1926年生〜2016年没。

解答・解説

□ **10** 1996〜97年に、日本大使公邸が武装
[21%] ゲリラによって占拠された事件が起きた**ペルー**の首都は。

10 **リマ**
トゥパク・アマル革命運動（MRTA）のメンバーに襲撃・占拠されたが、強行突入によって解決した。

□ **11** **10**のときのペルー大統領は誰か。
[43%]

11 **アルベルト・フジモリ**
1938年生〜2000年没。

□ **12** 旧**ユーゴスラビア**が分裂してできた新
[10%] 国家7か国を挙げよ。

12 **スロベニア、クロアチア、北マケドニア、ボスニア・ヘルツェゴビナ、セルビア、モンテネグロ、コソボ**
2006年に**モンテネグロ**がセルビア・モンテネグロから独立。2008年に**コソボ**がセルビアから独立を宣言。2019年にマケドニアが**北マケドニア**に改名。

□ **13** 「**ヨーロッパの火薬庫**」と呼ばれてき
[14%] た**12**が位置する半島は。

13 **バルカン半島**

□ **14** **ベネルクス三国**と呼ばれる国を挙げ
[57%] よ。

14 **ベルギー、オランダ、ルクセンブルク**

□ **15** **オリーブ**や**オレンジ**の栽培で有名な**地**
[61%] **中海最大**の島は。

15 **シチリア島**
イタリアの一州。州都は**パレルモ**。

□ **16** **15**にあるヨーロッパ最大の**活火山**は。
[21%]

16 **エトナ山**
2021年にも大規模な噴火が起きた。

□ **17** イングランド北西部にあるイギリス第
[39%] 2の港町で**ビートルズ**の出身地は。

17 **リバプール**
1830年に**リバプール〜マンチェスター**間に鉄道が敷かれ発展した。

□ **18** ローマ市内にあり、**ローマ教皇**を元首
[86%] とする、世界で最も面積の小さい国は。

18 **バチカン市国**
1929年2月、イタリア政府とのラテラノ協定によって成立した。

□ **19** **18**のシスティーナ礼拝堂において行
[―%] われる**ローマ教皇**選出のための選挙を
何と呼ぶか。

19 **コンクラーベ**
2012年には、ベネディクト16世に代わり、**フランシスコ**が選出された。

3

政治・経済

国際情勢

38 国際情勢
アジア・アフリカ

次のキーワードにあてはまる国名を答えよ。

解答・解説

☑**1**「チャオプラヤ川」「仏教国」「米」
正解率▸[75%]「シャム」

1タイ
首都：バンコク

☑**2**「ビルマ」「少数民族」
[54%]「アウン・サン・スー・チー」

2ミャンマー
首都：ネーピードー

☑**3**「サイゴン」「ドイモイ政策」
[89%]「アオザイ」

3ベトナム
首都：ハノイ

☑**4**「ルックイースト」
[39%]「スルタン王家」「ボルネオ島」

4マレーシア
首都：クアラルンプール

☑**5**「ムジャヒディン」「タリバン」
[46%]「北部同盟」「バーミヤン」

5アフガニスタン
首都：カブール

☑**6**「ポル・ポト派」「メコン川」
[64%]「アンコール・ワット」

6カンボジア
首都：プノンペン

☑**7**「中継貿易」「昭南」「NIES」
[67%]

7シンガポール
都市国家

☑**8**「マゼラン」「カトリック」
[54%]「ミンダナオ島」「ドゥテルテ大統領」

8フィリピン
首都：マニラ

☑**9**「スマトラ島」「東ティモール独立」
[39%]「ジャワ原人」「スカルノ大統領」

9インドネシア
首都：ジャカルタ
カリマンタン島（ボルネオ島）
東部のヌサンタラへの首都移転
を計画中。

90

☑10 「マハラジャ」「カシミール」「茶」
[89%] 「ガンジー」

☑11 「カラチ」「インダス川」
[18%] 「ゴッドウィン・オースティン山」

☑12 「オサマ・ビン・ラディン」
[43%] 「ベドウィン」「ワジ」「メッカ」

☑13 「ペルシャ」「シャー」「シーア派」
[36%] 「キャビア」

☑14 「ルクソール」「シナイ半島」
[82%] 「アスワンハイダム」「スエズ運河」
「ムバラク大統領」

☑15 「ゴールド・コースト」「カカオ」
[14%] 「ボルタ川」「アナン事務総長」

☑16 「大地溝帯」「赤道」
[21%] 「アメリカ大使館爆破事件」
「マサイ・マラ動物保護区」

☑17 「タナ湖」「アビシニア」「イタリア」
[11%] 「内戦」「食糧危機」

☑18 「カダフィ大佐」「サハラ砂漠」
[57%] 「パン・アメリカン航空機爆破事件」

☑19 「内戦」「飢饉」
[39%] 「ソマリランド」「プントランド」
「国連平和維持軍」

☑20 「パリ・ダカールラリー」
[18%] 「フランス語」「ベール岬」

解答・解説

⑩ インド（バーラト）
首都：ニューデリー
（デリー）
2023年の国際会議でBHARAT表
記を用いた

⑪ パキスタン
首都：イスラマバード

⑫ サウジアラビア
首都：リヤド

⑬ イラン
首都：テヘラン

⑭ エジプト
首都：カイロ

⑮ ガーナ
首都：アクラ

⑯ ケニア
首都：ナイロビ

⑰ エチオピア
首都：アディスアベバ

⑱ リビア
首都：トリポリ

⑲ ソマリア
首都：モガディシュ

⑳ セネガル
首都：ダカール

3

政治・経済

国際情勢

39 歴史
日本史

▶重要⑲日本史年表（P174）

次の問いに答えよ。

解答・解説

1 奈良県明日香村で発掘された、玄武像、白虎像、天文図などが描かれている7世紀末〜8世紀初めの装飾古墳は。
正解率[18%]

1 キトラ（亀虎）古墳

2 魏志倭人伝に登場する邪馬台国の女王は。
[91%]

2 卑弥呼
239年に魏より「親魏倭王」の称号を与えられたとされている。

3 佐賀県で発掘された弥生時代の大環濠集落の遺跡は。
[27%]

3 吉野ヶ里遺跡
邪馬台国・九州説を裏付けるのではないかとして注目された。

4 645年に中大兄皇子や中臣鎌足が蘇我氏を倒して始めた改革は。
[64%]

4 大化改新

5 遣唐使が廃止されたのは何年か。
[36%]

5 894年
630年に犬上御田鍬（いぬかみのみたすき）が派遣されたのが最初。唐末の戦乱のため菅原道真の提議により廃止。

6 運慶、快慶らによって制作された、奈良・東大寺南大門にある鎌倉時代を代表する彫刻は。
[10%以下]

6 金剛力士像
吽形像と阿形像。「阿吽（あうん）の呼吸」の語源。

7 鎌倉幕府の源氏最後の将軍は誰か。
[10%以下]

7 源実朝
1192年生〜1219年没。
参考）源頼朝 → 源頼家 → 源実朝。
鎌倉幕府は日本最初の本格的な武家政権。源氏将軍は3代で絶え、その後、北条氏が権力を握ったが1333年に滅んだ。

8 1600年に天下分け目の戦いの地となった関ヶ原は現在の何県にあるか。
[36%]

8 岐阜県

92

解答・解説

☑9 江戸幕府の最後の将軍は誰か。
[36%]

9 徳川慶喜（よしのぶ）
1837年生〜1913年没。15代徳川
家最後の将軍。1867年に大政奉還。

☑10 日本の初代内閣総理大臣でハルビンで
[73%] 暗殺された人物は。

10 伊藤博文（ひろふみ（はくぶん））
1841年生〜1909年没。
暗殺者は大韓帝国の民族運動家
安重根。

☑11 1931年に日本軍が中国東北部を占領
[64%] した出来事は。

11 満州事変
翌1932年に満州国を樹立。その
後、日中戦争へ発展。

☑12 日本は朝鮮半島を西暦何年に併合した
[10%以下] か。

12 1910年
1945年8月の終戦により独立。

☑13 太平洋戦争後、アメリカに統治されて
[27%] いた沖縄が日本に復帰したのは西暦何
年か。

13 1972年
昭和47年

☑14 日本が1989年4月に消費税を導入し
[36%] たときの内閣総理大臣は。

14 竹下登
1924年生〜2000年没。リクルー
ト事件で総辞職。5%に引き上げ
たのは橋本龍太郎首相。

☑15 1972年、日中共同声明に調印して日中
[45%] 国交正常化を行った日本の首相は誰か。

15 田中角栄
1918年生〜93年没。娘は田中眞
紀子。

☑16 15の時の中国の代表者は誰か。
[27%]

16 毛沢東（もうたくとう）
1893年生〜1976年没。

☑17 日韓基本条約・日韓請求権協定が調印
[—%] されたのは西暦何年か。

17 1965年
昭和40年。

☑18 第一次石油危機の際に、日本では物不
[91%] 足と便乗値上げが広がり、ある日用品
の買い占め騒動が起こった。その日用
品とは何か。

18 トイレットペーパー

3

政治・経済

歴史

40 歴史 世界史

▶重要⑱世界史年表（P172）

次の問いに答えよ。

解答・解説

1 古代の四大文明をすべて挙げよ。
正解率 [93%]

1 エジプト文明、メソポタミア文明、中国文明、インダス文明
エジプト文明…ナイル川
メソポタミア文明…チグリス川、ユーフラテス川
中国文明…黄河、長江
インダス文明…インダス川

2 くさび形文字で書かれた世界最古の成文法典は。
[82%]

2 ハンムラビ法典
石碑が1901年にイランのスサで発見された。

3 古代ギリシャの独立都市国家を何と呼ぶか。
[57%]

3 ポリス
代表的なポリスはアテネやスパルタなど。集会や裁判を行う広場はアゴラと呼ばれた。

4 仏教、キリスト教、イスラム教の開祖はそれぞれ誰か。
[68%]

4 釈迦、イエス・キリスト、ムハンマド（マホメット）
釈迦：生没年不詳（前6世紀〜前4世紀頃）。イエス・キリスト：前4年生〜30年没。ムハンマド：570年頃生〜632年没。

5 中国全土を秦として初めて統一した人物は誰か。
[93%]

5 始皇帝
前259年生〜前210年没。郡県制の実施、度量衡・貨幣の統一などを行った。

6 朝鮮半島において、4世紀末の広開土王のときに最も栄えたが、その歴史認識をめぐって中国と韓国で論争になっている国は。
[50%]

6 高句麗（こうくり）
427年以後平壌（ピョンヤン）に都を置き、百済（くだら）・新羅（しらぎ）と抗争。668年、唐・新羅の連合軍に滅ぼされた。

7 コロンブスが西インド諸島に到達したのは西暦何年か。
[71%]

7 1492年
コロンブス：1451年生〜1506年没。イタリア生まれだがスペイン（カスティリャ）・イサベラ女王の援助を得た。

8 喜望峰を通るインド航路を発見したのは誰か。
[64%]

8 バスコ・ダ・ガマ
1469年頃生〜1524年没。ポルトガル。

問題	解答・解説

9 [79%] 初めて世界一周航海を行った船団のリーダーは誰か。

9 マゼラン（マガリャンイス）
1480年生〜1521年没。ポルトガル。南アメリカ南端のマゼラン海峡を発見。本人は志半ばでフィリピンで戦死。マガリャンイスは本名。

10 [21%] 1688年に、イギリス議会が国王を追放し、「権利章典」を制定した無血革命は。

10 名誉革命
議会は国王ジェームズ2世のカトリック復活政策と議会無視に反対。立憲君主制の基礎が確立された。

11 [36%] イギリスが、清との間のアヘン戦争後に結んで香港を獲得した条約は何か。

11 南京条約
1842年。江寧(こうねい)条約ともいう。

12 [39%] 第一次世界大戦のきっかけとなった、1914年のオーストリア皇太子の暗殺事件は。

12 サラエボ事件
オーストリアに併合されることを恐れていたセルビア人による暗殺。

13 [61%] 第一次世界大戦前に三国同盟を結んでいた国を挙げよ。

13 ドイツ、オーストリア（・ハンガリー）、イタリア
イタリアは第一次世界大戦では三国協商側についた。

14 [43%] 第一次世界大戦前に三国協商を結んでいた国を挙げよ。

14 イギリス、フランス、ロシア
革命による帝政ロシアの崩壊によって解消された。

15 [29%] 第一次世界大戦後に戦勝国とドイツとの間で結ばれた条約は。

15 ベルサイユ条約
1919年。ドイツは全植民地を失った。多額の賠償金は第二次世界大戦の要因につながった。

16 [86%] 第二次世界大戦の連合国主要5か国を挙げなさい。

16 アメリカ、イギリス、フランス、ソ連、中国
国際連合の常任理事国につながる。

17 [21%] 朝鮮戦争の休戦協定が結ばれたのは何年か。

17 1953年
北緯38度線が休戦ラインとなった。

18 [18%] ベトナム戦争時の南ベトナムの首都で、後にホーチミン市となったのはどこか。

18 サイゴン
フランスやアメリカはサイゴン政府を支援した。

19 [79%] 東西ドイツ分裂の象徴だったが、1989年に崩壊したものは何か。

19 ベルリンの壁
当時の西ドイツ首相はコール、東ドイツ国家評議会議長はクレンツ。

3

政治・経済

歴史

就職活動 Q & A ③
「時事問題編」

一般常識問題と時事問題の違いを教えてください。

　一般常識問題と時事問題は似ていますが、時事問題は一般に、試験日からおよそ1年以内（特に3か月以内）に起きた出来事についての問題を指します。
　政治経済ばかりか生活一般についての出来事も対象になります。例えば、東京湾に多くのボラ（魚）が集まってワイドショーをにぎわしたとすると、「次のうち、ボラの卵巣はどれか？」などと出題されたりします。この答えは「からすみ」ですが、そこから派生した応用問題で、「日本三大珍味はどれか？」として「ウニ」を答えさせる出題もあります。
　ちなみに日本三大珍味は、からすみ（ボラの卵巣）、このわた（ナマコの腸）、ウニです。

時事問題の対策はどうすればよいでしょうか？

　まずは本書別冊の時事問題をしっかりと解いて覚えていきましょう。
　時事問題は、まさにリアルタイムに変化する事象なので、日々、新聞・テレビなどマスメディアの情報に接することが大事です。週末に一週間を振り返るニュース番組などで、まとめてチェックしましょう。
　ネットだけに接していると、自分が興味のある情報に偏りがちになります。そこで、新聞を毎日読むと同時に、テレビのニュース番組やワイドショーも視聴して、その中で気になるキーワードをネットで調べて知識の幅を広げることをお勧めします。
　また、一般常識や漢字を出題するクイズ番組をメモを取りながら観ると、一般常識や時事の対策になります。

4章 数学 理科

41 数学 計算式

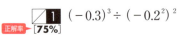

▶重要㉗数学の公式（P188）

次の計算をせよ。

1 [75%] $(-0.3)^3 \div (-0.2^2)^2$

2 [88%] $2^3 - 3(1-2^2)^2$

3 [80%] 49^2

4 [75%] 502×498

5 [56%] $\dfrac{\sqrt{2}}{\sqrt{3}} + \dfrac{\sqrt{27}}{\sqrt{8}}$

6 [65%] $(2\sqrt{3})^2 - (-\sqrt{2})^2$

7 [78%] $\dfrac{1}{3} - \left\{\dfrac{5}{6} - \left(-\dfrac{1}{4}\right)\right\}$

8 [88%] $2.8 - 0.23 - (-0.125)$

9 [75%] $(-3)^2 \div \dfrac{9}{4} \times (-0.4)$

$a = 3x + \sqrt{5}$、$b = 3x - \sqrt{5}$ のとき、次の値を求めよ。

10 [88%] $a - b$

11 [76%] ab

12 [38%] $a^2 + b^2$

解答・解説

1 $-\dfrac{135}{8}$ または -16.875

$\left(-\dfrac{3}{10}\right)^3 \times \left(\dfrac{10}{2}\right)^4 = -\dfrac{3^3 \times 10^4}{10^3 \times 2^4} = -\dfrac{3^3 \times 5}{2^3}$

2 -19
$8 - 3(1-4)^2 = 8 - 27$

3 2401
$(50-1)^2 = 50^2 - 2 \times 50 \times 1 + (-1)^2$

4 249996
$(500+2)(500-2) = 500^2 - 2^2$

5 $\dfrac{13\sqrt{6}}{12}$

$\dfrac{\sqrt{2}}{\sqrt{3}} + \dfrac{3\sqrt{3}}{2\sqrt{2}} = \dfrac{\sqrt{6}}{3} + \dfrac{3\sqrt{6}}{4}$

6 10
$4 \times 3 - 2$

7 $-\dfrac{3}{4}$ $\dfrac{4-10-3}{12}$

8 2.695
$2.8 - 0.23 + 0.125$

9 $-\dfrac{8}{5}$ $9 \times \dfrac{4}{9} \times \left(-\dfrac{2}{5}\right)$

解答・解説

10 $2\sqrt{5}$
$3x + \sqrt{5} - (3x - \sqrt{5}) = \sqrt{5} + \sqrt{5}$

11 $9x^2 - 5$
$(3x + \sqrt{5})(3x - \sqrt{5}) = (3x)^2 - (\sqrt{5})^2$

12 $18x^2 + 10$
$(a+b)^2 - 2ab = (6x)^2 - 2(9x^2 - 5)$

次の方程式・不等式を解け。

13 [96%] $x^2 + 6x + 9 = 0$

14 [86%] $x^2 - 3x - 28 = 0$

15 [82%] $2x^2 - 5x - 12 = 0$

16 [71%] $x^2 + x - 3 = 0$

17 [64%] $x^2 + 4x - 7 = 0$

18 [75%] $-3x - 14 \leqq -2$

19 [57%] $3x^2 - 8x - 3 \geqq 0$

解答・解説

13 $x = -3$
$(x + 3)^2 = 0$

14 $x = 7, -4$
$(x - 7)(x + 4) = 0$

15 $x = 4, -\dfrac{3}{2}$
$(x - 4)(2x + 3) = 0$

16 $x = \dfrac{-1 \pm \sqrt{13}}{2}$
「解の公式」$ax^2 + bx + c = 0$の時 $x = \dfrac{-b \pm \sqrt{b^2 - 4ac}}{2a}$

17 $x = -2 \pm \sqrt{11}$
「解の公式」$ax^2 + 2b'x + c = 0$の時 $x = \dfrac{-b' \pm \sqrt{b'^2 - ac}}{a}$

18 $x \geqq -4$
$-3x \leqq 12$

19 $x \geqq 3, x \leqq -\dfrac{1}{3}$
$(3x + 1)(x - 3) \geqq 0$
右図で正になる部分が答え。

次の問いに答えよ。

20 [75%] 2桁の自然数の中で、3で割り切れる数はいくつあるか。

21 [61%] 2桁の自然数の中で、3でも5でも割り切れる数はいくつあるか。

22 [43%] 2桁の自然数の中で、3または5で割り切れる数はいくつあるか。

解答・解説

20 30
自然数は正の整数（0は含まない）。
(2桁の3の倍数)＝(1〜99までの3の倍数の数)－(1〜9までの3の倍数の数)
$99 \div 3 = 33$　$9 \div 3 = 3$　∴ $33 - 3 = 30$

21 6
3と5の最小公倍数は15。
$99 \div 15 = 6...9$　$9 \div 15 = 0...9$　∴ $6 - 0 = 6$

22 42
(3の倍数の数)＋(5の倍数の数)－(15の倍数の数)＝
$30 + 18 - 6$

42 数学
損益算・鶴亀算

次の問いに答えよ。

解答・解説

1 原価250円の品物に２割の利益を見込んで定価をつけた。この品物の定価はいくらか。

正解率 ▶ [89%]

1 300円
定価＝原価×（1＋利益率）
$250 × 1.2 = 300$

2 原価に12.5%の利益を見込んだら定価が900円になった。原価はいくらか。

[86%]

2 800円
$900 ÷ 1.125$

3 原価に２割５分の利益を見込んで定価をつけたら、利益が500円となった。定価はいくらか。

[93%]

3 2500円
$500 ÷ 0.25 × 1.25$

4 原価600円で仕入れた商品に３割の利益を見込んで定価をつけたが、売れなかったので定価の２割引にして売った。利益はいくらか。

[82%]

4 24円
$600 × 1.3 × (1 - 0.2) - 600$

5 原価に２割の利益を見込んで定価をつけたが、売れなかったので定価の１割引にして売ったら、利益が100円だった。原価はいくらか。

[89%]

5 1250円
$1.2x × (1 - 0.1) - x = 100$

6 鶴と亀が合わせて13羽（匹）いるとき、足の数を足したら合計36本だった。鶴の数をx羽として方程式を立てよ。

[82%]

6 $2x + 4(13 - x) = 36$
鶴の足は2本、亀の足は4本
[注] 本来なら、次ページの即解法を用いたい。

7 **6** を鶴をx羽、亀をy匹として連立方程式を立てよ。

[71%]

7
$$\begin{cases} x + y = 13 \\ 2x + 4y = 36 \end{cases}$$

8 **6**を下の図の面積を使って導く。

[96%] **1.** ⓒの長さ〔鶴と亀の1羽(匹)あたりの足の数差〕は。

[86%] **2.** (A)+(B)の面積〔13羽(匹)すべてが鶴だと仮定したときの足の総数〕は。

[71%] **3.** (C)の面積〔亀がいることによって増える足の総数〕は。

[71%] **4.** ⓑの長さ(亀の数)は。

[71%] **5.** ⓐの長さ(鶴の数)は。

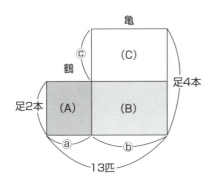

(A)+(B)+(C)=36本

9 1個80円のりんごと1個50円のみかんを合わせて20個買ったら、総額は1240円であった。みかんは何個買ったか。
[86%]

10 100円玉と50円玉が合わせて40枚あったとき、合計額は2750円だった。100円と50円玉はそれぞれ何枚あったか。
[89%]

解答・解説

8 方程式を使うと時間がかかるので、鶴亀算特有の解法を用いる。
最終的には図を使わなくても解けるようになること。

1. **2**
 4−2

2. **26**
 2×13

3. **10**
 36−26

4. **5**
 10÷2

5. **8**
 13−5

〈即解法〉
実際には、図を使わずに以下のように解く。

　 36 …合計値
 −26 …2×13（暗算）
　 10⁄2 …4本−2本
 =5

9 **12個**
鶴亀算の図を頭に描きながら解く。
(1240 − 50 × 20) ÷ (80 − 50) = 8 ∴ 20 − 8 = 12

10 **100円玉15枚、50円玉25枚**
鶴亀算の図を頭に描きながら解く。
(2750 − 50 × 40) ÷ (100 − 50) = 15
∴ 50円玉は40 − 15 = 25

4 数学・理科 数学

43 数学

関 数

次の条件にあてはまる直線の式を求めよ。

解 答・解 説

正解率 **[96%]** ☑**1** 原点を通り、変化の割合が4である。

1 $y = 4x$
変化の割合 = 傾き

[93%] ☑**2** 傾きが−3で切片が5である。

2 $y = -3x + 5$
$y = ax + b$
（a = 傾き、b = 切片）

[89%] ☑**3** 傾きが−2で、点(2，−1)を通る。

3 $y = -2x + 3$
$y = -2x + b$に(2，−1)を代
入して、b = 3

[64%] ☑**4** x軸との接点が(3，0)、y軸との接点が(0，−4)

4 $y = \dfrac{4}{3}x - 4$

切片とは直線とy軸との接点。
$y = ax - 4$に(3，0)を代入し
て、a = 4／3

[79%] ☑**5** (−1，−8)(3，4)を通る。

5 $y = 3x - 5$

傾きは、
$\dfrac{y_2 - y_1}{x_2 - x_1} = \dfrac{4 - (-8)}{3 - (-1)} = \dfrac{12}{4} = 3$

[61%] ☑**6** $y=2x$をx軸方向に−2、y軸方向に3、平行移動した。

6 $y = 2x + 7$
$y = 2(x + 2) + 3$

次の条件にあてはまる二次曲線の式を求めよ。

解 答・解 説

[68%] ☑**7** 頂点が原点にあり、点(3，27)を通る。

7 $y = 3x^2$
$y = ax^2$に(3，27)を代入

[61%] ☑**8** $y = x^2$の頂点が(2，1)になるように平行移動した。

8 $y = x^2 - 4x + 5$
$y = (x - 2)^2 + 1$

[54%] ☑**9** $y = -2x^2$をx軸方向に−2、y軸方向に3、平行移動した。

9 $y = -2x^2 - 8x - 5$
$y = -2(x + 2)^2 + 3$

[57%] ☑**10** $y = 3x^2$が点(−1，11)、点(1，−1)を通るように平行移動した。

10 $y = 3x^2 - 6x + 2$
$y = 3x^2 + bx + c$に(−1，11)
(1，−1)を代入して連立方程
式を解く。

102

次のグラフまたは不等式で表される領域を書け。

11 $y = -2x + 5$
[89%]

解答・解説

11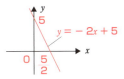

12 $y = 2x^2 - 4$
[79%]

12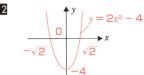

13 $y = -2x^2 - 4x$
[61%]

13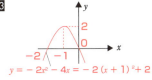
$y = -2x^2 - 4x = -2(x+1)^2 + 2$

14 $y \geq x + 4$ （$x \geq 0$）
[79%]

14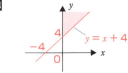

15 $y \geq x^2 - 2$ （$x \geq 0$, $y \leq 0$）
[46%]

15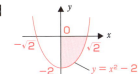

16 $\begin{cases} y \geq x + 1 \\ y \geq -2x + 4 \end{cases}$
[64%]

16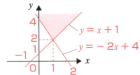

17 $\begin{cases} y \geq x^2 \\ y \leq x \end{cases}$
[50%]

17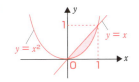

4 数学・理科

数学

103

44 数学 n進法・面積・体積

次の問いに答えよ。

解答・解説

1 1+2+3+…+198+199+200＝？
正解率 **[82%]**

1 20100
$(1 + 200) \times 200 \div 2$

2 10進法で3桁の自然数をすべて足すといくつになるか。
[71%]

2 494550
$(100 + 999) \times 900 \div 2$

3 次の数を小さい順に並べよ。e（ネイピア数）、π（円周率）、$\sqrt{9}$、$\sqrt{2}$
[39%]

3 $\sqrt{2} < e < \sqrt{9} < \pi$
$e = 2.7$、$\pi = 3.14$、$\sqrt{1} < \sqrt{2} < \sqrt{4}$　$\rightarrow 1 < \sqrt{2} < 2$

4 10進法で12を2進法で表すと。
[57%]

4 1100

```
2)12
2) 6 …0 ↑
2) 3 …0
   1 …1
```

5 10進法で57を4進法で表すと。
[36%]

5 321

```
4)57
4)14 …1 ↑
  3 …2
```

6 2進法の10101を10進法で表すと。
[46%]

6 21
$2^4 \times 1 + 2^3 \times 0 + 2^2 \times 1 + 2^1 \times 0 + 2^0 \times 1 = 16 + 4 + 1$

7 n進法のことを[n]で示すとき、$9_{[10]} = 9_{[16]}$、$10_{[10]} = A_{[16]}$、$11_{[10]} = B_{[16]}$…、$15_{[10]} = F_{[16]}$で表すとすると、$AB_{[16]} = ?_{[10]}$
[29%]

7 171
$16^1 \times 10 + 16^0 \times 11 = 160 + 11$

8 n進法のことを[n]で示すとき、$23_{[6]} + 34_{[6]} = ?_{[6]}$
[43%]

8 101
$23_{[6]} + 34_{[6]} = 15_{[10]} + 22_{[10]} = 37_{[10]} = 101_{[6]}$

9 n進法のことを[n]で示すとき、$101_{[2]} + 101_{[3]} + 101_{[4]} = ?_{[10]}$
[36%]

9 32
$2^2 + 1 + 3^2 + 1 + 4^2 + 1$

問題

10 [100%] 三角形の面積の公式は。

11 [93%] 平行四辺形の面積の公式は。

12 [79%] 菱形の面積の公式は。

13 [93%] 台形の面積の公式は。

14 [96%] 円の面積の公式は。

15 [89%] 円周の公式は。

16 [82%] 扇形の面積の公式は。

17 [86%] 円柱の体積の公式は。

18 [71%] 円錐の体積の公式は。

19 [36%] 球の体積の公式は。

20 [25%] ある球の体積をV、その球に外接する円柱の体積をV´とするとき、V:V´は。

21 [46%] 底面の円半径r_1、側面（扇形）の半径がr_2の円錐の側面積は。（円周率にはπを用いよ）

22 [50%] 底面の円半径3cm、高さ4cmの円錐の表面積は。（円周率にはπを用いよ）

解 答・解 説

10 底辺×高さ÷2

11 底辺×高さ

12 対角線a×対角線b÷2

13 （上底＋下底）×高さ÷2

14 半径^2×円周率（π）

15 直径×円周率（π）

16 半径^2×円周率（π）×$\dfrac{中心角}{360}$

17 底面積（半径^2×円周率π）×高さ

18 底面積（半径^2×円周率π）×高さ×$\dfrac{1}{3}$

19 半径^3×円周率π×$\dfrac{4}{3}$

暗記法「3分で忘れる心配あーるの参上」。

20 2：3

21 $r_1 r_2 \pi$
底面の円周と側面（扇形）の弧は等しいので、扇形の中心角は$\left(360 \times \dfrac{r_1}{r_2}\right)$。
よって扇形の面積 ＝ $r_2{}^2 \pi \times \left(\dfrac{r_1}{r_2}\right)$

22 $24\pi\,cm^2$
側面（扇形）の半径は、三平方の定理から$\sqrt{(3^2+4^2)} = 5$
底面積＋側面積
＝$3^2 \times \pi + 5^2 \times \pi \times \dfrac{3}{5}$

4

数学・理科

数学

45 数学 図形

次の図の∠xを求めよ。

1 [100%]

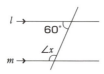

2 [86%]

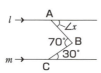

3 [75%]

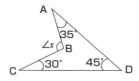

4 [82%]

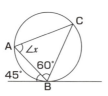

5 [64%]

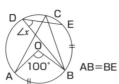

6 [71%]

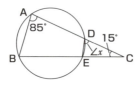

解答・解説

1 120°
平行線の錯角は等しいことを利用して、180°－60°

2 40°
B点を通り、l、mに平行な補助線を引く。

3 110°
直線ABをCDに接するまで延ばす。

4 75°
接弦定理より∠ACB＝45°
∠x＝180°－(60°＋45°)

5 50°
∠ACB＝$\frac{100°}{2}$＝50°
弧AB＝弧BEより
∠ACB＝∠BDE

6 80°
円に内接する四角形の場合、
∠x＝∠ABE
　　＝180°－(85°＋15°)

次の ▨▨▨ 部の面積を求めよ。（円周率にはπを用いよ）

7
[32%]

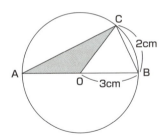

8
[54%]

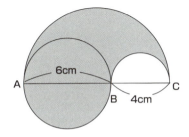

9
[64%]

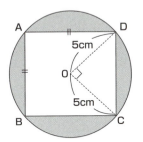

10
[57%]

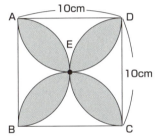

解答・解説

7 $2\sqrt{2}$ cm²
ABは円の直径なので、
$\angle BCA = 90°$
$CA = \sqrt{(6^2-2^2)} = 4\sqrt{2}$
$\triangle AOC = \triangle ABC \times \dfrac{1}{2}$
$\qquad = BC \times CA \times \dfrac{1}{2} \times \dfrac{1}{2}$
$\qquad = 2 \times 4\sqrt{2} \times \dfrac{1}{2} \times \dfrac{1}{2}$

8 15π cm²
円の面積 = $r^2\pi$
{(直径ACの半円) − (直径BCの半円)} + (直径ABの半円)
$= 5^2\pi \times \dfrac{1}{2} + 3^2\pi \times \dfrac{1}{2} - 2^2\pi \times \dfrac{1}{2}$

9 $25(\pi-2)$ cm²
正方形ABCDは菱形と考えると計算が早い。
ABCDの面積
$= AC \times DB \times \dfrac{1}{2}$
$= 10 \times 10 \times \dfrac{1}{2}$
$5^2\pi - 10^2 \times \dfrac{1}{2}$

10 $50(\pi-2)$ cm²
(半円DEC − 三角形DEC) × 4
$= \left(5^2\pi \times \dfrac{1}{2} - 10 \times 5 \times \dfrac{1}{2}\right) \times 4$

46 数学 集合・確率

次の問いに答えよ。

1 7人を1列に並べるときに、並べ方は何通りあるか。
正解率 [54%]

2 男3人、女4人合わせて7人を1列に並べて、両端が男である場合の並べ方は何通りあるか。
[18%]

3 1から5までの5枚のカードを全部使って作られる5桁の整数のうち、3と5が隣り合うものは何個あるか。
[11%]

4 男子6人、女子5人の中から、男子2人、女子2人を選ぶとき、選び方は何通りあるか。
[21%]

5 6人が円形のテーブルに着席するとき、座り方は何通りあるか。
[29%]

6 色の違う4つの玉を、A、B、Cと記された3つの箱のいずれかに入れるとき、空箱があってもよいとして、入れ方は何通りあるか。
[36%]

7 1個のサイコロを2回振ったとき、2回目の数が1回目の数の2倍になる確率を求めよ。
[71%]

解答・解説

1 5040通り
$7! = 7 \times 6 \times 5 \times 4 \times 3 \times 2 \times 1$

2 720通り
男3人から2人を選んで両端に並べる順列は$_3P_2 = 3 \times 2 = 6$通り。残りの5人を1列に並べる順列は$5! = 5 \times 4 \times 3 \times 2 \times 1 = 120$通り。∴$6 \times 120$

3 48個
3と5を一つのカードと仮定すると、4枚の並べ方は$4!$。3と5の並べ方は2通り。よって$4! \times 2$。

4 150通り
$_6C_2 \times _5C_2$
$= \dfrac{6 \times 5}{2 \times 1} \times \dfrac{5 \times 4}{2 \times 1}$

5 120通り
$(6-1)!$

6 81通り
いずれの玉もABCの3通りの入れ方があるので、3^4。

7 $\dfrac{1}{12}$　2倍になる組み合わせは$(1, 2)(2, 4)(3, 6)$の3通り。
∴$\dfrac{3}{6^2}$

8 144の正の約数は全部でいくつあるか。
[**68%**]

9 144の正の約数の総和はいくつか。
[**36%**]

10 赤玉が5個、白玉が3個入った箱から2個取り出したときに、2個とも赤玉になる確率は。
[**43%**]

11 1から50までの整数がそれぞれ1枚ずつ書いてあるカードが50枚あるときに、この中から1枚引いて3で割り切れる数を引く確率は何%か。
[**75%**]

12 1から50までの整数がそれぞれ1枚ずつ書いてあるカードが50枚あるときに、この中から1枚引いて3でも4でも割り切れる数を引く確率は何%か。
[**64%**]

13 1から50までの整数がそれぞれ1枚ずつ書いてあるカードが50枚あるときに、この中から1枚引いて3または4で割り切れる数を引く確率は何%か。
[**54%**]

14 1から50までの整数がそれぞれ1枚ずつ書いてあるカードが50枚あるときに、この中から1枚引いて3でも4でも割り切れない数を引く確率は何%か。
[**43%**]

15 生徒数45人のクラスで、兄のいる生徒が28人、姉のいる生徒が23人、兄も姉もいない生徒が8人であるとき、兄も姉もいる生徒は何人か。
[**71%**]

解答・解説

8 15
$144 = 2^4 \cdot 3^2$
よって144の約数は $2^x \cdot 3^y$
（$0 \leq x \leq 4$, $0 \leq y \leq 2$）で表されるので、$(4+1) \times (2+1)$

9 403
$(2^0 + 2^1 + 2^2 + 2^3 + 2^4) \times (3^0 + 3^1 + 3^2)$

10 $\dfrac{5}{14}$

${}_5C_2 \div {}_8C_2 = \dfrac{5 \times 4}{2 \times 1} \div \dfrac{8 \times 7}{2 \times 1} = 10 \div 28$

または $\dfrac{5}{5+3} \times \dfrac{5-1}{5+3-1}$

11 32%
$50 \div 3 = 16...2$
$16 \div 50 \times 100 = 32$

12 8%
3と4の最小公倍数である12の個数を数える。
$50 \div 12 = 4...2$
$4 \div 50 \times 100 = 8$

13 48%
3と4の最小公倍数である12の倍数を重複して数えないこと。
$(16+12-4) \div 50 \times 100 = 48$

14 52%
$100\% - 48\% = 52\%$

15 14人
重なっている分だけ総数より多くなるから、
$(28 + 23 + 8) - 45 = 14$

4

数学・理科

数学

109

47 数学 その他パターン問題

次の問いに答えよ。

1 100mの直線道に、5mおきに木を植えると木は何本必要か。

正解率 [89%]

2 1周が1kmあるジョギングコースに、10mおきに木を植えると木は何本必要か。

[93%]

3 A君が1人でやると12日間で、B君が1人でやると6日間で終わる仕事がある。この仕事をA君、B君の2人でやると何日かかるか。

[82%]

4 ある水槽に蛇口Aだけを使って水を入れると24分、蛇口Bだけでは12分かかる。蛇口A、Bの両方を同時に使うと水槽は何分間で一杯になるか。

[71%]

5 A君が1人でやると12日間かかる仕事がある。この仕事をまずA君が4日間やった後に、残りをB君が1人でやるともう6日かかった。この仕事を始めからB君が1人でやると何日間かかるか。

[68%]

6 長さ1000mのトンネルを電車が完全に通過するのに1分かかった。電車の全長を100mとすると、時速は何kmか。

[64%]

解答・解説

1 21本
《植木算》 $\left(\dfrac{100}{5}\right) + 1 = 21$

2 100本
《植木算》 $\left(\dfrac{1000}{10}\right)$

3 4日
《仕事算》 仕事の全体量を1とすると、2人の1日当たりの仕事量は、

$$\frac{1}{12} + \frac{1}{6} = \frac{1}{4}$$

4 8分間
《水槽算＝仕事算》

$$\frac{1}{24} + \frac{1}{12} = \frac{1}{8}$$

$$1 \div \frac{1}{8} = 8$$

5 9日間
《仕事算》 B君の1日の仕事量は、

$$\left\{ 1 - 4\left(\frac{1}{12}\right) \right\} \div 6 = \frac{1}{9}$$

6 66km
《速度算》 通過した距離＝トンネルの長さ ＋ 列車の長さ
時速 ＝ 分速 × 60
＝ (1+0.1)km ÷ 1分 × 60

解答・解説

7
[54%] 全長150mで時速100kmの電車と、全長100mで時速80kmの電車が向かい合ってすれ違うとき、何秒かかるか。

7 5秒
《速度算》$(150 + 100) \div \{(100000 + 80000) \div 60^2\}$

8
[61%] 川のA地点から30km下流にあるB地点まで船で往復したら、下りは4時間、上りは6時間かかった。川の流速は時速何kmか。

8 時速1.25km
《流水算》下流に向かう速度＝船の速度＋流速、上流に向かう速度＝船の速度－流速

$$\left(\frac{30}{4} - \frac{30}{6}\right) \div 2 = 1.25\text{km}$$

9
[82%] 父の年齢が42歳、子の年齢が16歳だとすると、父の年齢が子の年齢の2倍になるのは何年後か。

9 10年後
《年齢算》親子の年齢差（42 － 16 ＝ 26歳）は一定。それが子の年齢と等しいとき2倍になる。26 － 16 ＝ 10年後。

10
[75%] 水120gに食塩30gを溶かすと、食塩水の濃度は何%か。

10 20%
《濃度算》濃度(%)＝ $\frac{\text{食塩}}{(\text{食塩}＋\text{水})}$ ×

$$100 = \frac{30}{(120 + 30)} \times 100$$

[注] $\frac{\text{食塩}}{\text{水}}$ ではない。

11
[68%] 6%の食塩水250gと8%の食塩水150gを混ぜると、食塩水の濃度は何%になるか。

11 6.75%
《濃度算》

$$\frac{(250 \times 0.06 + 150 \times 0.08)}{(250 + 150)} \times 100$$

12
[43%] A君が学校から毎分60mの速さで駅まで歩き始めた3分後に、B君が分速75mでA君を追いかけたところ、ちょうど駅で追いついた。学校から駅までの距離は何mか。

12 900m
《旅人算》

$$\frac{60 \times 3}{(75 - 60)} = 12分後、$$

$75(\text{m／分}) \times 12(\text{分}) = 900\text{m}$

13
[36%] A君が学校から毎分50mの速さで駅まで歩き始めた16分後に、B君が分速100mでA君を追いかけた。A君は1km進んだところで忘れ物に気づいて、学校に引き返したところ、途中でB君に出会った。2人が出会ったのは学校から何m先か。

13 800m
《旅人算》B君が追いかけたときにA君は50(m／分) × 16(分) ＝ 800m進んでいた。2人が出会うまでに要した時間は
(1000 × 2 － 800) ÷ (50 ＋ 100) ＝ 8分
100(m／分) × 8(分) ＝ 800m

4

数学・理科

数学

111

48 理科 化学

▶重要㉘理科の法則・公式（P189）

次の文の（　）にあてはまる言葉を答えよ。

解答・解説

1 「化学変化の前後で物質全体の質量は変わらない」という法則を（　）と呼ぶ。
正解率▶[60%]

1 質量保存の法則
ラボアジエ（1743年生〜94年没、フランス）が発見した。

2 食塩水の食塩を溶質と呼ぶのに対して、水は（　）と呼ぶ。
[48%]

2 溶媒

3 水に溶質を溶かしたときに、その温度で最大に溶ける量を（　）と呼ぶ。
[24%]

3 溶解度

4 **3**の状態から温度を冷やして固体の結晶を得ることを（　）という。
[12%]

4 再結晶

5 ある溶液が酸性であるかを確かめるには、（　）色のリトマス試験紙が（　）色になるのを確認する。
[60%]

5 青、赤

6 水酸化ナトリウムを溶かした水に電流を流すとプラス極に発生する気体は（　）である。
[24%]

6 酸素
$2H_2O \rightarrow 2H_2 + O_2$
この現象を電気分解という。

7 二酸化炭素が発生したことを確かめるには、（　）が白く濁るかを確認すればよい。
[24%]

7 石灰水

8 炭素を含む物質のことを（　）という。
[80%]

8 有機物
炭素を含まない物資は、無機物。

9 ベンゼン環 ⬡ の正式な構造式を書け。
[12%]

9

112

次の問いに答えよ。

解答・解説

10 次の元素記号・化学式で表される物質を答えよ。

[80%] **1.** Ca

[44%] **2.** Au

[24%] **3.** Ag

[76%] **4.** Cu

[60%] **5.** Fe

[72%] **6.** Al

[100%] **7.** H_2O

[32%] **8.** NH_3

[60%] **9.** HCl

[32%] **10.** $CaCO_3$

[12%] **11.** CH_3OH

[10%以下] **12.** C_2H_5OH

10

1. カルシウム

2. 金

3. 銀

4. 銅

5. 鉄

6. アルミニウム

7. 水

8. アンモニア

9. 塩化水素（塩酸）

10. 炭酸カルシウム

11. メチルアルコール(メタノール)

12. エチルアルコール(エタノール)

11 次の化学式が正しくなるように（　）を埋めよ。

[60%] **1.** HCl + NaOH

→ (　　　　　　)

[36%] **2.** $CaCO_3$ + 2HCl

→ $CaCl_2$ + (　　　　　)

[48%] **3.** Zn + (　　　)

→ $ZnCl_2$ + H_2

[44%] **4.** Fe_2O_3 + (　　　)

→ $2FeCl_3$ + $3H_2O$

[36%] **5.** H_2SO_4 + $Ba(OH)_2$

→ (　　　) + $2H_2O$

11

1. **$NaCl + H_2O$**
塩酸＋水酸化ナトリウム→塩化ナトリウム＋水

2. **$H_2O + CO_2$**
石灰石（炭酸カルシウム）＋塩酸→塩化カルシウム＋水＋二酸化炭素

3. **2HCl**
亜鉛＋塩酸→塩化亜鉛＋水素

4. **6HCl**
酸化鉄＋塩酸→塩化鉄＋水

5. **$BaSO_4$**
硫酸＋水酸化バリウム→硫酸バリウム＋水

4

数学・理科

理科

49 理科 生物

次の問いに答えよ。

1 優性の法則、分離の法則、独立の法則からなる遺伝の法則は。
正解率 [32%]

2 生物の遺伝形質が親とは異なって現れる現象を何というか。
[23%]

3 DNAはどのような構造になっているか。
[10%以下]

4 『種の起源』を著したイギリス人は。
[45%]

5 三大栄養素は脂肪、タンパク質と何か。
[50%]

6 血液中にあり、酸素を運ぶ役割を持つ赤色色素タンパク質は何か。
[55%]

7 ベルを鳴らすと犬がよだれを垂らす「条件反射」を実験した人物は。
[32%]

8 オーストラリアの医師が発見した胃潰瘍などを引き起こす菌は。
[45%]

9 植物が光エネルギーを用いて、吸収した二酸化炭素と水から有機化合物を合成することを何というか。
[91%]

10 細胞内で呼吸に関係する酵素を含む糸粒体を何というか。
[18%]

解答・解説

1 メンデルの法則
メンデル…1822年生〜84年没。オーストリアの修道院司祭、生物学者。実験にはエンドウを用いた。

2 突然変異
ド・フリース（1848年生〜1935年没、オランダ）がオオマツヨイグサを用いて実験。メンデルではないことに注意。

3 二重らせん構造
DNA＝デオキシリボ核酸。

4 ダーウィン
1809年生〜82年没。イギリスの博物学者。

5 炭水化物

6 ヘモグロビン
赤血球に含まれている。

7 パブロフ
1849年生〜1936年没。ロシアの生理学者。

8 ピロリ菌

9 光合成

10 ミトコンドリア
細胞の核とは別にDNAを持つ。

114

解答・解説

11 [36%] 自然界において、「食うか」「食われるか」によって物質やエネルギーが循環する構造的関係を何というか。

11 食物連鎖

12 [73%] 骨が萎縮し、もろく折れやすくなる、特に女性に多い病気は。

12 骨粗鬆症

13 [10%以下] 生物間の共生関係を意味する言葉で、乳酸菌など健康に有用な微生物を活用することを何というか。

13 プロバイオティクス（probiotics）
抗生物質（antibiotics）の逆。

14 [50%] イワシやサバなどの魚に多く含まれ、血中コレステロール低下や記憶力増進の作用があるとされる不飽和脂肪酸は。

14 DHA（ドコサヘキサエン酸）

15 [86%] ABO式の血液型で、A型の人に輸血できるのはA型と何型か。

15 O型
O型 → 全血液型。A型 → A、AB型。
B型 → B、AB型。AB型 → AB型
のみ（→は輸血の方向を表す）。

16 [10%以下] 生物の寿命との関係が注目されている細胞核の染色体の構造物のことで、「末端小粒」とも呼ばれているのは。

16 テロメア
不老不死の鍵を握るのではないかといわれている。

17 [86%] 錠剤などで簡単に栄養を摂取できる栄養補助食品のことを何というか。

17 サプリメント
もともとは「補給」という意味。

18 [10%以下] 児童期に、集中できない、落ち着きがないなどの症状を持った「注意欠陥多動障害」をアルファベットの略語で何というか。

18 ADHD
（Attention-Deficit Hyperactivity Disorder）

19 [32%] 自然災害や事故、犯罪など生命に関わるトラウマが原因で、フラッシュバックなどの症状を伴う病気を何というか。

19 PTSD
（Post Traumatic Stress Disorder）
日本語では（心的）外傷後ストレス障害。

4

数学・理科

理科

115

50 理科 物理

▶重要㉘理科の法則・公式（P189）

次の言葉について最も関係の深い単位を□内から選べ。

アンペア　オーム　光年　ジュール　パスカル
ヘクトパスカル　ボルト　ホン　マッハ　ルクス
ベクレル　シーベルト

1 電流 [94%]	7 音速 [89%]
2 電圧 [94%]	8 照度 [72%]
3 電気抵抗 [72%]	9 惑星間距離 [94%]
4 熱量 [89%]	10 圧力 [94%]
5 気圧 [83%]	11 音量 [78%]
6 放射能量 [—%]	12 生体被曝影響度 [—%]

解答

1 アンペア（A）　　7 マッハ
2 ボルト（V）　　　8 ルクス（lx）
3 オーム（Ω）　　　9 光年
4 ジュール（J）　　10 パスカル（Pa）
5 ヘクトパスカル（hPa）　11 ホン
6 ベクレル（Bq）　　12 シーベルト（Sv）

次の回路に流れる電流は何A（アンペア）になるか。

13 [88%]

14 [76%]

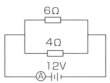

15 [64%]

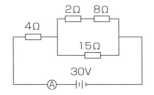

解答・解説

13 1A
直列の合成抵抗 $R = R_1 + R_2 → 6Ω + 4Ω = 10Ω$〈オームの法則〉電流(A)＝電圧(V)÷抵抗(R)より、
$10V ÷ 10Ω = 1A$

14 5A
並列の合成抵抗Rは、
$$\frac{1}{R} = \frac{1}{R_1} + \frac{1}{R_2}$$
2個の抵抗の並列接続だと $R = (R_1 × R_2) ÷ (R_1 + R_2)$ に変換できるから、$(6Ω × 4Ω) ÷ (6Ω + 4Ω) = 2.4Ω$。さらにオームの法則より、$12V ÷ 2.4Ω = 5A$

15 3A
一見複雑だが、分解して考えるとよい。合成抵抗は $4 + \{(2 + 8) × 15 ÷ (2 + 8 + 15)\} = 10Ω$
オームの法則より、$30V ÷ 10Ω = 3A$

次の文で説明している法則を発見した人物を答えよ。

□16 バネに加えられた**力**と**伸びの長さ**は比例する。
[33%]

□17 **外力**が加わらなければ、物体は**静止**または**等速直線**運動を続ける。
[11%]

□18 熱量は**電流**の強さの2乗と**抵抗**の大きさに比例する。
[72%]

□19 **惑星**は太陽を1焦点とする**楕円**運動をする。
[22%]

□20 近づいてくる列車の**音**が、遠ざかるときに比べて**高く**聞こえる。
[56%]

□21 2つの物体間に作用する引力は、その**質量の積に比例**し、**距離の2乗に反比例**する。
[17%]

□22 **密閉された流体**の一部に圧力を加えると、どの部分にも**同じ圧力**が伝わる。
[22%]

□23 **光速度**はすべての観測者に対して**不変**である。
[11%]

□24 **水**における**浮力**の大きさは、物体が押しのけた**体積**に等しい。
[33%]

□25 電圧は**電流**と**抵抗**の積である。
[61%]

□26 遠方の**銀河**の後退速度は、そこまでの**距離**に比例する。
[33%]

解答・解説

16 フック
1635年生～1703年没。
イギリス。

17 ガリレオ
〈慣性の法則〉
1564年生～1642年没。
イタリア。

18 ジュール
1818年生～89年没。
イギリス。

19 ケプラー
1571年生～1630年没。
ドイツ。

20 ドップラー
1803年生～53年没。
オーストリア。

21 ニュートン
〈万有引力の法則〉
1642年生～1727年没。
イギリス。

22 パスカル
1623年生～62年没。
フランス。

23 アインシュタイン
〈相対性理論〉
1879年生～1955年没。
ドイツ。

24 アルキメデス
水以外の液体の場合、その**重量**に等しい。紀元前287年頃生～紀元前212年没。ギリシャ。

25 オーム
1789年生～1854年没。
ドイツ。

26 ハッブル
功績をたたえて、**宇宙望遠鏡**にその名がつけられた。1889年生～1953年没。アメリカ。

4

数学・理科

理科

次の問いに答えよ。

27 下のてこのバランスを取るには、支点からA方向またはB方向に何cm離れた場所に50gのおもりをぶら下げればよいか。

正解率 [46%]

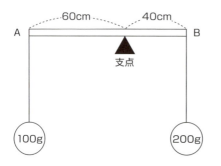

解答・解説

27 支点から**A方向に40cm**離れた場所

$100g \times 60cm + 50g \times x \, cm = 200g \times 40cm$

$x = 40cm$

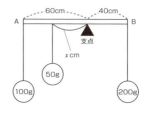

28 ボールを地上から真上に40（m/s）の速さで投げ上げたら、何秒後に地上に落ちるか。ただし、重力加速度を10（m/s²）とする。

[43%]

28 **8秒**

投げ上げの公式

$h = V_0 t - \frac{1}{2}gt^2$ を使う。

地上に落ちるとき、$h = 0$

$0 = 40t - \frac{1}{2} \times 10 \times t^2$

$ = 40t - 5t^2$

$5t^2 = 40t$

$t(t-8) = 0$

$t = 8 \, (\because t > 0)$

29 80mの高さのビルからボールを自由落下させたら、地面につくのに何秒かかるか。ただし、重力加速度を10（m/s²）とする。

[21%]

29 **4秒**

自由落下運動の公式

$h = V_0 t + \frac{1}{2}gt^2$ に代入して、

$80 = 0 \times t + \frac{1}{2} \times 10 \times t^2$

を解くと、$t > 0$なので $t = 4$

30 下の滑車がつり合うには、Aの重量 X gはいくらにすればよいか。また、Bを12cm上げるのにAを動かす距離 Y cmはいくらか。ただし、滑車や輪軸の重さは無視する。

解答・解説

30

[82%] **1.**

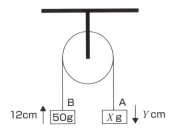

1. $X = 50$ g
   $Y = 12$ cm
   定滑車では同じ重さのときつり合う。

[58%] **2.**

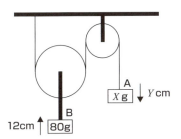

2. $X = 40$ g
   $Y = 24$ cm

   1つの動滑車で支える重さは$\frac{1}{2}$になるので、$X = 80\text{g} \times \frac{1}{2} = 40\text{g}$

[46%] **3.**

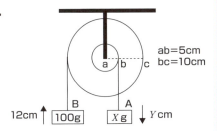

3. $X = 300$g
   $Y = 4$cm
   $100\text{g} \times (5 + 10)\text{cm} = X\text{g} \times 5\text{cm}$

[32%] **4.**

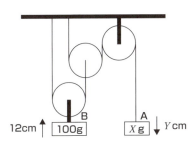

4. $X = 25$g
   $Y = 48$cm
   2つの動滑車で支えているので、$X = 100\text{g} \times \frac{1}{2} \times \frac{1}{2} = 25\text{g}$

4 数学・理科

理科

51 理科 気象・地学

次の問いに答えよ。

解答・解説

1 日本で現在使われている気圧の単位は何か。
正解率 [88%]

1 ヘクトパスカル（hPa）
ミリバールから変更された。

2 太平洋の海水温度が上昇し、気象に影響を与える現象を何というか。
[10%以下]

2 エルニーニョ現象

3 日本の冬の気圧配置は一般的に（　）高（　）低型である。
[71%]

3 西、東

4 熱帯低気圧から台風に変化するときの条件は何か。
[10%以下]

4 中心付近の最大風速が毎秒17.2m以上
気圧でないことに注意。

5 「晴れ」の天気記号を書け。
[24%]

5 ①
快晴…○　雨…●

6 「曇り」の天気記号を書け。
[29%]

6 ◎
雪…⊗

7 地球の自転が原因で台風の進路を変えるもとになる力を何というか。
[10%以下]

7 コリオリの力

8 地球の自転の影響により、中緯度地方の上空を取り巻いて一年じゅう西から東に吹く風を何というか。
[53%]

8 偏西風
航空機で移動する際に、東→西よりも西→東のほうが速いのは、偏西風のため。

9 地球の大気圏のうち、地上10km～50kmにあるオゾン層を含む領域を何というか。
[29%]

9 成層圏
地上～対流圏～（圏界面）～成層圏～中間圏～熱圏（電離圏）～外気圏

120

☐10 [71%]	水蒸気を除く大気の成分のうち約80%を占めるものは何か。	**10 窒素** 大気組成（体積%）…窒素（N_2）78%、酸素（O_2）21%、アルゴン（Ar）1%、二酸化炭素（CO_2）0.036%
☐11 [35%]	次の記号で表される前線は何か。	**11 温暖前線** 寒冷前線… ▼▼▼
☐12 [10%以下]	次の記号で表される前線は何か。	**12 停滞前線** 閉塞前線… ▲▲▲
☐13 [10%以下]	大陸移動は地球表面を覆う巨大な板の移動によるとの説を何というか。	**13 プレート・テクトニクス**
☐14 [12%]	気象庁の地域気象観測システムを何というか。	**14 アメダス** AMeDAS〈Automated Meteorological Data Acquisition System（自動気象情報取得組織網）〉
☐15 [53%]	風向きはいくつの方位に分けられているか。	**15 16**
☐16 [65%]	気温と湿度による蒸し暑さの程度を示す指数を何というか。	**16 不快指数** 不快指数75以上で半数以上の人が、85以上でほとんどの人が不快と感じる。
☐17 [53%]	真夏日とは、最高気温がセ氏何度以上の日か。	**17 セ氏30度** 熱帯夜とは、最低気温がセ氏25度以上の日。真夏夜は最低気温がセ氏20度以上の日。猛暑日は最高気温がセ氏35度以上の日。
☐18 [10%以下]	シュナイダーの火山形状分類において、富士山、浅間山などの成層火山を何というか。	**18 コニーデ** 火山の火口がくぼむとカルデラになる。阿蘇（あそ）山など。

就職活動 Q & A
「エントリーシート・面接編」

Q 「人に自慢できるような実績」がなくて
エントリーシートや面接をうまく乗り切れるか不安です。

A 　エントリーシートや面接で、よく質問されるのが「学生時代に最も力を入れたこと」です。
　もちろん、勉学やスポーツなどで人に自慢できるような実績を残していれば話は簡単なのですが、企業は箇条書ふうの実績だけに興味を持っているわけではありません。普段の生活で、どんなことに興味を持ち、何を考え、いかに行動してきたのか…ということを把握して、将来の可能性を探ろうとしているのです。
　ですから、他の学生に比べ実績がないからといって悲観することなどまったくないのです。「朝、おいしいコーヒーを飲むために自分はどんなに工夫・努力しているか」といった話でも内定は可能です。

 Q 何人かにOB訪問をしたのですが、エントリーシートを見せても
評価やアドバイスがバラバラです。
何が正しいのか分からなくて、混乱してきました。

A 　残念ながら、就職活動には「絶対」「唯一」といった言葉はあてはまりません。必ず正解があり、偏差値という判断基準が準備されている学校受験とは大きく異なります。
　各OBは難関をくぐり抜けてきた成功者なので、自分の就活法に自信を持っていることが多いでしょう。ただ、彼らの資質や経歴でしか通用しない「自己流」かもしれないので、アドバイスを受ける際にはそれに留意し、自分でアドバイスを取捨選択する力を身につけましょう。
　また、業界や企業によって、就活に対するアプローチがまったく異なることも頭に入れておく必要があります。
　いずれにせよ、OB訪問でコミュニケーション能力をつけ、自己を磨くことは必須です。

5章

文化
スポーツ
一般教養

52 文化 音楽

▶重要㉙音楽（P190）

次の曲の作曲家を答えよ。

解答・解説

□ **1** 『マタイ受難曲』
正解率 [24%] 『ブランデンブルク協奏曲』

1 J・S・バッハ
1685年生〜1750年没。
ドイツ。「音楽の父」と呼ばれる。

□ **2** 『水上の音楽』『メサイア（救世主）』
[16%]

2 ヘンデル
1685年生〜1759年没。ドイツで生まれイタリアで活動、その後イギリス国籍を取得。「音楽の母」と呼ばれる。

□ **3** 『四季』『バイオリン協奏曲ハ長調・歓び』
[72%]

3 ビバルディ
1678年生〜1741年没。
イタリア。

□ **4** 『皇帝』『天地創造』『告別』
[12%]

4 ハイドン
1732年生〜1809年没。
オーストリア。

□ **5** 『月光』『悲愴』『運命』
[80%]

5 ベートーベン
1770年生〜1827年没。
ドイツ。

□ **6** 『魔笛』『フィガロの結婚』
[76%] 『ジュピター交響曲』

6 モーツァルト
1756年生〜91年没。
オーストリア。

□ **7** 『野ばら』『魔王』『未完成交響曲』
[64%]

7 シューベルト
1797年生〜1828年没。
オーストリア。

□ **8** 『タンホイザー』
[16%] 『ニーベルングの指環（ワルキューレ）』

8 ワーグナー
1813年生〜83年没。
ドイツ。

□ **9** 『ハンガリー舞曲』『ドイツレクイエム』
[88%]

9 ブラームス
1833年生〜97年没。
ドイツ。

□ **10** 『くるみ割り人形』『白鳥の湖』
[12%]

10 チャイコフスキー
1840年生〜93年没。
ロシア。

124

☑️11 『新世界より』『スラブ舞曲』
[60%]

☑️12 『海』『映像』『ベルガマスク組曲第三曲・月の光』
[88%]

次の問いに答えよ。

☑️13 一般的に宗教的な内容を扱い、舞台装置や衣装を使わない劇のための声楽と器楽による大規模な楽曲を何というか。
[10%以下]

☑️14 ポルトガル語、もしくはスペイン語の「バローコ（ゆがんだ真珠）」に由来し、自然でなく人工的な音を意味する17世紀～18世紀中頃の音楽形式を何というか。
[24%]

☑️15 伴奏無しの合唱曲を何というか。
[32%]

☑️16 四重奏のことを何というか。
[48%]

☑️17 「ドイツ三大B」と呼ばれる作曲家は誰か。
[60%]

☑️18 「交響曲」のことを何というか。
[24%]

☑️19 「協奏曲」のことを何というか。
[36%]

☑️20 「夜想曲」のことを何というか。
[12%]

☑️21 「前奏曲」のことを何というか。
[48%]

解 答・解 説

11 ドボルザーク
1841生～1904没。
チェコ。

12 ドビュッシー
1862生～1918没。
フランス。

解 答・解 説

13 オラトリオ
筋を持つことも多いが、オペラと違い舞台装置、背景、衣装などを使わない。

14 バロック音楽
代表的な音楽家にバッハやヘンデルなど。

15 ア・カペラ

16 カルテット
独奏＝ソロ、二重奏＝デュオ・デュエット、三重奏＝トリオ、五重奏＝クインテット。

17 バッハ、ベートーベン、ブラームス

18 シンフォニー

19 コンチェルト

20 ノクターン

21 プレリュード

5

・文化・スポーツ
・一般教養

文化

125

53 文化
美術・建築

▶重要㉚美術（P191）

次の美術・建築作品の作者を答えよ。

解答・解説

1 『モナ・リザ』『最後の晩餐』
正解率 [**90%**]

1 レオナルド・ダ・ビンチ
1452年生〜1519年没。
イタリア。

2 『最後の審判』『ダビデ像』『モーゼ像』
[**60%**] 『天地創造』

2 ミケランジェロ
1475年生〜1564年没。
イタリア。

3 『笛を吹く少年』『草上の昼食』
[**10%以下**] 『オランピア』

3 マネ
1832年生〜83年没。
フランス。

4 『睡蓮』『散歩—日傘をさす女』
[**20%**]

4 モネ
1840年生〜1926年没。
フランス。

5 『ムーラン・ド・ラ・ギャレットの舞
[**10%以下**] 踏場』『桟敷席』『浴女たち』

5 ルノアール
1841年生〜1919年没。
フランス。

6 『踊り子』『少女の顔』
[**10%以下**]

6 ドガ
1834年生〜1917年没。
フランス。

7 『タヒチの女』『黄色いキリスト』
[**20%**]

7 ゴーギャン
1848年生〜1903年没。
フランス。

8 『ひまわり』『収穫』『アルルの跳ね橋』
[**70%**]

8 ゴッホ
1853年生〜90年没。
オランダ。

9 『民衆を導く自由の女神』
[**10%以下**]

9 ドラクロア
1798年生〜1863年没。
フランス。

10 『落穂拾い』『晩鐘』
[**30%**]

10 ミレー
1814年生〜75年没。
フランス。

126

解 答・解 説

☑**11** 『考える人』『カレーの市民』
[**20%**]

11 ロダン
1840年生〜1917年没。
フランス。彫刻家。

☑**12** 『夜警』『風車』
[**10%以下**]

12 レンブラント
1606年生〜69年没。
オランダ。

☑**13** 『ゲルニカ』『アビニョンの娘たち』
[**50%**]

13 ピカソ
1881年生〜1973年没。
スペイン。

☑**14** 『柔らかい時計』『ナルシスの変貌』
[**10%以下**]

14 ダリ
1904年生〜89年没。
スペイン。

☑**15** 『富嶽三十六景』
[**20%**]

15 葛飾北斎
1760年生〜1849年没。
日本。浮世絵師。

☑**16** 『東海道五十三次』『名所江戸百景』
[**20%**]

16 歌川（安藤）広重
1797年生〜1858年没。
日本。浮世絵師。

☑**17** 『湖畔』『読書』
[**20%**]

17 黒田清輝
1866年生〜1924年没。
日本。

☑**18** 『サグラダ・ファミリア教会』
[**20%**] 『グエル公園』『カサ・ミラ』

18 ガウディ
1852年生〜1926年没。
スペイン。アール・ヌーボー様式。

☑**19** 『横たわる裸婦』『貧しき娘』
[**10%以下**] 『青い服の少女』

19 モディリアーニ
1884年生〜1920年没。
イタリア。

☑**20** 『広島平和記念資料館』『（旧丸の内）
[**10%以下**] 東京都庁舎』『国立屋内総合競技場』

20 丹下健三
1913年生〜2005年没。
日本。

☑**21** 『サントリーミュージアム』『水の教会』
[**10%以下**] 『表参道ヒルズ』

21 安藤忠雄
1941年生〜。
日本。

☑**22** 『（大阪万博）太陽の塔』『重工業』
[**30%**] 『森の掟』

22 岡本太郎
1911年生〜96年没。
日本。

5

・文化・スポーツ
・一般教養

文化

127

54 文化 芸能

次の問いに答えよ。

1 歌舞伎界のことを中国の故事になぞらえて何と呼ぶか。
正解率 [32%]

2 歌舞伎や落語で、親または師匠などの名前を継ぐことを何と呼ぶか。
[68%]

3 一種の歌劇だが独特の歌い方や華麗な衣装に特徴がある、中国を代表する古典劇を何と呼ぶか。
[36%]

4 落語家のうち、一日の最後の演目を務めることのできる高い位を持つ者を何と呼ぶか。
[40%]

5 寄席（よせ）で芸を演じる席のことを何と呼ぶか。
[32%]

6 舞台において、客席から見て右のほうを何と呼ぶか。
[44%]

7 将棋八冠とは名人・王将・王位・棋聖・棋王・王座・竜王と何か。
[—%]

8 重要無形文化財保持者のことを一般的に何と呼ぶか。
[60%]

9 アメリカ音楽業界においてアカデミー賞に匹敵する賞は。
[64%]

解答・解説

1 梨園（りえん）
唐の玄宗が梨の木のある庭園で音楽を教えたという故事から。

2 襲名
落語一門に伝わる由緒ある芸名を「名跡（みょうせき）」という。例）三遊亭「圓朝（えんちょう）」。

3 京劇
「北京の劇」が語源。

4 真打ち
「前座」→「二つ目」→「真打ち」の順に位が上がる。

5 高座
業界用語で「板」とも。演者交替のときに座布団をひっくり返すことを「高座返し」という。

6 上手（かみて）
左側を下手（しもて）と呼ぶ。

7 叡王（えいおう）
元々は七冠だったが、2017年に追加されて八冠になった。

8 人間国宝
芸能・工芸技術の2部門に分かれて指定される。

9 グラミー賞
トロフィーは、エジソンが設計したラッパ形蓄音機（グラモフォン＝賞名の語源）の形をしている。

次の説明にあてはまる人物を答えよ。

解答・解説

10 市川海老蔵（第11代）の父親で、
[20%] 2013年に亡くなった歌舞伎俳優（第12代）。

10 市川團十郎
1946年生〜2013年没。

11 1989年に女性歌手で初めて国民栄誉賞を受賞。
[56%]

11 美空ひばり
1937年生〜89年没。『悲しき口笛』『柔』『川の流れのように』など。

12 1995年に落語界初の人間国宝に認定された。
[10%以下]

12 柳家小さん（5代目）
1915年生〜2002年没。

13 雅楽奏者だが、海外公演や蜷川幸雄演出『オイディプス王』で舞台音楽を手がけるなど幅広く活動している。
[16%]

13 東儀秀樹
1959年生〜。

14 大正から昭和期にかけて活躍した将棋の棋士で、歌謡曲『王将』ほか、芝居や映画のモデルとなった。
[10%以下]

14 坂田三吉
1870年生〜1946年没。
京都南禅寺で木村義雄八段と対局した「南禅寺の決戦」が有名。

15 1996年、25歳で将棋界初の七冠王の偉業を達成した。
[16%]

15 羽生善治
1970年生〜。
2018年には国民栄誉賞を受賞。

16 2017年に、プロ棋士として公式戦29連勝の新記録をつくった。
[─%]

16 藤井聡太
2002年生〜。王位・棋聖・叡王・竜王・王将の五冠を史上初の10代で達成。2023年には八冠に。

17 南北朝期に父親とともに能を完成し、能楽論である『風姿花伝』を著した。
[36%]

17 世阿弥
1363年頃生〜1443年頃没。父親は観阿弥（1333年生〜84年没）。

18 安土桃山時代の茶人で茶の湯の大成者だが、豊臣秀吉に切腹を命じられた。
[24%]

18 千利休
1522年生〜91年没。千宗易（そうえき）と号した。
現在の茶道千家の開祖。初め信長に仕え、信長の死後は秀吉に仕えて重んじられたが秀吉の怒りにふれ自刃した。

5

文化・スポーツ・一般教養

文化

55 スポーツ
野球・サッカー

次の野球とサッカーに関する文の（　）にあてはまる言葉を答えよ。

解答・解説

☑1 無安打無得点試合とも呼ばれる「ノーヒット・ノーラン」は、四死球と（　）による出塁は対象外である。
正解率 [46%]

1 エラー
失策ともいう。

☑2 試合終了まで相手チームの打者をまったく塁に出さず、無得点のまま勝つことを（　）という。
[39%]

2 完全試合
（パーフェクトゲーム）

☑3 1試合で単打、二塁打、三塁打、本塁打を同一打者が打つことを（　）という。
[43%]

3 サイクルヒット

☑4 「猛打賞」とは1試合で（　）本以上のヒットを打つことである。
[43%]

4 3
メジャーリーグでは、1試合でヒットを複数打つと「マルチヒット」という。

☑5 日本プロ野球名球会へ入れる条件は、野手の記録の場合、通算（　）本安打以上である。
[64%]

5 2000
投手の場合、日米問わず通算200勝以上または通算250セーブ以上。

☑6 メジャーリーグは、ナショナル・リーグと（　）・リーグに分かれている。
[54%]

6 アメリカン
テキサス・レンジャーズ（西地区）、ニューヨーク・ヤンキース（東地区）はアメリカンリーグ。ロサンゼルス・ドジャース（西地区）、ニューヨーク・メッツ（東地区）はナショナル・リーグ。

☑7 国民栄誉賞の最初の受賞者は（　）である。
[36%]

7 王貞治
1940年生〜。通算打率.301、本塁打（世界記録）868本。

☑8 イチローは、2004年シーズンに、年間最多安打数（　）本のメジャーリーグ記録を打ち立てた。
[—%]

8 262
イチロー…1973年生〜。2007年のオールスター戦では日本人初のMVPを獲得。

130

解答・解説

9 日本サッカー協会の略称は（　　）である。
[21%]

9 JFA
国際サッカー連盟はFIFA。

10 サッカーで攻撃側の選手は、パスをもらうときに自分と相手ゴールとの間に2人以上の相手選手がいなければならないというルールを（　　）という。
[89%]

10 オフサイド
このルールを利用した守備側の戦術をオフサイド・トラップという。

11 イタリアプロサッカーのトップリーグを（　　）という。
[54%]

11 セリエA
現地読みでセリエ・アー。イングランドはプレミアリーグ、ドイツはブンデスリーガ。

12 日本人で初めてプロサッカー選手になったのは（　　）である。
[29%]

12 奥寺康彦
1952年生〜。1977年に古河電工から1.FCケルンに移籍。

13 サッカー日本代表チームが銅メダルを獲得したのは、1968年の（　　）オリンピックである。
[64%]

13 メキシコシティー
3位決定戦で開催国のメキシコに勝利した。

14 13の得点王は（　　）であった。
[21%]

14 釜本邦茂
1944年生〜。6試合7ゴール2アシスト。

15 「ドーハの悲劇」と呼ばれた試合では、日本代表は終了間際に（　　）代表に同点に追いつかれた。
[18%]

15 イラク
1993年に開催されたアメリカW杯アジア最終予選。日本はオフト監督。

16 日本が初めてFIFAワールドカップに出場したのは、1998年の（　　）大会。
[―%]

16 フランス
トルシエ監督。

17 日本がFIFAワールドカップ（W杯）初出場を決めたイランとの試合は、1997年にマレーシアの都市（　　）で行われた。
[32%]

17 ジョホールバル
1998年フランスW杯アジア最終予選。岡野雅行のVゴールで勝利。岡田武史監督。

5

・文化・スポーツ
一般教養

スポーツ

131

56 スポーツ
その他スポーツ

次のキーワードにあてはまるスポーツ競技名を答えよ。

1 「ローズボウル」「タッチダウン」
正解率 [64%] 「クォーターバック」

2 「スカル」「スウィープ」「コックス」
[18%]

3 「スタンドオフ」「ノーサイド」
[61%] 「ワラビーズ」

4 「バレエ」「モーグル」「エアリアル」
[29%]

5 「グレコローマンスタイル」
[18%] 「フリースタイル」「フォール」

6 「フェアウェー」「ボギー」
[64%] 「サンドウェッジ」

7 「スナッチ」「ジャーク」「ディスク」
[36%]

8 「クロス」「ゴーリー」「カナダの国技」
[11%]

9 「クリンチ」「パーリング」「セコンド」
[54%]

解答・解説

1 アメリカンフットボール
ローズボウル…米の学生優勝決定戦。タッチダウン…得点形式。クォーターバック…ポジション名。

2 ボート
スカル…漕手（そうしゅ）が2本のオールを持つ。スウィープ…漕手が1本ずつオールを持つ。コックス…舵手。

3 ラグビー
スタンドオフ…ポジション名。ノーサイド…試合終了。ワラビーズ…豪代表の愛称。

4 （フリースタイル）スキー
バレエ…音楽に合わせて演技。モーグル…コブ斜面を高速ターン。エアリアル…ジャンプ台を使った空中技。

5 レスリング
グレコローマン…上半身のみの攻防。フリースタイル…全身。フォール…両肩を押さえつけること。

6 ゴルフ
フェアウェー…刈り込まれた芝生地帯。ボギー…規定打数＋1打。サンドウェッジ…バンカーショット用のアイアンクラブ。

7 重量挙げ（ウェイトリフティング）
スナッチ…一気にバーベルを挙げる。ジャーク…バーベルを一旦肩で止める。ディスク…バーベルのおもり部分。

8 ラクロス
クロス…スティックのこと。ゴーリー…ゴールキーパーのこと。

9 ボクシング
クリンチ…体が近づいてパンチが打てない状態。パーリング…グローブで相手のパンチをかわす防御。セコンド…指示・介護係。

次の文の（　）にあてはまる言葉を答えよ。

解 答・解 説

10 [10%以下] ゴルフの４大トーナメントとは、全米オープン、全米プロ、全英オープン、（　　）である。

10 マスターズ
マスターズのみ毎年同じコース（オーガスタ）で開かれる。

11 [21%] テニスの４大トーナメントとは、全米オープン、全英オープン、全仏オープン、（　　）である。

11 全豪オープン

12 [29%] テニスの全英オープン選手権の別名は（　　）選手権である。

12 ウィンブルドン
ロンドン南西部の地区。

13 [10%以下] 力士を引退後、親方として相撲部屋を持つために必要になる資格を（　　）という。

13 年寄名跡（めいせき）／ 年寄株
年寄株は俗称。部屋を継承するときには先代から購入する。

14 [10%以下] 日本相撲協会は、引退力士の業績が高い場合、**13**の資格がなくても部屋を持てる（　　）の称号を与えることがある。

14 一代年寄
一代年寄の権利は相続・譲渡できない。

15 [−%] 2021年、モンゴル出身として５人目の横綱となった第73代横綱は（　　）。

15 照ノ富士
1991年生〜。

16 [21%] 野球、サッカー、ラグビー、アメリカンフットボール、アイスホッケーについて、１チームの出場人数を合計すると（　　）人になる（交代出場選手を除く）。

16 52
9人（野球）＋11人（サッカー）＋15人（ラグビー）＋11人（アメフト）＋6人（アイスホッケー）。

17 [18%] 2023年に世界スーパーバンタム級王者のタイトルを獲得して、世界4階級制覇を達成した日本人プロボクサーは（　　）。

17 井上尚弥
1993年生。ライトフライ級、スーパーフライ級、バンタム級、スーパーバンタム級の4階級。

5
・文化・スポーツ
・一般教養
スポーツ

133

57 一般教養 名数

次の文の（　　）にあてはまる言葉を答えよ。

解 答・解 説

1 大相撲の三役とは、大関、関脇、（　　）である。
正解率[59%]

1 小結

2 大相撲の三賞とは、殊勲賞、敢闘賞のほかに（　　）賞をいう。
[29%]

2 技能

3 野球の打者の三冠王とは、首位打者、本塁打王、（　　）王である。
[53%]

3 打点
盗塁王は間違い。投手の場合、①勝率、②勝利数、③防御率。

4 非核三原則とは持たず、作らず、（　　）である。
[53%]

4 持ち込ませず
「持ち込まない」ではない。

5 労働三法とは、（　　）・労働組合法・労働関係調整法である。
[47%]

5 労働基準法

6 江戸時代の三大改革とは、（　　）の改革、寛政の改革、天保の改革である。
[47%]

6 享保
享保…徳川吉宗
寛政…松平定信
天保…水野忠邦

7 日本国憲法の三大原則とは、（　　）、基本的人権の尊重、平和主義である。
[35%]

7 国民主権

8 ルネサンスの三大発明とは、火薬、活版印刷術、（　　）である。
[35%]

8 羅針盤
ルネサンスとは13世紀末〜15世紀末のヨーロッパの文化革新。意味は「再生」。

9 光の三原色とは、赤、（　　）、青紫である。
[35%]

9 緑
RGBという表記が映像機器の端子などに見受けられる。

10 絵の具の三原色とは、シアン、マゼンタ、（　　）である。
[10%以下]

10 イエロー
①シアン…青緑、②マゼンタ…赤紫、③イエロー…黄色のこと。光の三原色とは異なるので注意。

134

解答・解説

11 [29%] 日本国憲法における国民の三大義務とは、教育（二六条）、（　　）（二七条）、納税（三十条）である。

11 勤労
教育の義務とは、「保護する子女に普通教育を受けさせる義務」。同じ二六条に「教育を受ける権利」も定められている。

12 [12%] 自民党三役とは、（　　）、総務会長、幹事長である。

12 政調会長

13 [12%] 日本三景とは、天橋立、松島、（　　）である。

13 宮島（厳島）
①天橋立…京都府、②松島…宮城県、③宮島（厳島）…広島県

14 [10%以下] 日本三名園とは、兼六園、後楽園、（　　）である。

14 偕楽園
①兼六園…石川県、②後楽園…岡山県、③偕楽園…茨城県

15 [39%] 中央競馬の三冠とは、皐月賞、東京優駿（日本ダービー）、（　　）である。

15 菊花賞

16 [82%] 古代の四大文明とは、エジプト、（　　）、インダス、中国である。

16 メソポタミア
いずれも、①ナイル川、②チグリス川、ユーフラテス川、③インダス川、④黄河、長江など大河川流域で発展。

17 [77%] 六法とは、憲法、刑法、民法、刑事訴訟法、民事訴訟法、（　　）。

17 商法

18 [18%] 春の七草とは、セリ、ナズナ、ゴギョウ、ハコベ、ホトケノザ、スズナ、（　　）。

18 スズシロ
大根のこと。漢字で書くと順に、芹、薺、御形、繁縷（繁蔞）、仏座、菘、蘿蔔（清白）。

19 [45%] デジタル家電の「新三種の神器」とは、DVD／HDDレコーダー、薄型テレビ、（　　）である。

19 デジタルカメラ
薄型テレビにはプラズマテレビや液晶テレビがある。

20 [58%] 世界三大珍味とは、フォアグラ、キャビア、（　　）である。

20 トリュフ
キノコの一種（西洋松露）。フォアグラ…ガチョウの肝臓。キャビア…チョウザメの卵。

5

・文化・スポーツ
・一般教養

一般教養

58 一般教養 賀寿・旧暦

次の問いに答えよ。

1 次の数え年齢にあてはまる賀寿（年祝）を二字熟語で答えよ。

正解率 [10%以下] **1.** 61歳

[10%以下] **2.** 70歳

[18%] **3.** 77歳

[10%以下] **4.** 80歳

[35%] **5.** 88歳

[10%以下] **6.** 90歳

[18%] **7.** 99歳

2 次の年齢は孔子の「論語」では何と呼ぶか。二字熟語で答えよ。

[10%以下] **1.** 15歳

[10%以下] **2.** 30歳

[12%] **3.** 40歳

解 答・解 説

1

1. **還暦**
「かんれき」。満60歳で自分の干支（えと）に還ることから。「数え」とは生年を1歳とする年齢の数え方。

2. **古希／古稀**
「こき」。杜甫「曲江詩」の「人生七十古来稀なり」が語源。

3. **喜寿**
「きじゅ」。「喜」の字の草書体が七十七に見えることから。

4. **傘寿**
「さんじゅ」。傘の略字「仐」の字形から。

5. **米寿**
「べいじゅ」。「八」「十」「八」を組み合わせると「米」になる。

6. **卒寿**
「そつじゅ」。俗字体「卆」が九十と読めることから。

7. **白寿**
「はくじゅ」。百歳以上の「百寿」に「一」足りない。

2

1. **志学**
学問を志す年齢。「吾十有五而志于学（吾十有五にして学に志す）」。

2. **而立**
自分の立場がわかる年齢。「三十而立（三十にして立つ）」。

3. **不惑**
ものの考え方などに迷いのない年齢。「四十而不惑（四十にして惑わず）」。

136

解 答・解 説

[10%以下] **4. 50歳**

4. 知命
天に与えられた使命を知る年齢。「五十而知天命（五十にして天命を知る）」。

[10%以下] **5. 60歳**

5. 耳順
誰の意見にも耳を傾けられる年齢。「六十而耳順（六十にして耳順（したが）う）」。

[10%以下] **6. 70歳**

6. 従心
自分の心に従っても規範が保てる年齢。「七十而従心所欲、不踰矩（七十にして心の欲するところに従えども、矩（のり）を踰（こ）えず）」。

3 次の月の旧暦を答えよ。

3

[24%] **1. 1月**

1. **睦月（むつき）**
英語では…January

[53%] **2. 2月**

2. **如月（きさらぎ）**
February

[47%] **3. 3月**

3. **弥生（やよい）**
March

[35%] **4. 4月**

4. **卯月（うづき）**
April

[41%] **5. 5月**

5. **皐月（さつき）**
May

[41%] **6. 6月**

6. **水無月（みなづき）**
June

[18%] **7. 7月**

7. **文月（ふみづき／ふづき）**
July

[41%] **8. 8月**

8. **葉月（はづき）**
August

[12%] **9. 9月**

9. **長月（ながつき）**
September

[47%] **10. 10月**

10. **神無月（かんなづき）**
October

[41%] **11. 11月**

11. **霜月（しもつき）**
November

[82%] **12. 12月**

12. **師走（しわす／しはす）**
December

5

文化・スポーツ・一般教養

一般教養

137

59 一般教養 しきたり・マナー

自分が会社員だと仮定して、次の問いに答えよ。

1 [正解率 43%] お客様、部長、先輩、自分の4人でタクシーに乗るとき、部長は、A〜Dの座席のどこに座るのがよいか。

2 [18%] 部長、先輩、自分の3人で、部長の運転する車に乗るとき、先輩は、A〜Dの座席のどこに座るのがよいか。

3 [36%] お客様を応接室に通す場合、A〜Eの座席のどこを示したらよいか。

4 [29%] 営業で初めて訪れた会社の応接室で、案内者からEに座るよう勧められた。A〜Eの座席のどこに座るのがよいか。

5 [21%] 受付での以下の会話で、間違っている部分を訂正せよ。
　お客様「田中と申しますが、広告宣伝部の鈴木部長と3時にお約束をいただいております。」
　受付「田中様でございますね。お待ちしておりました。」

解 答・解 説

1 D
本来の席順位はB＞D＞C＞Aなので、Bにはお客様、Dには部長が座る。自分は座りにくいCに座ることを先輩に申し出ることが多い。

2 A
オーナードライバーの場合は、Aが上席になる。自分はDに座る。

3 E
席順は E＞D＞C＞B＞A。入り口から一番遠い席が上席となる。

4 CかD
本来はEが上席だが、初めての企業なら遠慮の気持ちを示してCかDに座るのがよい。就職活動のときも同じ。

5 田中様でございますね→
田中様でいらっしゃいますね
自分やモノには「ございます」を、お客様には、尊敬語の「いらっしゃいます」を使うのが正しい。

解答・解説

6 お客様から電話があったときに、相手
[29%] の声が小さすぎて聞き取れなかった。
何と言って聞き直せばよいか。

6「恐れ入れますが、お電話が
少し遠いようですが」
「大きな声で話してください」と
命令するのは失礼なので、電話
機を原因にして暗に促す。

7 告別式に持参する香典を準備する際
[11%] に、相手の宗派が分からない場合は表
書きに何と書くべきか。

7 御霊前
仏教なら「御香典」「御香料」「御
仏前」、神式なら「御玉串料」「御
榊料」、キリスト教なら「御花料」
「御ミサ料」と書くのが一般的。

8 封筒の宛名書きとして「(株) 電博堂
[32%] 人事部御中　田中課長様」と書いた。
これを正しく直せ。

8 株式会社 電博堂
人事部　課長　田中様
御中は会社名と部署名のみを書
くときに使う。正式社名、部署名、
役職、個人名の順に書く。(株)と
略してはいけない。

9 外出先から帰ってきた先輩に対して
[39%]「ご苦労様です」と言って挨拶をした
ら怒られた。何と言えばよいか。

9「お疲れ様です」
「ご苦労様」は目上から目下に使
う。上司、目上の者には「お疲
れ様です」。社外に対しての挨拶
では「お世話になっております」
が一般的。

10 封筒の宛名に2者連名で書く場合、
[82%] "様" はそれぞれにつけるべきか、ま
とめて書くべきか。

10 それぞれにつける
「様」は個々人につけるもの。

11 手紙を書く際に頭語として「拝啓」を
[61%] 使った場合、次の結語の中で不適切な
ものはどれか。(敬具／拝具／敬白／
草々)

11 草々
拝啓・拝呈・啓白に対しては、
敬具・拝具・敬白を使う。

12 手紙を書く際に頭語として「前略」を
[50%] 使った場合、次の結語の中で不適切な
ものはどれか。(敬具／草々／早々／
不一)

12 敬具
前略・冠省・略啓に対しては、
草々・早々・不一を使う。

13 雨の日にレインコートを着て取引企業
[75%] を訪問した際に、コートを脱ぐのはい
つがよいか。(玄関に入る前／受付の
前／受付の後／応接室に入る前／応接
室に入った後)

13 玄関に入る前
取引先の建物に入る前にコート
を脱ぐのが礼儀である。

就職活動 Q & A ⑤
「その他編」

Q 就職活動にパソコンは必要ですか？

A 必要です。今やほとんどの企業がネットでのエントリー（受付）で、面接やテストもWeb上で行うケースが増えています。

スマートフォンしか持っていなかったり、家族と共用していたりして自由に使えない方には、自分専用のパソコンの購入を強くお勧めします。パソコン本体以外に準備しなければならないのは、（カラー）プリンター、広帯域・高速のインターネット回線です。プリンターはスキャナー付きのものの方が重宝します。

パソコンソフトウェアでは、インターネットブラウザ、メールソフト、MS Word、Adobe Readerが必須です。

ウイルスには絶対に感染しないように注意してください。

Q 新型コロナウイルスの流行は、就職活動にどんな影響を与えましたか？

A COVID-19（新型コロナウイルス感染症）のパンデミック（世界的流行）は、日本の就職活動にも大きな影響を与えました。

従来から応募受付や筆記テストはネット上で行われてきましたが、ネット上での面接も増加したことが最も大きな変化です。2020年（2021年入社）の就職活動では全く対面の面接を行わずに採用を進めた企業も少なくありませんでした。感染終息後も、Web面接を行う企業が増えるでしょう。

遠隔会議システムのZoom、Microsoft Teams、Google Meet、Skypeなどを使うことが多いので、これらを使ったWeb面接に慣れておくことが必要です。また、オンライン面接では、対面以上に存在感を出さないと、小さな画面の中で埋もれてしまうので、積極的に発言して、アピール力を高めましょう。

6章

暗記項目！
重要ポイント特集

1 漢字の書き取り

重要

レベル B マスコミレベル

新常用漢字 196 字

☐ 挨	アイ	挨拶(アイサツ)	☐ 牙	ガ	牙城(ガジョウ)	☐ 毀	キ	毀損(キソン)
☐ 曖	アイ	曖昧(アイマイ)		ゲ	象牙(ゾウゲ)	☐ 畿	キ	畿内(キナイ)
☐ 宛	あて(る)	宛先(あてさき)		きば	牙(きば)	☐ 臼	キュウ	脱臼(ダッキュウ)
☐ 嵐	あらし	砂嵐(すなあらし)	☐ 瓦	ガ	瓦解(ガカイ)		うす	石臼(いしうす)
☐ 畏	イ	畏敬(イケイ)		かわら	瓦屋根(かわらやね)	☐ 嗅	キュウ	嗅覚(キュウカク)
	おそ(れる)	畏れる(おそれる)	☐ 楷	カイ	楷書(カイショ)		か(ぐ)	嗅ぐ(かぐ)
☐ 萎	イ	萎縮(イシュク)	☐ 潰	カイ	潰瘍(カイヨウ)	☐ 巾	キン	雑巾(ゾウキン)
	な(える)	萎える(なえる)		つぶ(す)	潰す(つぶす)	☐ 僅	キン	僅差(キンサ)
☐ 椅	イ	椅子(イス)	☐ 諧	カイ	俳諧(ハイカイ)		わず(か)	僅(わず)
☐ 彙	イ	語彙(ゴイ)	☐ 崖	ガイ	断崖(ダンガイ)	☐ 錦	キン	錦秋(キンシュウ)
☐ 茨	いばら	茨城県(いばらきケン)		がけ	崖下(がけした)		にしき	錦絵(にしきえ)
☐ 咽	イン	咽喉(インコウ)	☐ 蓋	ガイ	頭蓋骨(ズガイコツ)	☐ 惧	グ	危惧(キグ)
☐ 淫	イン	淫行(インコウ)		ふた	火蓋(ひぶた)	☐ 串	くし	串焼き(くしやき)
	みだ(ら)	淫ら(みだら)	☐ 骸	ガイ	形骸(ケイガイ)	☐ 窟	クツ	洞窟(ドウクツ)
☐ 唄	うた	小唄(こうた)	☐ 柿	かき	渋柿(しぶがき)	☐ 熊	くま	熊手(くまで)
☐ 鬱	ウツ	憂鬱(ユウウツ)	☐ 顎	ガク	顎関節(ガクカンセツ)	☐ 詣	ケイ	参詣(サンケイ)
☐ 怨	エン	怨恨(エンコン)		あご	顎(あご)		もうで(る)	詣る(もうでる)
	オン	怨念(オンネン)	☐ 葛	カツ	葛藤(カットウ)	☐ 憬	ケイ	憧憬(ショウケイ)
☐ 媛	エン	才媛(サイエン)		くず	葛湯(くずゆ)	☐ 稽	ケイ	滑稽(コッケイ)
☐ 艶	エン	妖艶(ヨウエン)	☐ 釜	かま	釜飯(かまめし)	☐ 隙	ゲキ	間隙(カンゲキ)
	つや	色艶(いろつや)	☐ 鎌	かま	鎌倉(かまくら)		すき	隙間(すきま)
☐ 旺	オウ	旺盛(オウセイ)	☐ 韓	カン	韓国(カンコク)	☐ 桁	けた	桁違い(けたちがい)
☐ 岡	おか	岡山県(おかやまケン)	☐ 玩	ガン	玩具(ガング)	☐ 拳	ケン	拳銃(ケンジュウ)
☐ 臆	オク	臆病(オクビョウ)	☐ 伎	キ	歌舞伎(カブキ)		こぶし	拳(こぶし)
☐ 俺	おれ	俺様(おれさま)	☐ 亀	キ	亀裂(キレツ)	☐ 鍵	ケン	鍵盤(ケンバン)
☐ 苛	カ	苛酷(カコク)		かめ	亀虫(かめむし)		かぎ	合鍵(あいかぎ)

□ 舷	ゲン	右舷（ウゲン）
□ 股	コ	股間（コカン）
	また	大股（おおまた）
□ 虎	コ	猛虎（モウコ）
	とら	虎（とら）
□ 錮	コ	禁錮（キンコ）
□ 勾	コウ	勾留（コウリュウ）
□ 梗	コウ	脳梗塞（ノウコウソク）
□ 喉	コウ	咽喉（インコウ）
	のど	喉元（のどもと）
□ 乞	こ(う)	乞う（こう）
□ 傲	ゴウ	傲慢（ゴウマン）
□ 駒	こま	持ち駒（もちごま）
□ 頃	ころ	日頃（ひごろ）
□ 痕	コン	痕跡（コンセキ）
	あと	傷の痕（きずのあと）
□ 沙	サ	沙汰（サタ）
□ 挫	ザ	挫折（ザセツ）
□ 采	サイ	采配（サイハイ）
□ 塞	サイ	要塞（ヨウサイ）
	ソク	閉塞（ヘイソク）
	ふさ(ぐ)	塞ぐ（ふさぐ）
□ 埼	さい	埼玉県（さいたまケン）
□ 柵	サク	鉄柵（テツサク）
□ 刹	サツ	古刹（コサツ）
	セツ	刹那（セツナ）
□ 拶	サツ	挨拶（アイサツ）
□ 斬	ザン	斬新（ザンシン）
	き(る)	斬る（きる）
□ 恣	シ	恣意的（シイテキ）
□ 摯	シ	真摯（シンシ）
□ 餌	ジ	好餌（コウジ）
	えさ	餌（えさ）

	え	餌食（えジキ）
□ 鹿	しか	鹿（しか）
	か	鹿の子（かのこ）
□ 叱	シツ	叱責（シッセキ）
	しか(る)	叱る（しかる）
□ 嫉	シツ	嫉妬（シット）
□ 腫	シュ	筋腫（キンシュ）
	は(れる)	腫れる（はれる）
□ 呪	ジュ	呪文（ジュモン）
	のろ(う)	呪う（のろう）
□ 袖	シュウ	領袖（リョウシュウ）
	そで	半袖（はんそで）
□ 羞	シュウ	羞恥心（シュウチシン）
□ 蹴	シュウ	一蹴（イッシュウ）
	け(る)	蹴る（ける）
□ 憧	ショウ	憧憬（ショウケイ）
	あこが(れる)	憧れる（あこがれる）
□ 拭	ショク	払拭（フッショク）
	ふ(く)	拭く（ふく）
	ぬぐ(う)	拭う（ぬぐう）
□ 尻	しり	尻込み（しりごみ）
□ 芯	シン	替え芯（かえシン）
□ 腎	ジン	腎臓（ジンゾウ）
□ 須	ス	必須（ヒッス）
□ 裾	すそ	裾野（すその）
□ 凄	セイ	凄惨（セイサン）
□ 醒	セイ	覚醒（カクセイ）
□ 脊	セキ	脊柱（セキチュウ）
□ 戚	セキ	親戚（シンセキ）
□ 煎	セン	煎茶（センチャ）
	い(る)	煎る（いる）
□ 羨	セン	羨望（センボウ）
	うらや(む)	羨む（うらやむ）

□ 腺	セン	涙腺（ルイセン）
□ 詮	セン	詮索（センサク）
□ 箋	セン	便箋（ビンセン）
□ 膳	ゼン	配膳（ハイゼン）
□ 狙	ソ	狙撃（ソゲキ）
	ねら(う)	狙う（ねらう）
□ 遡	ソ	遡上（ソジョウ）
	さかのぼ(る)	遡る（さかのぼる）
□ 曽	ソウ	曽孫（ソウソン）
	ゾ	未曽有（ミゾウ）
□ 爽	ソウ	爽快（ソウカイ）
	さわ(やか)	爽やか（さわやか）
□ 痩	ソウ	痩身（ソウシン）
	や(せる)	痩せる（やせる）
□ 踪	ソウ	失踪（シッソウ）
□ 捉	ソク	捕捉（ホソク）
	とら(える)	捉える（とらえる）
□ 遜	ソン	不遜（フソン）
□ 汰	タ	淘汰（トウタ）
□ 唾	ダ	唾液（ダエキ）
	つば	唾（つば）
□ 堆	タイ	堆積（タイセキ）
□ 戴	タイ	戴冠（タイカン）
□ 誰	だれ	誰彼（だれかれ）
□ 旦	タン	元旦（ガンタン）
	ダン	旦那（ダンナ）
□ 綻	タン	破綻（ハタン）
	ほころ(びる)	綻びる（ほころびる）
□ 緻	チ	緻密（チミツ）
□ 酎	チュウ	焼酎（ショウチュウ）
□ 貼	チョウ	貼付（チョウフ）
	は(る)	貼る（はる）
□ 嘲	チョウ	嘲笑（チョウショウ）

6 重要ポイント　漢字の書き取り

	あざけ(る)	嘲る	□罵	バ	罵声		ミョウ	冥加
□捗	チョク	進捗		のの(しる)	罵る	□麺	メン	麺類
□椎	ツイ	脊椎	□剝	ハク	剝奪	□冶	ヤ	陶冶
□爪	つめ	爪		は(がす)	剝がす	□弥	や	弥生
	つま	爪先	□箸	はし	箸箱	□闇	やみ	暗闇
□鶴	つる	千羽鶴	□氾	ハン	氾濫	□喩	ユ	比喩
□諦	テイ	諦念	□汎	ハン	汎用	□湧	ユウ	湧水
	あきら(める)	諦める	□阪	ハン	阪神		わ(く)	湧く
□溺	デキ	溺愛	□斑	ハン	斑点	□妖	ヨウ	妖怪
	おぼ(れる)	溺れる	□眉	ビ	愁眉		あや(しい)	妖しい
□塡	テン	補塡		ミ	眉間	□瘍	ヨウ	腫瘍
□妬	ト	嫉妬		まゆ	眉	□沃	ヨク	肥沃
	ねた(む)	妬む	□膝	ひざ	膝頭	□拉	ラ	拉致
□賭	ト	賭博	□肘	ひじ	肘掛け	□辣	ラツ	辛辣
	か(ける)	賭ける	□阜	フ	岐阜県	□藍	ラン	出藍
□藤	トウ	葛藤	□訃	フ	訃報		あい	藍色
	ふじ	藤色	□蔽	ヘイ	隠蔽	□璃	リ	浄瑠璃
□瞳	ドウ	瞳孔	□餅	ヘイ	煎餅	□慄	リツ	戦慄
	ひとみ	瞳		もち	餅米	□侶	リョ	僧侶
□栃	とち	栃木県	□璧	ヘキ	完璧	□瞭	リョウ	明瞭
□頓	トン	整頓	□蔑	ベツ	軽蔑	□瑠	ル	瑠璃色
□貪	ドン	貪欲		さげす(む)	蔑む	□呂	ロ	風呂
	むさぼ(る)	貪る	□哺	ホ	哺乳類	□賂	ロ	賄賂
□丼	どんぶり	丼	□蜂	ホウ	蜂起	□弄	ロウ	愚弄
	どん	牛丼		はち	蜂		もてあそ(ぶ)	弄ぶ
□那	ナ	旦那	□貌	ボウ	美貌	□籠	ロウ	籠城
□奈	ナ	奈落	□頰	ほお	頰張る		かご	籠
□梨	なし	山梨	□睦	ボク	親睦		こ(もる)	籠もる
□謎	なぞ	謎解き	□勃	ボツ	勃発	□麓	ロク	山麓
□鍋	なべ	鍋料理	□昧	マイ	曖昧		ふもと	麓
□匂	にお(う)	匂う	□枕	まくら	枕元	□脇	わき	脇腹
□虹	にじ	虹色	□蜜	ミツ	蜜月			
□捻	ネン	捻出	□冥	メイ	冥福			

漢字の書き取り

□ あんのん	安穏	□ けいき	契機	□ すんか	寸暇
□ いかん	遺憾	□ けいじ	啓示	□ せっしゅ	摂取
□ いぜん	依然	□ けいしょう	警鐘	□ せんさい	繊細
□ えんかく	沿革	□ けっさく	傑作	□ たいだ	怠惰
□ おうしゅう	応酬	□ けっしゅつ	傑出	□ だとう	妥当
□ おんしゃ	恩赦	□ けっぱく	潔白	□ だらく	堕落
□ かいこ	回顧	□ けんきょ	謙虚	□ ちくせき	蓄積
□ かきょう	佳境	□ けんやく	倹約	□ ちょうじ	弔辞
□ かくう	架空	□ こ(る)	凝	□ ついずい	追随
□ かじょう	過剰	□ こうじょ	控除	□ つたな(い)	拙
□ かつぼう	渇望	□ こうみょう	巧妙	□ ていねい	丁寧
□ かぶん	寡聞	□ ごけい	互恵	□ てってい	徹底
□ かんか	看過	□ こしつ	固執	□ とうしゅう	踏襲
□ かんがい	感慨	□ こちょう	誇張	□ とくめい	匿名
□ かんさん	閑散	□ こぶ	鼓舞	□ ばいしん	陪審
□ かんわ	緩和	□ さっかく	錯覚	□ ばくぜん	漠然
□ きかん	帰還	□ さっしん	刷新	□ ひへい	疲弊
□ ぎきょく	戯曲	□ しこうさくご	試行錯誤	□ ひろう	披露
□ きげん	起源	□ しさ	示唆	□ へんきょう	偏狭
□ きげん	機嫌	□ してき	指摘	□ ほうかい	崩壊
□ ぎせい	犠牲	□ しゃくぜん	釈然	□ ぼうちょう	傍聴
□ きょうじゅ	享受	□ しゅうち	周知	□ ほりょ	捕虜
□ きょうしゅく	恐縮	□ しゅうとう	周到	□ まさつ	摩擦
□ ぎょうしゅく	凝縮	□ じゅうなん	柔軟	□ もさく	模索
□ きょこう	虚構	□ しょうかい	哨戒	□ もほう	模倣
□ きんこう	均衡	□ じょうじゅ	成就	□ ゆうり	遊離
□ くし	駆使	□ しょうち	招致	□ よくせい	抑制
□ くじゅう	苦渋	□ しょうとつ	衝突	□ ろてい	露呈
□ くつじょく	屈辱	□ すいこう	遂行	□ わずら(わしい)	煩

6

重要ポイント

漢字の書き取り

重要

2 難読漢字の読み

レベル A 一般企業レベル

□ 曖昧	あいまい	□ 界隈	かいわい	□ 嫌悪	けんお
□ 斡旋	あっせん	□ 神楽	かぐら	□ 好悪	こうお
□ 海女	あま	□ 瑕疵	かし	□ 更迭	こうてつ
□ 安堵	あんど	□ 脚気	かっけ	□ 傲慢	ごうまん
□ 安穏	あんのん	□ 喝采	かっさい	□ 虚空	こくう
□ 塩梅	あんばい	□ 葛藤	かっとう	□ 権化	ごんげ
□ 十六夜	いざよい	□ 割烹	かっぽう	□ 懇切	こんせつ
□ 慇懃	いんぎん	□ 寡黙	かもく	□ 雑魚	ざこ
□ 隠匿	いんとく	□ 硝子	がらす	□ 些細	ささい
□ 迂闊	うかつ	□ 緩衝	かんしょう	□ 桟敷	さじき
□ 胡散	うさん	□ 完遂	かんすい	□ 流石	さすが
□ 海原	うなばら	□ 陥落	かんらく	□ 殺戮	さつりく
□ 乳母	うば	□ 官吏	かんり	□ 蹉跌	さてつ
□ 雲泥	うんでい	□ 帰依	きえ	□ 茶飯事	さはんじ
□ 会釈	えしゃく	□ 忌避	きひ	□ 五月雨	さみだれ
□ 会得	えとく	□ 詭弁	きべん	□ 暫時	ざんじ
□ 婉曲	えんきょく	□ 欺瞞	ぎまん	□ 参内	さんだい
□ 冤罪	えんざい	□ 急遽	きゅうきょ	□ 三昧	ざんまい
□ 往生	おうじょう	□ 教唆	きょうさ	□ 恣意	しい
□ 嘔吐	おうと	□ 形相	ぎょうそう	□ 弛緩	しかん
□ 押捺	おうなつ	□ 宮司	ぐうじ	□ 嗜好	しこう
□ 嗚咽	おえつ	□ 草枕	くさまくら	□ 示唆	しさ
□ 悪寒	おかん	□ 苦渋	くじゅう	□ 子細	しさい
□ 母屋	おもや	□ 口伝	くでん	□ 市井	しせい
□ 思惑	おもわく	□ 境内	けいだい	□ 支度	したく
□ 恩賜	おんし	□ 稀有	けう	□ 疾病	しっぺい
□ 穏便	おんびん	□ 逆鱗	げきりん	□ 執拗	しつよう
□ 邂逅	かいこう	□ 解脱	げだつ	□ 竹刀	しない
□ 快哉	かいさい	□ 健気	けなげ	□ 老舗	しにせ
□ 懐柔	かいじゅう	□ 懸念	けねん	□ 灼熱	しゃくねつ

□借款	しゃっかん	□建前	たてまえ	□約款	やっかん
□終焉	しゅうえん	□耽溺	たんでき	□遊説	ゆうぜい
□醜聞	しゅうぶん	□堪能	たんのう	□猶予	ゆうよ
□祝辞	しゅくじ	□知己	ちき	□浴衣	ゆかた
□粛然	しゅくぜん	□稚拙	ちせつ	□遊山	ゆさん
□呪術	じゅじゅつ	□追悼	ついとう	□夭逝	ようせい
□出帆	しゅっぱん	□定款	ていかん	□寄席	よせ
□修羅	しゅら	□泥酔	でいすい	□礼賛	らいさん
□上梓	じょうし	□伝播	でんぱ	□拉致	らち
□成就	じょうじゅ	□顛末	てんまつ	□流暢	りゅうちょう
□精進	しょうじん	□読経	どきょう	□稟議	りんぎ
□定石	じょうせき	□頓挫	とんざ	□累積	るいせき
□常套	じょうとう	□雪崩	なだれ	□流布	るふ
□嘱望	しょくぼう	□捺印	なついん	□漏洩	ろうえい
□所作	しょさ	□柔和	にゅうわ	□歪曲	わいきょく
□所詮	しょせん	□如実	にょじつ	□賄賂	わいろ
□素人	しろうと	□破綻	はたん	□覆す	くつがえ
□真贋	しんがん	□頒布	はんぶ	□企てる	くわだ
□真摯	しんし	□凡例	はんれい	□妨げる	さまた
□甚大	じんだい	□批准	ひじゅん	□暫く	しばら
□進捗	しんちょく	□頻繁	ひんぱん	□健やか	すこ
□遂行	すいこう	□吹聴	ふいちょう	□背く	そむ
□推敲	すいこう	□不得手	ふえて	□携わる	たずさ
□出納	すいとう	□敷設	ふせつ	□辿る	たど
□杜撰	ずさん	□払拭	ふっしょく	□費やす	つい
□逝去	せいきょ	□訃報	ふほう	□償う	つぐな
□脆弱	ぜいじゃく	□不面目	ふめんぼく	□繋がる	つな
□殺生	せっしょう	□紛糾	ふんきゅう	□妬む	ねた・そね
□雪辱	せつじょく	□偏重	へんちょう	□逃れる	のが
□折衷	せっちゅう	□凡庸	ぼんよう	□辱める	はずかし
□漸次	ぜんじ	□真面目	まじめ	□甚だしい	はなは
□羨望	せんぼう	□土産	みやげ	□施す	ほどこ
□戦慄	せんりつ	□明晰	めいせき	□誉れ	ほま
□相殺	そうさい	□門戸	もんこ	□催す	もよお
□措置	そち	□矢面	やおもて	□和らぐ	やわ

レベル B マスコミレベル

□生憎	あいにく	□揮毫	きごう	□慚愧	ざんき
□隘路	あいろ	□気障	きざ	□時化	しけ
□足掻	あがき	□旗幟	きし	□昵懇	じっこん
□灰汁	あく	□煙管	きせる	□赤銅	しゃくどう
□欠伸	あくび	□忌憚	きたん	□洒脱	しゃだつ
□胡座	あぐら	□拮抗	きっこう	□蹂躙	じゅうりん
□網代	あじろ	□華奢	きゃしゃ	□修験	しゅげん
□畦道	あぜみち	□胸襟	きょうきん	□衆生	しゅじょう
□軋轢	あつれき	□矜持	きょうじ	□数珠	じゅず
□許嫁	いいなずけ	□久遠	くおん	□浚渫	しゅんせつ
□悪戯	いたずら	□功徳	くどく	□所為	しょい
□出湯	いでゆ	□庫裡	くり	□従容	しょうよう
□湮滅	いんめつ	□炯眼	けいがん	□熾烈	しれつ
□団扇	うちわ	□怪訝	けげん	□舌禍	ぜっか
□鬱蒼	うっそう	□戯作	げさく	□雪駄	せった
□回向	えこう	□狷介	けんかい	□刹那	せつな
□似非	えせ	□喧伝	けんでん	□詮索	せんさく
□厭世	えんせい	□絢爛	けんらん	□先達	せんだつ
□鷹揚	おうよう	□狡猾	こうかつ	□蒼氓	そうぼう
□白粉	おしろい	□嚆矢	こうし	□草履	ぞうり
□膾炙	かいしゃ	□膠着	こうちゃく	□俗耳	ぞくじ
□灰燼	かいじん	□拘泥	こうでい	□仄聞	そくぶん
□傀儡	かいらい	□沽券	こけん	□粗忽	そこつ
□陽炎	かげろう	□炬燵	こたつ	□咀嚼	そしゃく
□河岸	かし	□東風	こち	□忖度	そんたく
□呵責	かしゃく	□言霊	ことだま	□松明	たいまつ
□恰好	かっこう	□独楽	こま	□内裏	だいり
□剃刀	かみそり	□声色	こわいろ・せいしょく	□手綱	たづな
□伽藍	がらん	□強面	こわもて	□足袋	たび
□瓦礫	がれき	□紺青	こんじょう	□茶毘	だび
□間隙	かんげき	□渾然	こんぜん	□躊躇	ちゅうちょ
□陥穽	かんせい	□猜疑	さいぎ	□打擲	ちょうちゃく
□邯鄲	かんたん	□錯綜	さくそう	□凋落	ちょうらく
□艱難	かんなん	□雑駁	ざっぱく	□縮緬	ちりめん

148

□椿事	ちんじ	□香具師	やし	
□恬淡	てんたん	□揶揄	やゆ	
□陶冶	とうや	□有職	ゆうそく	
□心太	ところてん	□所以	ゆえん	
□訥弁	とつべん	□罹災	りさい	
□緞子	どんす	□吝嗇	りんしょく	
□乃至	ないし	□憐憫	れんびん	
□等閑	なおざり・とうかん	□陋習	ろうしゅう	
□納戸	なんど	□狼狽	ろうばい	
□捏造	ねつぞう	□呂律	ろれつ	
□涅槃	ねはん	□論駁	ろんばく	
□直衣	のうし	□喘ぐ	あえ	
□長閑	のどか	□恭しい	うやうや	
□祝詞	のりと・しゅくし	□幽かな	かす	
□法被	はっぴ	□適う	かな	
□潑剌	はつらつ	□晒す	さら	
□贔屓	ひいき	□滴る	したた	
□非業	ひごう	□頗る	すこぶ	
□氷雨	ひさめ	□唆す	そそのか	
□畢竟	ひっきょう	□戦ぐ	そよ	
□吃驚	びっくり・きっきょう	□長ける	た	
□憑依	ひょうい	□糾す	ただ	
□剽軽	ひょうきん	□忽ち	たちま	
□顰蹙	ひんしゅく	□戯れる	たわむ・じゃ	
□誣告	ぶこく	□拙い	つたな・まず	
□朴訥	ぼくとつ	□咎める	とが	
□反故	ほご	□称える	とな・たた	
□雪洞	ぼんぼり	□準える	なぞら	
□幕間	まくあい	□拭う	ぬぐ	
□目深	まぶか	□馳する	は	
□神酒	みき	□孕む	はら	
□名刹	めいさつ	□翻る	ひるがえ	
□冥途	めいど	□謙る	へりくだ	
□眩暈	めまい・げんうん	□塗す	まぶ	
□耄碌	もうろく	□漲る	みなぎ	
□猛者	もさ	□歪む	ゆが・ひず	
□靄	もや	□拠る	よ	

動植物

□海豹	あざらし
□海驢	あしか
□紫陽花	あじさい
□馬酔木	あしび・あせび
□家鴨	あひる
□鮑	あわび
□烏賊	いか
□無花果	いちじく
□海胆	うに
□女郎花	おみなえし
□雉子	きじ
□啄木鳥	きつつき
□海月	くらげ
□蝙蝠	こうもり
□蟋蟀	こおろぎ
□秋桜	こすもす
□山茶花	さざんか
□百日紅	さるすべり
□羊歯	しだ
□十姉妹	じゅうしまつ
□西瓜	すいか
□海象	せいうち
□蒲公英	たんぽぽ
□土筆	つくし
□蜥蜴	とかげ
□蜻蛉	とんぼ
□雲雀	ひばり
□向日葵	ひまわり
□河豚	ふぐ
□糸瓜	へちま
□蚯蚓	みみず
□百足	むかで
□土竜	もぐら
□百舌	もず
□栗鼠	りす
□山葵	わさび

6 重要ポイント 難読漢字の読み

149

重要

3 四字熟語

レベル A 一般企業レベル

四字熟語	意味	四字熟語	意味
暗中模索（あんちゅうもさく）	手がかりもないままに探し求める	山紫水明（さんしすいめい）	自然の景色が美しいさま
異口同音（いくどうおん）	大勢の意見や考えが一致すること	三位一体（さんみいったい）	三者が心を合わせること
一意専心（いちいせんしん）	一つのことに一生懸命になる	試行錯誤（しこうさくご）	失敗を重ねながら解決方法を探る
一期一会（いちごいちえ）	一生に一度の出会い	七転八起（しちてんはっき）	何度失敗してもくじけない
一日千秋（いちじつせんしゅう）	非常に待ち遠しいこと	四面楚歌（しめんそか）	周りが敵だらけであるさま
一汁一菜（いちじゅういっさい）	質素な食事のたとえ	森羅万象（しんらばんしょう）	あらゆる事柄・現象
一蓮托生（いちれんたくしょう）	行動・運命を共にする	絶体絶命（ぜったいぜつめい）	差し迫った危険な状態や立場
一触即発（いっしょくそくはつ）	すぐ爆発しそうな危機的状況	千載一遇（せんざいいちぐう）	千年に一度ほどのまれな機会
一石二鳥（いっせきにちょう）	一つのことで二つの利得を得る	千差万別（せんさばんべつ）	個別にさまざまの違いがある
一刀両断（いっとうりょうだん）	物事を思い切って実行する	千変万化（せんぺんばんか）	さまざまに変化する
因果応報（いんがおうほう）	原因に応じた結果が報いとなる	大器晩成（たいきばんせい）	年をとってから頭角を現す
有為転変（ういてんぺん）	世の中の変化が激しくはかない	朝三暮四（ちょうさんぼし）	うまい言葉や方法で人をだます
紆余曲折（うよきょくせつ）	物事が複雑に変化するようす	当意即妙（とういそくみょう）	即座に機転をきかして対応する
傍目八目（おかめはちもく）	遠くからは物事がよくわかる	二束三文（にそくさんもん）	ひどく安い値段
画竜点睛（がりょうてんせい）	最後の仕上げ	馬耳東風（ばじとうふう）	他人の忠言や批評などを聞き流す
勧善懲悪（かんぜんちょうあく）	善行を勧め悪人をこらしめる	百発百中（ひゃっぱつひゃくちゅう）	計画や予想がすべて当たる
危機一髪（ききいっぱつ）	今にも危険が及びそうな瀬戸際	付和雷同（ふわらいどう）	主張がなく安易に他説に賛成する
奇想天外（きそうてんがい）	普通ではない奇抜なようす	粉骨砕身（ふんこつさいしん）	力の限り懸命に働く
虎視眈々（こしたんたん）	すきを窺っているさま	傍若無人（ぼうじゃくぶじん）	自分勝手に振る舞う
五里霧中（ごりむちゅう）	手がかりがなく迷うようす	明鏡止水（めいきょうしすい）	心が澄みきっている
言語道断（ごんごどうだん）	決して許されないさま	羊頭狗肉（ようとうくにく）	表面は立派でも実質が伴わない
三寒四温（さんかんしおん）	寒暖が交互に訪れる気象	竜頭蛇尾（りゅうとうだび）	初めはよいが終わりが振るわない

150

レベル B マスコミレベル

四字熟語	意味	四字熟語	意味
唯々諾々	他人の言いなりになる	乾坤一擲	運命をかけて大きな勝負をする
一衣帯水	非常に接近していること	捲土重来	再び勢力をもりかえす
一言居士	何か一言いわずにおれない人	堅忍不抜	困難や誘惑に心を動かさない
一騎当千	一人で千人の敵と戦えるほど強い	巧言令色	口先がうまく愛想を振りまく
一視同仁	すべての人を同じように愛する	狐疑逡巡	疑ってためらう
意馬心猿	動物のように心が乱れる	三百代言	あれこれ詭弁を弄する
右顧左眄	周囲をうかがい、迷いためらう	揣摩憶測	根拠もなく勝手に想像する
烏兎匆匆	月日のたつことの早いさま	周章狼狽	あわてふためく
会者定離	会った者は必ず別れる	精励恪勤	非常に熱心に仕事にはげむ
怨憎会苦	うらみにくむ人に会う苦しみ	切歯扼腕	ひどく悔しがったり怒ったりする
偕老同穴	夫婦が愛情深く結ばれている	泰山北斗	大家として仰ぎ尊ばれる人
臥薪嘗胆	目的達成には苦労や努力が必要	泰然自若	落ち着いていて物事に動じない
隔靴搔痒	ものたりず、はがゆいこと	天衣無縫	自然で完全なさま。天真爛漫
活殺自在	自分の思うがままに取り扱う	南船北馬	絶えず旅していること（東奔西走）
合従連衡	時局に応じて離合集散する	博覧強記	広く書物を読み知識が豊富なさま
夏炉冬扇	時節をはずれた無用のもの	八面六臂	あらゆる方面で優れた働きを示す
閑雲野鶴	何の束縛も受けずのどかに暮らす	百鬼夜行	多くの悪人が勝手気ままに振る舞う
汗牛充棟	蔵書が非常に多い	皮裏陽秋	自分の意見を表面に表さない
換骨奪胎	名作を自分の作品に取り入れる	風樹之嘆	親が死んで孝行できない
気宇壮大	心構えが大きく立派	不倶戴天	共に生きたくないほど深く恨む
鳩首凝議	多くの者が集まって相談する	明眸皓歯	明るい目元と白く美しい歯の美人
曲学阿世	真理をゆがめて世間におもねる	盲亀浮木	出会うことが容易でない
玉石混淆	良い物と悪い物が入りまじる	孟母三遷	教育には環境が大事である
金科玉条	金や玉ほどにいちばん大事な法則	夜郎自大	仲間の中で威張っている者
欣喜雀躍	喜んで小躍りするほどのこと	有職故実	礼式や年中行事に明るいこと・人
鶏鳴狗盗	つまらない技能の持ち主	落花狼藉	物が散り乱れているさま
月下氷人	仲人（なこうど）	和光同塵	才能を隠して俗世間と交わる

6

重要ポイント

四字熟語

重要

4 ことわざ

レベル A 一般企業レベル

ことわざ	意味
□ 青は藍より出でて藍より青し	弟子が師よりも優れている＝出藍の誉れ
□ 悪事千里を走る	悪い行いや評判はすぐに世間に知れる
□ 頭隠して尻隠さず	一部分を隠しても全体を隠しきれない
□ 羹に懲りて膾を吹く	失敗に懲りて必要以上に用心する
□ 虻蜂取らず	欲張って二つを得ようとして、両方失う
□ 生き馬の目を抜く	他人を出し抜いてすばやく利益をあげる
□ 石の上にも三年	辛抱強く耐えていればよいことがある
□ 医者の不養生	理屈ではわかっていても実行が伴わない
□ 一寸の虫にも五分の魂	どんな弱者にも意地や感情がある
□ えびで鯛を釣る	少しの元手で大きな利益を得る
□ 負うた子に教えられて浅瀬を渡る	自分より未熟な者から教わることもある
□ 帯に短したすきに長し	中途半端で役に立たない
□ 飼い犬に手を噛まれる	日ごろ面倒を見ていた者に裏切られる
□ 河童の川流れ	専門家も思わぬ失敗をすることがある
□ 果報は寝て待て	幸運の訪れは運による
□ 亀の甲より年の功	年長者の経験は尊重すべきである
□ 口八丁手八丁	話すこともすることも両方達者である
□ 鯉の滝登り	めざましい勢いで立身出世するさま
□ 弘法にも筆の誤り	専門家でも、時には失敗することがある
□ 紺屋の白袴	自分自身のことには手が回らない
□ 子はかすがい	子によって夫婦の縁がつなぎとめられる
□ 転ばぬ先の杖	前もって注意を怠らない
□ 猿も木から落ちる	専門家でも、時には失敗することがある
□ 朱に交われば赤くなる	人は友によって、善にも悪にも染まる
□ 船頭多くして船山に登る	指揮をとる者が多いと混乱する
□ 対岸の火事	他人ごとで、少しも気にかけない
□ 棚からぼた餅	労せずに思いがけない幸運に巡り合う
□ 鳶が鷹を生む	平凡な親が優秀な子供を生む

152

ことわざ	意味
□長い物には巻かれろ	勝ち目のない相手には、従うほうがよい
□泣きっ面に蜂	不幸や不運が重なる
□二階から目薬	回り遠くて効果がなくもどかしい
□肉を斬らせて骨を斬る	犠牲を払って敵に勝つ
□盗人を見て縄をあざなう	事が起こってから、慌てて準備する
□猫に小判	貴重品も価値がわからない者には無意味
□のれんに腕押し	少しも手ごたえがなく張り合いがない
□馬脚をあらわす	隠していた正体が現れる
□箸にも棒にもかからぬ	あまりにもひどすぎて手のつけようがない
□百聞は一見にしかず	聞くより実際に見たほうがわかりやすい
□ひょうたんから駒	意外なところから意外なものが出てくる
□蒔かぬ種は生えぬ	何もしないと、よい結果は生まれない
□馬子にも衣装	身なりを整えれば立派に見える
□身から出たさび	自分の行動が原因で苦しむ
□三つ子の魂百まで	性質は年をとっても変わらない
□娘一人に婿八人	一つの物事に対して希望する人が多い
□餅は餅屋	専門家に任せるのがいちばんよい
□焼け石に水	わずかなことでは効果が上がらない
□類は友を呼ぶ	似たもの気の合うものは互いに集まる
□渡る世間に鬼はない	世間は無情に見えても、人情はあるもの

レベル B マスコミレベル

ことわざ	意味
□青菜に塩	元気がなくしょんぼりしているさま
□魚心あれば水心	こちらの好意は相手の好意次第である
□魚の木に登るがごとし	とうてい不可能な無謀な試み
□得手に帆を揚げる	待ち受けた好機を逃さず十分に利用する
□鬼も十八、番茶も出花	盛りは何でも美しいものである
□蟹は甲羅に似せて穴を掘る	人は自分に合った考えや行いをする
□髪結い髪結わず	自分のために専門技術を用いる暇がない
□枯れ木も山のにぎわい	つまらないものでも、ないよりはまし
□麒麟も老いては駑馬に劣る	優れた人も年をとると凡人にさえ劣る
□高木は風に折らる	高い地位にあると、人に妬まれやすい
□年寄りの冷や水	老人が年不相応な無理をすること
□無くて七癖あって四十八癖	人には多かれ少なかれ、みな癖がある
□情けは人のためならず	人に親切にすれば結局は自分が報われる
□人を呪わば穴二つ	人を陥れようとすれば自分も不幸になる

6

重要ポイント ことわざ

153

※敬語は、文化庁の分類では「丁重語」「美化語」にも分けられますが、本項では「尊敬語」「謙譲語」「丁寧語」としています。

 一般企業レベル

敬語の種類

- □ **尊敬語**：相手の動作を敬って表現し直接、相手を高める。
- □ **謙譲語**：自分の動作をへりくだって表現し、間接的に相手を高める。
- □ **丁寧語**：敬意を表して丁寧に言う。自分にも相手にも使う。

敬語一覧

	尊敬語	謙譲語
□ 会う	会われる お会いになる	お会いする お目にかかる
□ 与える	くださる お与えになる	差し上げる 上げる
□ 言う	おっしゃる 言われる	申し上げる 申す
□ 行く	いらっしゃる お出かけになる	伺う 参上する 参る
□ 居る	いらっしゃる おられる	おる
□ 思う	思われる お思いになる	存じ上げる 存じる

	尊敬語	謙譲語
□ 借りる	お借りになる 借りられる	拝借する お借りする
□ 聞く	お聞きになる 聞かれる	承る 拝聴する 伺う
□ 着る	お召しになる	着させていただく
□ 知っている	ご存じである 知っていらっしゃる	存じている 存じ上げている
□ する／行う	される なさる	いたす させていただく
□ 尋ねる	お尋ねになる お聞きになる	伺う お尋ねする
□ 食べる／飲む	あがる 召しあがる	いただく 頂戴する
□ 見せる	お見せになる	お目にかける お見せする
□ 見る	ご覧になる	拝見する

6

重要ポイント

敬語

間違えやすい敬語の例

□ 部長、稟議書を拝見されましたでしょうか。 ── ご覧になり

□ 私のお婆ちゃんが、明日伺いたいと申しております。 ── 祖母

□ 父が本日伺いたいとおっしゃっております。 ── 申して

□ 遠慮なく、召し上がらせていただきます。 ── 下線部を削除

□ つまらないものですが、どうぞ引き出物をいただいてください。 ── お受け取りになって

□ 私では分かりかねますので、他の者にお伺いください。 ── お尋ね

□ 素晴らしい演奏ですので、ぜひご拝聴なさってください。 ── お聞きになって

□ 先生がくれた本は素晴らしかった。 ── くださった

155

重要

6 日本文学（作家と作品）

レベル B　マスコミレベル

●大和・奈良・平安時代

□ 古事記	太安麻呂（編）
□ 日本書紀	舎人親王ら（編）
□ 万葉集	大伴家持ら（編）
□ 古今和歌集	紀貫之ら（撰）
□ 伊勢物語	（作者不詳）
□ 土佐日記	紀貫之
□ 枕草子	清少納言
□ 源氏物語	紫式部
□ 紫式部日記	紫式部
□ 更級日記	菅原孝標女
□ 蜻蛉日記	藤原道綱の母
□ 和泉式部日記	和泉式部
□ 今昔物語集	（編者未詳）

●鎌倉・室町時代

□ 方丈記	鴨長明
□ 平家物語	（作者不詳）
□ 徒然草	吉田兼好
□ 山家集	西行
□ 新古今和歌集	藤原定家など（撰）
□ 愚管抄	慈円
□ 立正安国論	日蓮
□ 十六夜日記	阿仏尼
□ 歎異抄	唯円
□ 風姿花伝	世阿弥

●江戸時代

□ 好色一代男	井原西鶴
□ 日本永代蔵	井原西鶴
□ 奥の細道	松尾芭蕉
□ 曾根崎心中	近松門左衛門
□ 雨月物語	上田秋成
□ 古事記伝	本居宣長
□ 東海道中膝栗毛	十返舎一九
□ 南総里見八犬伝	滝沢馬琴
□ おらが春	小林一茶
□ 東海道四谷怪談	鶴屋南北

●明治以降

□ 小説神髄	坪内逍遥
□ 浮雲	二葉亭四迷
□ 舞姫	森鷗外
□ たけくらべ	樋口一葉
□ にごりえ	樋口一葉
□ 金色夜叉	尾崎紅葉
□ 不如帰	徳冨蘆花
□ みだれ髪	与謝野晶子
□ 坊っちゃん	夏目漱石
□ こころ	夏目漱石
□ 吾輩は猫である	夏目漱石
□ 虞美人草	夏目漱石
□ 草枕	夏目漱石
□ 三四郎	夏目漱石
□ それから	夏目漱石
□ 蒲団	田山花袋
□ 一握の砂	石川啄木
□ 道程	高村光太郎
□ 智恵子抄	高村光太郎
□ 破戒	島崎藤村
□ 羅生門	芥川龍之介

作品	作家	作品	作家
□ 鼻	芥川竜之介	□ 砂の女	安部公房
□ 河童（かっぱ）	芥川竜之介	□ 太陽の季節	石原慎太郎
□ 赤光	斎藤茂吉	□ 点と線	松本清張
□ 月に吠（ほ）える	萩原朔太郎	□ 砂の器	松本清張
□ 或（あ）る女	有島武郎	□ 死者の奢（おご）り	大江健三郎
□ 父帰る	菊池寛（きくちかん）	□ 裸の王様	開高健（かいこうたけし）
□ 真珠夫人	菊池寛	□ 海と毒薬	遠藤周作
□ 暗夜行路	志賀直哉（しがなおや）	□ おはん	宇野千代
□ 城の崎（きさき）にて	志賀直哉	□ 竜馬（りょうま）がゆく	司馬遼太郎（しばりょうたろう）
□ 小僧の神様	志賀直哉	□ 坂の上の雲	司馬遼太郎
□ 蟹工船（かにこうせん）	小林多喜二	□ 楡家（にれけ）の人びと	北杜夫（きたもりお）
□ 細雪（ささめゆき）	谷崎潤一郎	□ 失楽園	渡辺淳一（わたなべじゅんいち）
□ 山椒魚（さんしょううお）	井伏鱒二（いぶせますじ）	□ 愛の流刑地	渡辺淳一
□ 黒い雨	井伏鱒二	□ 火垂（ほた）るの墓	野坂昭如（のさかあきゆき）
□ 路傍の石	山本有三	□ 青春の門	五木寛之（いつきひろゆき）
□ 蒼氓（そうぼう）	石川達三	□ 日本沈没	小松左京
□ 風立ちぬ	堀辰雄	□ 佐川君からの手紙	唐十郎（からじゅうろう）
□ 雪国	川端康成	□ 限りなく透明に近いブルー	村上龍（むらかみりゅう）
□ 伊豆の踊子	川端康成	□ サラダ記念日	俵万智（たわらまち）
□ 次郎物語	下村湖人	□ キッチン	吉本ばなな
□ 宮本武蔵	吉川英治	□ TUGUMI（つぐみ）	吉本ばなな
□ 白痴	坂口安吾	□ 鉄道員（ぽっぽや）	浅田次郎
□ 堕落論	坂口安吾	□ D機関情報	西村京太郎
□ 人間失格	太宰治（だざいおさむ）	□ 人造美人	星新一
□ 斜陽	太宰治	□ 白い巨塔	山崎豊子（やまさきとよこ）
□ 走れメロス	太宰治	□ 不毛地帯	山崎豊子
□ 放浪記	林芙美子（はやしふみこ）	□ 沈まぬ太陽	山崎豊子
□ 敦煌（とんこう）	井上靖（いのうえやすし）	□ 理由	宮部みゆき
□ 天平の甍（いらか）	井上靖	□ 模倣犯	宮部みゆき
□ 夕鶴	木下順二	□ 文学部唯野教授（ただの）	筒井康隆
□ 真空地帯	野間宏	□ 長崎ぶらぶら節	なかにし礼
□ 二十四の瞳	壺井栄（つぼいさかえ）	□ たそがれ清兵衛	藤沢周平（ふじさわしゅうへい）
□ 金閣寺	三島由紀夫	□ ノルウェイの森	村上春樹
□ 仮面の告白	三島由紀夫	□ 海辺のカフカ	村上春樹
□ 潮騒（しおさい）	三島由紀夫	□ 1Q84	村上春樹
□ 俘虜記（ふりょき）	大岡昇平		

6 重要ポイント 日本文学（作家と作品）

157

重要

7 世界文学（作家と作品）

レベル B マスコミレベル

●アメリカ

□ 『若草物語』 オルコット
□ 『怒りの葡萄』 スタインベック
　 『二十日鼠と人間』
　 『エデンの東』
□ 『大地』 パール・バック
□ 『武器よさらば』 ヘミングウェー
　 『誰がために鐘は
　 鳴る』
　 『老人と海』
□ 『黒猫』 ポー
　 『モルグ街の殺人』
　 『黄金虫』
　 『アッシャー家の
　 崩壊』
□ 『風と共に去りぬ』 マーガレット・ミッチェル
□ 『トム・ソーヤの 　マーク・トウェイン
　 冒険』
　 『ハックルベリー・
　 フィンの冒険』

●イギリス

□ 『チャタレー夫人 　D・H・ローレンス
　 の恋人』
　 『息子と恋人』
□ 『ハムレット』 シェークスピア
　 『ヴェニスの商人』
　 『ロミオとジュリ
　 エット』
□ 『ガリバー旅行記』 スウィフト
□ 『宝島』 スティーブンソン
　 『ジキル博士とハ
　 イド氏』
□ 『クリスマス・キ 　ディケンズ
　 ャロル』
　 『二都物語』

□ 『オリバー・トゥ
　 ィスト』
□ 『ロビンソン・ク 　デフォー
　 ルーソー』
□ 『シャーロック・ 　ドイル
　 ホームズの冒険』
□ 『失楽園』 ミルトン
□ 『人間の絆』 モーム
　 『月と六ペンス』
　 『雨』
　 『赤毛』
□ 『サロメ』 オスカー・ワイルド
　 『ドリアン・グレ
　 イの肖像』

●イタリア

□ 『新生』 ダンテ
　 『神曲』
□ 『デカメロン』 ボッカッチオ
□ 『東方見聞録』 マルコ・ポーロ

●インド

□ 『ギーターンジャリ』 タゴール

●オーストリア

□ 『ドゥイノの悲歌』 リルケ

●ギリシャ

□ 『オイディプス王』 ソフォクレス
□ 『ソクラテスの弁明』 プラトン
□ 『イーリアス』 ホメロス
　 『オデュッセイア』

●スペイン

□ 『ドン・キホーテ』 セルバンテス

●チェコ
- □ 『変身』　カフカ
　『審判』
　『城』
●中国
- □ 『史記』　司馬遷
- □ 『阿Q正伝』　魯迅（ろ じん）
- □ 『赤い高粱』　莫言（モーイエン）
●デンマーク
- □ 『アンデルセン童話』　アンデルセン
　『即興詩人』
　『絵のない絵本』
●ドイツ
- □ 『グリム童話』　グリム兄弟
- □ 『ファウスト』　ゲーテ
　『若きウェルテルの悩み』
- □ 『ウイリアム・テル』　シラー
- □ 『魔の山』　トーマス・マン
　『ヴェニスに死す』
　『トニオ・クレーゲル』
- □ 『車輪の下』　ヘッセ
　『郷愁』
　『デミアン』
●フランス
- □ 『異邦人』　カミュ
　『ペスト』
　『転落』
- □ 『恐るべき子供たち』　コクトー
- □ 『悲しみよこんにちは』　サガン
- □ 『壁』　サルトル
　『嘔吐』（おう と）
　『自由への道』
　『部屋』

- □ 『夜間飛行』　サン・テグジュペリ
　『星の王子さま』
- □ 『赤と黒』　スタンダール
　『パルムの僧院』
　『恋愛論』
- □ 『三銃士』　デュマ（父）
　『モンテ・クリスト伯』
- □ 『ゴリオ爺さん』　バルザック
　『谷間の百合』
　『人間喜劇』
- □ 『昆虫記』　ファーブル
- □ 『失われた時を求めて』　プルースト
- □ 『悪の華』　ボードレール
　『パリの憂鬱』
- □ 『脂肪の塊』　モーパッサン
　『女の一生』
　『ピエールとジャン』
- □ 『レ・ミゼラブル』　ユゴー
- □ 『地獄の季節』　ランボー
- □ 『ジャン・クリストフ』　ロマン・ロラン
　『魅せられたる魂』
●ベルギー
- □ 『青い鳥』　メーテルリンク
●ロシア（旧ソ連）
- □ 『検察官』　ゴーゴリ
- □ 『どん底』（戯曲）　ゴーリキー
　『母』
　『敵』
　『太陽の子』
- □ 『かもめ』　チェーホフ
　『三人姉妹』
　『桜の園』（戯曲）
- □ 『戦争と平和』　トルストイ
　『アンナ・カレーニナ』
　『復活』
- □ 『罪と罰』　ドストエフスキー
　『白夜』

6 重要ポイント　世界文学（作家と作品）

159

重要

8 カタカナ語

レベル A 一般企業レベル

カタカナ語	英語	意味
□ アーカイブ	archive	情報の蓄積
□ アナウンサー	announcer	放送員
□ アナリスト	analyst	分析家・研究員
□ アマチュア	amateur	職業ではなく趣味として楽しむ人
□ アルコール	alcohol	酒類の総称
□ インキュベーター	incubator	卵孵器。企業支援システム
□ エチケット	etiquette	礼儀作法
□ エンジニア	engineer	技師・技術者
□ オークション	auction	競売
□ オーソリティ	authority	権威
□ オールタナティブ	alternative	代替案
□ カスタマイズ	customize	注文に応じて作ること
□ クレーム	claim	苦情・批判
□ コラボレーション	collaboration	協力・共同
□ コンテンツ	contents	中身・内容
□ サプリメント	supplement	補助・付録
□ ジャーナリズム	journalism	新聞・放送などによる情報伝達
□ シンポジウム	symposium	特定のテーマについて数人が意見を述べてから、参加者が質問し討論する会
□ ゼロ・エミッション	zero emission	廃棄ゼロ
□ ツアー	tour	観光旅行
□ ディスカウント	discount	値引き・割引
□ テーマ	theme	主題
□ ナレッジ・マネジメント	knowledge management	知識を蓄積・活用した経営
□ パイオニア	pioneer	先駆者・開拓者
□ バイタリティ	vitality	生命力・活力
□ バリアフリー	barrier free	障壁がないこと
□ ビジネス	business	仕事・事業
□ マスコミニケーション	mass communication	新聞、放送などを使って不特定の大衆に情報伝達すること
□ メディアリテラシー	media literacy	メディアを利用・活用できる力
□ ユニバーサル・デザイン	universal design	誰にでも使いやすいデザイン

重要

9 英語のことわざ

レベル A 一般企業レベル

英語	意味
☐ A drowning man will catch at a straw.	溺れる者は藁をもつかむ
☐ A friend in need is a friend indeed.	まさかの時の友こそ真の友
☐ A good medicine tastes bitter.	良薬は口に苦し
☐ A rolling stone gathers no moss.	転石苔むさず
☐ After a storm comes a calm.	雨降って地固まる
☐ Bad luck often brings good luck.	禍を転じて福となす
☐ Do in Rome as the Romans do.	郷に入っては郷に従え
☐ Every man has his faults.	無くて七癖
☐ Failure teaches success.	失敗は成功のもと
☐ Heaven helps those who help themselves.	天は自ら助くる者を助く
☐ History repeats itself.	歴史は繰り返す
☐ It is no use crying over spilt milk.	覆水盆に返らず
☐ Knowledge is power.	知識は力なり
☐ Necessity is the mother of invention.	必要は発明の母
☐ Never put off till tomorrow what you can do today.	今日できることを明日に延ばすな
☐ Practice makes perfect.	習うより慣れよ
☐ Rome was not built in a day.	ローマは一日にして成らず
☐ Seeing is believing.	百聞は一見にしかず
☐ Strike while the iron is hot.	鉄は熱いうちに打て
☐ The early bird catches the worm.	早起きは三文の得
☐ The pen is mightier than the sword.	ペンは剣より強し
☐ There is no accounting for tastes.	蓼食う虫も好きずき
☐ There is no smoke without fire.	火のないところに煙は立たぬ
☐ Time flies. / Time flies like an arrow.	光陰矢のごとし
☐ Time is money.	時は金なり
☐ To kill two birds with one stone.	一石二鳥
☐ Too many cooks spoil the broth.	船頭多くして船山に登る
☐ Truth is stranger than fiction.	事実は小説よりも奇なり
☐ Two heads are better than one.	三人寄れば文殊の知恵

6

重要ポイント カタカナ語／英語のことわざ

161

重要 10 英語熟語

レベル A 一般企業レベル

構文・熟語	訳	構文・熟語	訳
□ according to ～	～によると	□ be made of ～	～からできている（原材料が明確）
□ account for ～	～の説明をする		
□ all of a sudden	突然	□ be not supposed to ～	～してはいけないことになっている
□ amount to ～	～に達する		
□ anything but ～	～なんてとんでもない	□ be subject to ～	～を受けやすい
□ apply for ～	～に申し込む	□ be sure to ～	きっと～する
□ as a rule	普通は	／ be bound to ～	
□ as if ～	まるで～のように	□ be up on ～	～に精通している
□ as soon as ～	～するとすぐに	□ be up to ～	～を企む
□ ask a favor of（人）	（人）に頼み事をする	□ be used to ～	～に慣れている
□ be about to ～	まさに～しようとしている	□ break into ～	急に～する
□ be accompanied by ～	～を伴う	□ break out	（戦争など）が始まる
□ be accustomed to ～	～に慣れている	□ bring A to an end	A の決着をつける
□ be afraid of ～	～を恐れる、～が気がかりだ	□ brush up ～	（技術など）に磨きをかける
□ be assured of ～	～を確信している		
□ be concerned about ～	～を心配している	□ by no means	決して～ない
□ be equipped with ～	～を備えている	□ cannot help ～ing	～せざるをえない
□ be faced with ～	～に直面する	□ come of age	成人になる
□ be familiar to（人）	（人）によく知られている	□ come to terms with ～	～と合意に達する
□ be familiar with（もの・こと）	（もの・こと）に精通している		
		□ come true	実現する
□ be far from ～	～からはほど遠い、決して～でない	□ compensate for ～	～を補う
		□ consist of ～	～から構成される
□ be fed up with ～	～にうんざりする	□ cooperate with ～	～と協力する
□ be ignorant of ～	～について無知である	□ day by day	日に日に
□ be impatient to ～	しきりに～したがっている	□ depend on ～	～に頼る
		□ devote A to ～	Aを～に捧げる
□ be looking forward to ～ing	～することを楽しみにする	□ figure out ～	～を解決する
		□ for nothing	無料で
□ be made from ～	～からできている（原材料が不明確）	□ find fault with ～	～のあら探しをする
		□ for the time being	当分の間
		□ get along with ～	～とうまくやっていく

構文・熟語	訳	構文・熟語	訳
get in touch with ~	~と連絡を取る	not only A but also B	Aばかりでもなくも
get rid of ~	~を取り除く	not so（as）A as B	BほどAでない
give ~ a fit	~をかんかんに怒らせる	now and then	ときどき
give birth to ~	~を出産する	object to ~	~に反対する
give way to ~	~に譲歩する	only have to ~	~しさえすればいい
hand in ~	~を提出する	owing to ~	~のために
hardly ~ when ...	~するやいなや…	pay attention to ~	~に注意を払う
have one's own way	自分の思い通りにする	put ~ into practice	~を実行する
if it had not been for ~	もし~がなかったら	put down ~	~を抑える
in（言語）	（言語）で	put off ~	~を延期する
in addition to ~	~に加えて	rely on ~	~に頼る
in charge of ~	~の責任を負っている	right now	今すぐ
in favor of ~	~に賛成して	rule out ~	~を排除する
in order to ~	~するために	run out of ~	~を使い切る
in short	要するに	second to none	誰にも劣らない
in spite of ~	~にもかかわらず	see to it that ~	~するよう取り計らう
in the face of ~	~をものともせずに	send for ~	~を呼びにやる
instead of ~	~のかわりに	sit up late	夜更かしをする
It goes without saying that ~	~であることは言うまでもない	slip one's mind	うっかり忘れる
keep an eye on ~	~を監視する	so ~ that（人）can't ...	(人)がとても~なので…できない
know A from B	AとBを区別する	so as to ~	~するために（目的）
live up to ~	（期待など）に応える	so（as）long as ~	~する限りは
long for ~	~を切望する	so to speak	いわば
look up to ~	~を尊敬する	sooner or later	遅かれ早かれ
look upon A as B	AをBとみなす	take advantage of ~	~を利用する、~につけこむ
make out ~	~を理解する	take ~ for granted	~を当然のことと思う
make up for ~	~を埋め合わせる	tell A from B	AとBを区別する
make use of ~	~を利用する、使用する	that is the reason why ~	そのようなわけで~
manage to ~	どうにかして~する	the last man to ~	最も~しそうにない人
needless to say	言うまでもなく	tie up with ~	~と提携する
neither A nor B ~	AもBも~ない	to one's surprise	驚いたことに
never make（人）out	(人) をさっぱり理解できない	too ~ to ...	~すぎて…できない
no less than ~	~ほども多くの	under construction	工事中
no longer ~	もはや~ない	used to ~	よく~したものだ
no more A than B	Bと同様にAではない	with ease	簡単に
		yield to ~	~に屈する

6

重要ポイント

英語熟語

163

国会・内閣・選挙

 一般企業レベル

三権分立

権力が一つの機関に集中しないように、国会が立法権を、内閣が行政権を、裁判所が司法権を分担し、独立して仕事を行う仕組み。相互の抑制と均衡により、国民の人権を守るためのもの。

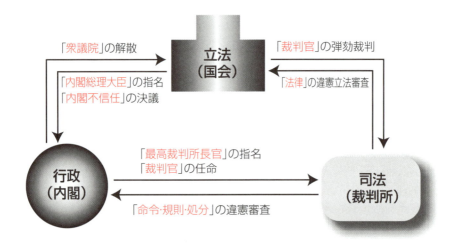

二院制

衆議院・参議院

(2023年10月時点)

	定数	任期	選挙権	被選挙権	解散	選挙区
衆議院	465名	4年 解散により任期中でも資格を失う	満18歳以上	満25歳以上	ある	小選挙区制で289名、比例代表制で176名選出
参議院	248名※	6年 3年ごとに半数ずつ改選	満18歳以上	満30歳以上	ない	各都道府県の選挙区から148名、比例代表制で100名選出

※令和4年7月25日までは245名。

164

重要 12 省庁

レベル A　一般企業レベル

中央省庁再編成

2001年、中央省庁は大幅に改編され、1府22省庁から1府12省庁（10省2庁）へと変わった。2007年、防衛庁が防衛省に昇格。

重要 13 日本国憲法

レベル A 一般企業レベル

☐ **第一条**　天皇は、日本国の象徴であり日本国民統合の象徴であつて、この地位は、主権の存する日本国民の総意に基く。

☐ **第九条**　①日本国民は、正義と秩序を基調とする国際平和を誠実に希求し、国権の発動たる戦争と、武力による威嚇又は武力の行使は、国際紛争を解決する手段としては、永久にこれを放棄する。
②前項の目的を達するため、陸海空軍その他の戦力は、これを保持しない。国の交戦権は、これを認めない

☐ **第一九条**　思想及び良心の自由は、これを侵してはならない。

☐ **第二五条**　①すべて国民は、健康で文化的な最低限度の生活を営む権利を有する。
②国は、すべての生活部面について、社会福祉、社会保障及び公衆衛生の向上及び増進に努めなければならない。

☐ **第二六条**　①すべて国民は、法律の定めるところにより、その能力に応じて、ひとしく教育を受ける権利を有する。
②すべて国民は、法律の定めるところにより、その保護する子女に普通教育を受けさせる義務を負ふ。義務教育は、これを無償とする。

☐ **第二七条**　①すべて国民は、勤労の権利を有し、義務を負ふ。（後略）

☐ **第四一条**　国会は、国権の最高機関であつて、国の唯一の立法機関である。

☐ **第六六条**　①内閣は、法律の定めるところにより、その首長たる内閣総理大臣及びその他の国務大臣でこれを組織する。
②内閣総理大臣その他の国務大臣は、文民でなければならない。
③内閣は、行政権の行使について、国会に対し連帯して責任を負ふ。

☐ **第七八条**　裁判官は、裁判により、心身の故障のために職務を執ることができないと決定された場合を除いては、公の弾劾によらなければ罷免されない。裁判官の懲戒処分は、行政機関がこれを行ふことはできない。

☐ **第九六条**　①この憲法の改正は、各議院の総議員の三分の二以上の賛成で、国会が、これを発議し、国民に提案してその承認を経なければならない。この承認には、特別の国民投票又は国会の定める選挙の際行はれる投票において、その過半数の賛成を必要とする。
②憲法改正について前項の承認を経たときは、天皇は、国民の名で、この憲法と一体を成すものとして、直ちにこれを公布する。

166

重要 14 経済用語・指標一覧

レベル A 一般企業レベル

- [ ] **国民総生産（GNP）** ＝ 総生産額 － 中間生産物（原材料・燃料・半製品など）
- [ ] **国内総生産（GDP）** ＝ 国民総生産(GNP) ＋ 外国人が日本で得た所得 － 日本人が国外で得た所得
- [ ] **国民純生産（NNP）** ＝ GNP － 減価償却費（資本減耗引当分）
- [ ] **国民総所得（GNI）** ＝ 国内総生産(GDP) ＋ 交易利得 ＋ 海外からの所得の純受取
- [ ] **国民総支出（GNE）** ＝ 民間消費支出 ＋ 政府消費支出 ＋ 国内総資本形成 ＋ 経常海外余剰
- [ ] **景気変動の波** ①キチンの波(在庫調整、約40か月)　②ジュグラーの波(設備投資、7〜10年)　③コンドラチェフの波(技術革新、約40〜50年)

- [ ] **インフレーション（インフレ）** 総需要と総供給のバランスが崩れ、物価が高騰し、貨幣価値が下落すること。
- [ ] **デフレーション（デフレ）** 総需要と総供給のバランスが崩れ、物価が下落し、貨幣価値が高騰すること。
- [ ] **スタグフレーション** インフレ(物価上昇)とデフレ(不況、失業率上昇)が共存した状態。
- [ ] **デフレスパイラル** 不況時に物価下落がさらに不況を誘因する悪循環のこと。
- [ ] **プライムレート（最優遇貸出金利）** 銀行が最優良企業に貸し付ける場合の金利。長期（1年以上）と短期（1年未満）がある。
- [ ] **日銀の三大金融政策** ①金利政策　②公開市場操作(オープンマーケットオペレーション)　③支払(預金)準備率操作
- [ ] **売りオペレーション** 景気加熱時に、日本銀行が保有する有価証券を売り、通貨を吸収して、企業への貸出を抑えること。
- [ ] **買いオペレーション** 景気停滞時に、日本銀行が市場の有価証券を買い、通貨を供給して、企業への貸出を増やすこと。
- [ ] **支払（預金）準備率** 日本銀行が市中銀行に強制的に預金させる割合。
- [ ] **ジャパンプレミアム** 日本の銀行の信頼低下が原因で、海外の銀行から資金調達する際に上乗せされる金利。
- [ ] **デリバティブ（金融派生商品）** 先物取引やオプションなど、株式や債券から派生した金融商品。
- [ ] **ノンバンク** 銀行以外の預金を集めずに与信業務を行う、リース会社や信販会社など。
- [ ] **ディスクロージャー** 企業の財務内容などについて、株主などの利害関係者に対する透明性を高めること。
- [ ] **フィンテック** 「Finance」と「Technology」を合わせた造語。
- [ ] **ペイオフ** 銀行破綻時の預金保証を、元本1000万円 ＋ 利子までとすること。
- [ ] **コーポレートガバナンス（企業統治）** 経営者を監視するには株主の権利が十分に機能すべきとの考え方。

15 M&A用語

重要

レベル A 一般企業レベル

基本用語

□ **M&A**
[英]Marger and Acquisition：合併（2つの企業が一つになること）や買収（ある企業の株式の過半数以上を取得するなどして、その会社の支配権を握ること）の形で企業や事業部門を入手すること。

□ **TOB**
[英]Take Over Bid：上場企業の経営権獲得を目的として、買付株数、価格、期間などを公表して、市場外で株式を買い集める買収方法。テンダーオファー（Tender Offer）と同じ。

□ **敵対的買収**
経営者や取締役会の意向に反して買収すること。

□ **LBO**
[英]Leveraged BuyOut：買収される企業の資産を担保した融資や債権発行によって資金を調達してM&Aを行うこと。手持ち資金の少ない企業でもM&Aを行うことが可能になる。

□ **MBO**
[英]Management BuyOut：経営陣による自社企業買収。

□ **グリーンメーラー**
[英]Green Mailer：株価をつりあげて高値で引き取らせる目的を持つ買収者のこと。

□ **ストックオプション**
[英]Stock Option：役員や従業員が持つ、新株予約権のこと。

M&A 防衛策

□ **ホワイトナイト**
[英]White Knight：敵対的買収を受けそうな企業を助けるために、好意的買収を申し出る「白馬の騎士」的買収者。

□ **ポイズンピル**
[英]Poison Pill /毒薬：買収コストが高くつくことを買収者に承知させてM&Aを断念させようとする手段やそれを明記した定款条項。敵対的買収を受けた際の新株予約権などがある。

□ **クラウンジュエル**
[英]Crown Jewel /王冠の宝石：買収される企業の中でも、最も価値を持ちそうな資産。転じて、その資産を手放すことで企業価値を低下させる防衛策。

□ **ゴールデンパラシュート**
[英]Golden Parachute：経営陣や役員がM&Aに際して解任されるときの報酬。転じて、事前に退職報酬を巨額にすることで、買収する側に不利な状況を作り出す防衛策。

□ **ティンパラシュート**
[英]Tin Parachute：従業員の退職報酬のこと。転じて、それを事前に高めることによるM&A防衛策。

□ **スーパーマジョリティ**
[英]Super Majority：合併などの重大決定を行う際に、株主総会の決議要件を極端に上げておくこと。転じて、それを用いたM&A防衛策。

□ **スタッガードボード**
[英]Staggered Boards：全取締役が一度に選出されることがないように、役員の改選任期をずらして一部分だけを選任して交代させること。転じて、事前にそれを明文化しておくことで、M&Aによる企業支配を避ける防衛策。

□ **パックマンディフェンス**
[英]Packman Defence：買収をしようとしてきた企業に対して、逆に買収を仕掛けるM&A防衛策。

重要

16 国連のしくみ

レベル **A** 一般企業レベル

事務局
国連の行政機関。ニューヨークに本部がある。

国際原子力機関（IAEA）

信託統治理事会
特定の地域の信託統治を監督するために設置。5常任理事国で構成。活動を停止中。

総会（UNGA）

安全保障理事会
世界平和を守るために設置。国際紛争解決のため経済封鎖や武力行使をする。5常任理事国・10非常任理事国で構成。

国際司法裁判所
国連の司法機関。15人の裁判官で構成。

（本部：ニューヨーク）
国連の最高機関。すべての加盟国で構成され、各国が1票を持つ。

常任理事国（5か国）
アメリカ、ロシア、イギリス、フランス、中国

経済社会理事会
経済・社会・文化・教育・保健衛生・人権などの問題を扱う機関。54か国で構成。

主な計画と基金
国連児童基金（UNICEF）
国連難民高等弁務官事務所（UNHCR）
国連貿易開発会議（UNCTAD）
国連環境計画（UNEP）
国際連合大学（UNU）

主な専門機関
国際通貨基金（IMF）
国際復興開発銀行（世界銀行）（IBRD）
世界保健機関（WHO）
国連教育科学文化機関（UNESCO）
国連食糧農業機関（FAO）
国際労働機関（ILO）
世界知的所有権機関（WIPO）
万国郵便連合（UPU）
国際電気通信連合（ITU）
国際開発協会（IDA）
世界気象機関（WMO）

地域経済委員会
アジア太平洋経済社会委員会（ESCAP）
欧州経済委員会（ECE）
ラテンアメリカ・カリブ経済委員会（ECLAC）
アフリカ経済委員会（ECA）
西アジア経済社会委員会（ESCWA）

6 重要ポイント　M&A用語／国連のしくみ

重要 17 国際略語

レベル A 一般企業レベル

●国連

- [ ] FAO 国連食糧農業機関
- [ ] IAEA 国際原子力機関
- [ ] IBRD 国際復興開発銀行
- [ ] ICPO 国際刑事警察機構
- [ ] IEA 国際エネルギー機関
- [ ] ILO 国際労働機関
- [ ] IMF 国際通貨基金
- [ ] IWC 国際捕鯨委員会
- [ ] PKF 国連平和維持軍
- [ ] PKO 国連平和維持活動
- [ ] UNCTAD 国連貿易開発会議
- [ ] UNESCO 国連教育科学文化機関
- [ ] UNHCR 国連難民高等弁務官事務所
- [ ] UNICEF 国連児童基金
- [ ] UNSC 国連安全保障理事会
- [ ] WFP 世界食糧計画
- [ ] WHO 世界保健機関
- [ ] WIPO 世界知的所有権機関
- [ ] WTO 世界貿易機関

●政治・外交

- [ ] AFTA アセアン自由貿易地域
- [ ] APEC アジア太平洋経済協力（会議）
- [ ] ASEAN 東南アジア諸国連合
- [ ] BIS 国際決済銀行
- [ ] BRICs ブラジル、ロシア、インド、中国
- [ ] CIS 独立国家共同体
- [ ] CTBT 包括的核実験禁止条約
- [ ] EFTA 欧州自由貿易連合

- [ ] EU 欧州（ヨーロッパ）連合
- [ ] FBI アメリカ連邦捜査局
- [ ] G8 主要国首脳会議
- [ ] ICBM 大陸間弾道ミサイル
- [ ] KEDO 朝鮮半島エネルギー開発機構
- [ ] NAFTA 北米自由貿易協定
- [ ] NATO 北大西洋条約機構
- [ ] NBC 核・生物・化学兵器
- [ ] NGO 非政府組織
- [ ] NPO 民間非営利団体
- [ ] NPT 核拡散防止条約
- [ ] ODA 政府開発援助
- [ ] OECD 経済協力開発機構
- [ ] OAPEC アラブ石油輸出国機構
- [ ] OAS 米州機構
- [ ] OPEC 石油輸出国機構
- [ ] PFLP パレスチナ解放人民戦線
- [ ] PLO パレスチナ解放機構
- [ ] RIMPAC 環太平洋合同演習
- [ ] SALT 戦略兵器制限交渉
- [ ] SDI 戦略防衛構想
- [ ] START 米ソ戦略兵器削減条約
- [ ] TPP 環太平洋パートナーシップ協定
- [ ] USMCA アメリカ・メキシコ・カナダ協定

●経済・経営

- [ ] ATM 現金自動預入・引出機
- [ ] CEO 最高経営責任者
- [ ] CFO 最高財務責任者
- [ ] COO 最高執行責任者
- [ ] CPI 消費者物価指数

170

☐ DC	デビット・カード		☐ DVD	デジタルバーサタイルディスク
☐ DI	景気動向指数		☐ DHA	ドコサヘキサエン酸
☐ EC	電子商取引		☐ EPG	電子番組表
☐ FRB	(アメリカ)連邦準備制度理事会		☐ ETC	自動料金収受システム
☐ GDP	国内総生産		☐ GPS	全地球測位システム
☐ GNP	国民総生産		☐ HIV	ヒト免疫不全ウイルス
☐ M&A	企業合併・買収		☐ HTTP	ホームページ用通信規約
☐ MNC	多国籍企業		☐ ISDN	総合デジタル通信網
☐ NASDAQ	アメリカ店頭株式市場		☐ ISO	国際標準化機構
☐ NNP	国民純生産		☐ IT	情報技術
☐ OEM	相手先商標製造		☐ JAS	日本農林規格
☐ PB	プライベートブランド		☐ JIS	日本産業規格
☐ PER	株価収益率		☐ LAN	ローカル・エリア・ネットワーク
☐ PL	生産者製造物責任			
☐ POS	販売時点情報管理		☐ MPEG	カラー動画像の圧縮方式
☐ SEC	アメリカ証券取引委員会		☐ MRSA	メチシリン耐性黄色ブドウ球菌
☐ SOHO	小規模ホームオフィス			
☐ TOB	株式公開買い付け		☐ NASA	アメリカ航空宇宙局
☐ TOPIX	東京証券取引所株価指数		☐ OCR	光学式文字読み取り装置
			☐ PHS	簡易型携帯電話

●科学・コンピューター

☐ ABS	アンチロック・ブレーキ・システム		☐ RAM	ランダムアクセスメモリー
			☐ RNA	リボ核酸
☐ AIDS	後天性免疫不全症候群		☐ ROM	リードオンリーメモリー
☐ ASCII	アメリカ標準文字コード表		☐ URL	ユニフォーム・リソース・ロケーター
☐ ATC	自動列車制御装置			
☐ ATS	自動列車停止装置		☐ WWW	ワールド・ワイド・ウェブ
☐ BOD	生物化学的酸素要求量			
☐ bps	ビット毎秒			

●その他

☐ CAD	コンピューター利用設計システム		☐ FIFA	国際サッカー連盟
			☐ IOC	国際オリンピック委員会
☐ CAT	コンピューター援用検査		☐ IRA	アイルランド共和(国)軍
☐ CATV	ケーブルテレビ		☐ JARO	日本広告審査機構
☐ CPU	コンピューター中央演算処理装置		☐ JA	（日本）農業協同組合
			☐ JETRO	日本貿易振興機構
☐ DAT	デジタルオーディオテープ		☐ JICA	国際協力機構
☐ DNA	デオキシリボ核酸		☐ JOC	日本オリンピック委員会
☐ DTP	パソコンによる編集システム		☐ MLB	(米)メジャーリーグ機構
			☐ NPB	日本野球機構

6 重要ポイント 国際略語

171

重要 18 世界史年表

レベル A 一般企業レベル

世紀	西暦	出来事
	B.C.509	□ ローマ共和政成立
	B.C.306	□ マケドニア王国成立
	B.C.221	□ 秦（しん）始皇帝、中国統一 ← 中国
	B.C.27	□ ローマ帝政開始
4〜11C	A.D.375	□ ゲルマン民族大移動開始
	395	□ ローマ帝国、東西に分裂
	589	□ 隋（ずい）全国統一 ← 中国
	618	□ 唐成立 ← 中国
	962	□ 神聖ローマ帝国成立
	1077	□ カノッサの屈辱
	1096	□ 第1回十字軍
13〜14C	1215	□ マグナ・カルタ制定 ← イギリス
	1265	□ イギリス議会成立 ← イギリス
	1271	□ 元成立 ← 中国
	1299	□ オスマン・トルコ成立
	1368	□ 明成立 ← 中国
15〜17C	1492	□ コロンブス、西インド諸島に到達
	1526	□ ムガール帝国成立 ← インド
	1588	□ スペイン無敵艦隊がイギリス海軍に敗北 ← スペイン
	1600	□ イギリス、東インド会社設立 ← イギリス
	1616	□ 清成立 ← 中国
	1618	□ 三十年戦争始まる（〜1648）
	1640	□ イギリス清教徒革命 ← イギリス
	1688	□ イギリス名誉革命 ← イギリス
	1689	□ イギリス、権利章典 ← イギリス
18〜19C	1701	□ プロシア王国成立 ← ドイツ
	1760頃	□ 産業革命 ← イギリス
	1763	□ パリ条約
	1775	□ アメリカ独立戦争（〜1783） ← アメリカ
	1776	□ アメリカ独立宣言 ← アメリカ
	1789	□ フランス革命 ← フランス
	1823	□ アメリカ、モンロー宣言 ← アメリカ
	1840	□ アヘン戦争（〜1842） ← 中国
	1842	□ 南京条約 ← 中国
	1851	□ 太平天国の乱（〜1864） ← 中国
	1853	□ クリミア戦争（〜1856）
	1857	□ シパーヒー（セポイ）の反乱 ← インド
	1860	□ 北京条約 ← 中国

172

世紀	西暦	出来事
19C	1861	□ アメリカ、南北戦争（〜1865）　← **アメリカ**
	1863	□ アメリカ、奴隷解放宣言　← **アメリカ**
	1870	□ 普仏戦争（〜1871）
	1882	□ 三国同盟（独・伊・墺）
	1885	□ 天津条約　← **中国**
	1891	□ 露仏同盟（1894年に完成）
	1894	□ 日清戦争
	1900	□ 義和団事件　← **中国**
20C	1902	□ 日英同盟
	1904	□ 日露戦争
	1907	□ 三国協商（仏・英・露）
	1911	□ 辛亥（しんがい）革命　← **中国**
	1914	□ サラエボ事件、第一次世界大戦（〜1918）
	1917	□ ロシア、三月・十一月革命　← **ロシア**
	1919	□ 五・四運動　← **中国** 、ワイマール憲法制定、ベルサイユ条約調印
	1920	□ 国際連盟成立
	1921	□ 中国共産党発足　← **中国** 、ワシントン海軍軍縮条約
	1922	□ ソビエト社会主義共和国連邦成立　← **ソ連**
	1927	□ ジュネーブ軍縮会議
	1929	□ 世界大恐慌始まる　← **アメリカ**
	1931	□ 満州事変　← **中国**
	1933	□ アメリカ、ニューディール政策始まる　← **アメリカ**
	1937	□ 日中戦争
	1938	□ ドイツがオーストリア併合、ミュンヘン会談
	1939	□ 独ソ不可侵条約、第二次世界大戦（〜1945）
	1940	□ 日独伊三国同盟
	1941	□ 太平洋戦争
	1945	□ ヤルタ会談　国際連合成立、ポツダム宣言
	1949	□ 中華人民共和国成立　← **中国**
	1950	□ 朝鮮戦争（〜1953）← **韓国**
	1956	□ ハンガリー動乱　← **ハンガリー**
	1962	□ キューバ危機　← **キューバ**
	1965	□ ベトナム戦争激化（〜1975）　← **ベトナム**
	1966	□ 中国、文化大革命（〜1977）　← **中国**
	1971	□ 中国、国連加盟　← **中国**
	1979	□ 米中国交樹立、イラン革命　← **イラン**
	1986	□ チェルノブイリ原発事故　← **ソ連**
	1989	□ ベルリンの壁崩壊、マルタ会談で冷戦終結宣言
	1990	□ 東西ドイツ統一　← **ドイツ**
	1991	□ 湾岸戦争　← **イラク** 、ソビエト連邦崩壊　← **ソ連**
	1997	□ 香港、中国へ返還　← **中国**
	1998	□ インドネシア経済危機、コソボ紛争
	2000	□ 南北朝鮮首脳会談
21C	2001	□ 米同時多発テロ事件　← **アメリカ**
	2003	□ イラク戦争　← **イラク**
	2011	□ 南スーダン独立・国連加盟

重要 19 日本史年表

レベル Ａ　一般企業レベル

🔺 文化・経済　　⭕ 政治・外交　　❌ 戦乱・戦争・災害

	年号	マーク	出来事	文化
縄文	B.C.12000頃	🔺	□ 縄文土器・磨製石器つくられる	
	B.C.8000頃	🔺	□ 竪穴住居。貝塚	
弥生	B.C.400頃	🔺	□ 稲作。金属器使用	
	57	⭕	□ 倭の奴国王、朝貢して後漢より金印を授かる	
	239	⭕	□ 邪馬台国の女王卑弥呼、魏に遣いを送る	
大和	604	⭕	□ 聖徳太子が憲法十七条を制定	飛鳥文化
	630	⭕	□ 遣唐使開始（犬上 御田鍬を派遣）	
	645	❌	□ 乙巳の変→大化改新	
	701	⭕	□ 大宝律令を制定〈律令政治の基礎が築かれる〉	白鳳文化
奈良	710	⭕	□ 平城京に遷都。唐の長安を模した	天平文化
	743	🔺	□ 墾田永年私財法公布。荘園発展の出発点となる	
	794	⭕	□ 桓武天皇、平安京に遷都	
平安	935〜41	❌	□ 承平・天慶の乱（平将門・藤原純友の乱）始まる	国風文化
	1017	⭕	□ 藤原道長が太政大臣となり、摂関政治の絶頂期	
	1086	⭕	□ 白河上皇の院政始まる	
	1167	⭕	□ 平清盛が太政大臣となる	
	1192	⭕	□ 源頼朝が征夷大将軍となる。鎌倉に幕府を開く	鎌倉文化
鎌倉	1221	❌	□ 承久の乱。後鳥羽上皇の倒幕計画失敗	
	1232	⭕	□ 北条泰時が御成敗式目を制定〈執権政治〉	
	1274	❌	□ 文永の役（第1回元寇）	
	1281	❌	□ 弘安の役（第2回元寇）	
	1333	⭕	□ 鎌倉幕府滅亡	
南北朝・室町	1334	⭕	□ 後醍醐天皇が建武の新政始める	北山文化 東山文化
	1338	⭕	□ 足利尊氏が征夷大将軍に。京都室町に幕府を開く	
	1392	⭕	□ 南北朝の合一。事実上、北朝による南朝の吸収	
	1467	❌	□ 応仁・文明の乱始まる（〜1477）	
安土桃山	1573	⭕	□ 織田信長が将軍を追放。室町幕府滅亡	桃山文化 安土・桃山文化
	1582	❌	□ 本能寺の変（信長、家臣の明智光秀に襲われ自害）	
	1590	⭕	□ 豊臣秀吉が全国を統一	
江戸	1600	❌	□ 関ヶ原の戦いで東軍が勝利	
	1603	⭕	□ 徳川家康が征夷大将軍に。江戸幕府を開く	
	1639	⭕	□ 鎖国完成（中国・オランダ・朝鮮を除く）	

	年号	マーク	出来事	文化	
江戸	1716	⭕	☐ 享保の改革（～45年、8代将軍徳川吉宗による）	文化	元禄
	1787	⭕	☐ 寛政の改革（～93年、老中松平定信による）		
	1841	⭕	☐ 天保の改革（～43年、老中水野忠邦による）	文化	化政
	1853	⭕	☐ ペリーが浦賀に来航（サスケハナ号にて）		
	1854	⭕	☐ 日米和親条約（下田・箱館の開港、領事駐在権の承認など）		
	1858	⭕	☐ 日米修好通商条約（神奈川他4港の開港、江戸・大坂の開市など）		
	1867	⭕	☐ 大政奉還（徳川慶喜、政権返上）		
明治	1868	⭕	☐ 五箇条の御誓文〈明治維新〉		
	1877	❌	☐ 西南戦争（西郷隆盛挙兵）		
	1889	⭕	☐ 大日本帝国憲法が発布される		
	1894	❌	☐ 日清戦争が始まる（～1895）		
	1902	⭕	☐ 日英同盟が締結される		
	1904	❌	☐ 日露戦争が始まる（～1905）		
	1910	⭕	☐ 韓国を併合する		
大正	1914	❌	☐ サラエボ事件。第一次世界大戦が勃発する		
	1915	⭕	☐ 中国政府に21か条の要求をする		
昭和	1931	❌	☐ 満州事変が始まる		
	1932	❌	☐ 五・一五事件で犬養毅首相が暗殺される		
	1936	❌	☐ 二・二六事件が起こり、東京中心部が反乱軍に占拠される		
	1937	❌	☐ 北京郊外で日中両軍が衝突、日中戦争が始まる		
	1939	❌	☐ ドイツ軍がポーランドに侵攻、第二次世界大戦が勃発する		
	1940	⭕	☐ 日・独・伊三国同盟が締結される		
	1941	❌	☐ 日本軍が真珠湾を攻撃、太平洋戦争が始まる		
	1945	⭕	☐ 日本がポツダム宣言受諾、第二次世界大戦終結		
	1946	⭕	☐ 日本国憲法が発布される		
	1951	⭕	☐ サンフランシスコ平和条約が調印され、日本が独立を回復する		
	1956	⭕	☐ 日ソの国交が回復され、日本が国連に加盟する		
	1972	⭕	☐ 沖縄が返還される ☐ 日中の国交が回復される		
	1978	⭕	☐ 日中平和友好条約が調印される		
平成	1989	🔺	☐ 消費税が導入される		
	1992	⭕	☐ PKOでカンボジアに自衛隊が派遣される		
	1993	⭕	☐ 米の輸入自由化が決定される		
	1995	❌	☐ 阪神・淡路大震災、地下鉄サリン事件		
	2011	❌	☐ 東日本大震災		

重要 20 主な国の首都とその特徴

レベル A 一般企業レベル

面積：2021年 人口密度：2022年

国名	首都	面積（人口密度,人／km²)	主要産業
イタリア共和国	ローマ	約30万km²（195人）	機械、繊維、自動車、鉄鋼、農業
ウズベキスタン共和国	タシケント	約45万km²（77人）	綿花、天然ガス、ウラン、金
オーストリア共和国	ウィーン	約8万km²（107人）	製鉄、金属加工、観光
オランダ王国	アムステルダム	約4万km²（423人）	石油精製、化学、酪農、園芸
カザフスタン共和国	アスタナ	約273万km²（7人）	鉱業、農業、冶金・金属
ギリシャ共和国	アテネ	約13万km²（79人）	農業、軽工業、製鉄、造船
スイス連邦	ベルン	約4万km²（212人）	機械・機器、化学、金融、観光
スウェーデン王国	ストックホルム	約44万km²（24人）	機械（自動車）、化学、林業、ＩＴ
スペイン	マドリード	約51万km²（94人）	食品加工、化学品、自動車、観光
チェコ共和国	プラハ	約8万km²（133人）	機械、化学、観光
デンマーク王国	コペンハーゲン	約4万km²（137人）	酪農、畜産、化学
ドイツ連邦共和国	ベルリン	約36万km²（233人）	機械、化学、電気、鉄鋼
ノルウェー王国	オスロ	約32万km²（17人）	石油、水産業、海運
ハンガリー	ブダペスト	約9万km²（107人）	機械、化学・製薬、農業、畜産
フィンランド共和国	ヘルシンキ	約34万km²（16人）	ハイテク機器、パルプ
フランス共和国	パリ	約55万km²（117人）	農業、化学、機械、食品、繊維
ベルギー王国	ブリュッセル	約3万km²（382人）	金属、食品加工、化学、機械
ポーランド共和国	ワルシャワ	約31万km²（127人）	食品、自動車、化学、燃料
ポルトガル共和国	リスボン	約9万km²（111人）	農業、自動車、繊維、観光
ルーマニア	ブカレスト	約24万km²（82人）	鉄鋼、アルミ、機械、繊維、小麦
ロシア連邦	モスクワ	約1710万km²（8人）	鉱業、鉄鋼、機械、化学、繊維
グレートブリテン及び北アイルランド連合王国(イギリス)	ロンドン	約24万km²（276人）	航空機、電気機器、化学、金融
エジプト・アラブ共和国	カイロ	約100万km²（111人）	農業、貿易、金融、石油
エチオピア連邦民主共和国	アディスアベバ	約110万km²（112人）	コーヒー、果実、金
ケニア共和国	ナイロビ	約59万km²（91人）	コーヒー、紅茶、石油製品、観光
セネガル共和国	ダカール	約20万km²（88人）	農業、水産業、落花生
ナイジェリア連邦共和国	アブジャ	約92万km²（237人）	原油、カカオ

国名	首都	面積（人口密度）	主要産業
□ モロッコ王国	□ ラバト	約45万km²（84人）	農業、繊維、水産業、鉱業
□ 南アフリカ共和国	□ プレトリア	約122万km²（49人）	農業、金、ダイヤモンド
□ アフガニスタン・イスラム共和国	□ カブール	約65万km²（63人）	遊牧、灌漑農業、果物、羊毛
□ イスラエル国	□ エルサレム	約2万km²（409人）	ダイヤモンド研磨加工、機械
□ イラク共和国	□ バグダッド	約44万km²（102人）	石油関連
□ イラン・イスラム共和国	□ テヘラン	約163万km²（54人）	石油関連、ペルシャ絨毯
□ インド	□ ニューデリー(デリー)	約329万km²（431人）	綿製品、茶、医療品、ＩＴ
□ インドネシア共和国	□ ジャカルタ※	約191万km²（144人）	石油、農業、石炭
□ カンボジア王国	□ プノンペン	約18万km²（93人）	米、ゴム、淡水漁業、木材
□ クウェート国	□ クウェート	約2万km²（240人）	石油、LPG、石油化学
□ サウジアラビア王国	□ リヤド	約221万km²（16人）	石油、LPG、石油化学
□ シンガポール共和国	□ ―（都市国家）	約0.07万km²（8202人）	エレクトロニクス、商業、金融
□ タイ王国	□ バンコク	約51万km²（140人）	ＩＴ、自動車、天然ゴム、米
□ トルコ共和国	□ アンカラ	約78万km²（109人）	繊維、果実、鉄鋼、サービス
□ パキスタン・イスラム共和国	□ イスラマバード	約80万km²（296人）	綿花・羊毛関連製品、衣料品、米
□ フィリピン共和国	□ マニラ	約30万km²（385人）	農林水産業、機械
□ ベトナム社会主義共和国	□ ハノイ	約33万km²（296人）	米、無煙炭、木材、茶、鉱業
□ マレーシア	□ クアラルンプール	約33万km²（103人）	ゴム、パーム油、木材、スズ
□ ミャンマー連邦共和国	□ ネーピードー	約68万km²（80人）	米、木材、油脂粕、綿花、ゴム
□ モンゴル国	□ ウランバートル	約156万km²（2人）	鉱業、牧畜、軽工業
□ 大韓民国	□ ソウル	約10万km²（516人）	電子、機械、鉄鋼、繊維
□ 中華人民共和国	□ 北京	約960万km²（149人）	農業、エネルギー、鉄鋼、繊維
□ 朝鮮民主主義人民共和国（北朝鮮）	□ 平壌(ピョンヤン)	約12万km²（216人）	水産業、繊維製品、鉱産物、電気機器
□ オーストラリア連邦	□ キャンベラ	約769万km²（3人）	石炭、石油、鉄鉱石、サービス
□ ニュージーランド	□ ウェリントン	約27万km²（19人）	酪農、食肉、林業、機械
□ アメリカ合衆国	□ ワシントンD.C.	約983万km²（34人）	工業、農業、金融保険不動産
□ アルゼンチン共和国	□ ブエノスアイレス	約280万km²（16人）	農牧業、工業
□ カナダ	□ オタワ	約999万km²（4人）	金融、保険、不動産、商業、工業
□ キューバ共和国	□ ハバナ	約11万km²（102人）	観光業、砂糖、煙草、ニッケル
□ ブラジル連邦共和国	□ ブラジリア	約851万km²（25人）	コーヒー、砂糖、鉄鉱石
□ ペルー共和国	□ リマ	約129万km²（26人）	鉱業、漁業、農業
□ メキシコ合衆国	□ メキシコシティ	約196万km²（65人）	石油、銀、とうもろこし

※ヌサンタラへの首都移転計画あり

重要 21 世界の地形

レベル A 一般企業レベル

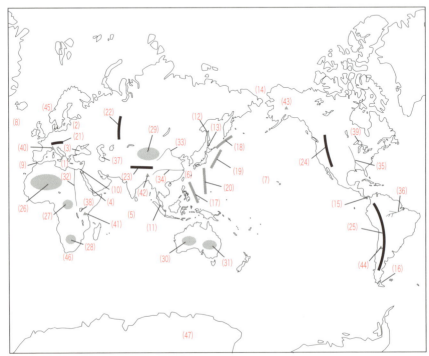

世界の気候

熱帯	□熱帯雨林気候	年間通じて高温多湿。赤道を中心に緯度20度付近より低緯度の地域。
	□サバナ気候	年中高温だが、明瞭な乾季と雨季がある。東アフリカ、ブラジル。
温帯	□温帯季節風気候	夏は高温多雨、冬は低温少雨。東アジアと北アメリカ東部。
	□西海岸海洋性気候	温暖で降水量は平均的。西ヨーロッパ、南北アメリカ西岸。
	□地中海性気候	冬に雨が多く、夏は高温低湿。地中海沿岸、チリ中部。
冷帯(亜寒帯)	□混合林気候	寒暖の差が大きく、冬の寒さが厳しい。ロシア、カナダ南部。
	□タイガ気候	亜寒帯北部を取り巻く北方針葉樹林帯。シベリア、カナダ。
寒帯	□ツンドラ気候	夏は永久凍土層が少し解け、数週間の間コケ類が生える。北極海沿岸。
	□氷雪気候	一年中寒く、氷におおわれている。南極。
乾燥帯	□ステップ気候	冬は乾燥。春から初夏にかけて雨が降り、一面の草原となる。
	□砂漠気候	年間降水量250mm以下で、樹木が育たない。

178

●海

(1)	地中海	ヨーロッパ・アフリカ・アジアに囲まれた海。
(2)	バルト海	大西洋の付属海。
(3)	黒海	中心部は水深2000m以上。
(4)	紅海	海草や微生物により海水が紅色になる。
(5)	インド洋	世界第3位の大洋。
(6)	東シナ海	ほとんどが大陸棚。
(7)	太平洋	世界第1位の大洋。
(8)	大西洋	世界第2位の大洋。

●海峡・地峡

(9)	ジブラルタル海峡	地中海と大西洋を結ぶ。
(10)	スエズ地峡	アフリカ北東部とアジア南西部とを結ぶ。
(11)	マラッカ海峡	南シナ海とアンダマン海とを結ぶ。
(12)	間宮海峡（タタール海峡）	シベリア東岸とサハリンとの間。
(13)	宗谷海峡	宗谷岬とサハリンの間。
(14)	ベーリング海峡	海峡の中心を日付変更線が通る。
(15)	パナマ地峡	南北アメリカ大陸を結ぶ。
(16)	マゼラン海峡	南アメリカ大陸南端とフェゴ島との間。

●海溝

(17)	フィリピン海溝	世界最深の海溝の一つ。
(18)	千島・カムチャツカ海溝	カムチャツカ半島南東付近から襟裳岬まで。
(19)	日本海溝	日本列島の東側に沿う海溝。地震が多発。
(20)	マリアナ海溝	世界で最も深いチャレンジャー海淵がある。

●山脈

(21)	アルプス山脈	ヨーロッパ中南部の大山脈。
(22)	ウラル山脈	ヨーロッパとアジアとを分ける山脈。
(23)	ヒマラヤ山脈	8000m級の高峰が連なる。「世界の屋根」。
(24)	ロッキー山脈	最高峰はエルバート山。
(25)	アンデス山脈	世界最長の山脈。

●砂漠・盆地

(26)	サハラ砂漠	世界最大の砂漠。
(27)	コンゴ盆地	赤道周辺にある大盆地。沼沢地帯や塩湖が分布。
(28)	カラハリ砂漠	
(29)	ゴビ砂漠	モンゴルから中国にかけて広がる高原砂漠。
(30)	グレートビクトリア砂漠	オーストラリアで最も乾燥が激しい地域。
(31)	大鑽井盆地	内陸盆地で、水が自然に吹き出す井戸が多い。

●川

(32)	ナイル川	長さ世界第1位。
(33)	黄河	中流以下に黄土が多く流れる。
(34)	長江（揚子江）	中国最長の河川。
(35)	ミシシッピ川	アメリカ中央部を南北に貫流。
(36)	アマゾン川	長さ世界第2位。流域面積世界一。

●湖

(37)	カスピ海	世界最大の湖。
(38)	ビクトリア湖	アフリカ最大、面積世界第3位の湖。
(39)	スペリオル湖	五大湖最西端にある面積世界第2位の湖。

●主な山

(40)	モンブラン山	4810m。
(41)	キリマンジャロ山	タンザニア北東部。高さ5895m。
(42)	エベレスト山	8848m。世界最高峰。
(43)	デナリ山	6190m。アラスカ山脈の最高峰。旧名マッキンリー山。
(44)	アコンカグア山	6961m。南半球の最高峰。アルゼンチン。

●その他

(45)	フィヨルド	氷河谷が海面下に沈んでできた細長い入り江。
(46)	喜望峰	アフリカ南端の岬。
(47)	南極大陸	オーストラリア大陸のほぼ1.5倍の面積。

6 重要ポイント 世界の地形

179

22 日本の地形

レベル A 一般企業レベル

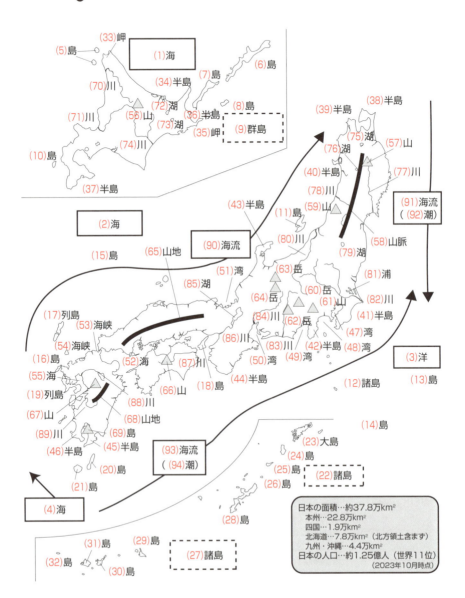

日本の自然・地図

(1)	オホーツク海	(33)	宗谷岬	(65)	中国山地
(2)	日本海	(34)	知床半島	(66)	石鎚山
(3)	太平洋	(35)	納沙布岬	(67)	阿蘇山
(4)	東シナ海	(36)	根室半島	(68)	九州山地
(5)	利尻・礼文島	(37)	松前半島	(69)	桜島
(6)	択捉島	(38)	下北半島	(70)	天塩川
(7)	国後島	(39)	津軽半島	(71)	石狩川
(8)	色丹島	(40)	男鹿半島	(72)	サロマ湖
(9)	歯舞群島	(41)	房総半島	(73)	阿寒湖
(10)	奥尻島	(42)	伊豆半島	(74)	十勝川
(11)	佐渡島	(43)	能登半島	(75)	十和田湖
(12)	伊豆諸島	(44)	紀伊半島	(76)	田沢湖
(13)	南鳥島	(45)	大隅半島	(77)	北上川
(14)	沖ノ鳥島	(46)	薩摩半島	(78)	最上川
(15)	竹島	(47)	東京湾	(79)	猪苗代湖
(16)	壱岐島	(48)	相模湾	(80)	信濃川
(17)	対馬列島	(49)	駿河湾	(81)	霞ヶ浦
(18)	淡路島	(50)	伊勢湾	(82)	利根川
(19)	五島列島	(51)	若狭湾	(83)	天竜川
(20)	種子島	(52)	瀬戸内海	(84)	木曽川
(21)	屋久島	(53)	関門海峡	(85)	琵琶湖
(22)	奄美諸島	(54)	対馬海峡	(86)	淀川
(23)	奄美大島	(55)	有明海	(87)	吉野川
(24)	徳之島	(56)	大雪山	(88)	筑後川
(25)	沖永良部島	(57)	岩手山	(89)	球磨川
(26)	与論島	(58)	奥羽山脈	(90)	対馬海流
(27)	琉球諸島	(59)	月山	(91)	千島海流
(28)	沖縄島	(60)	北岳	(92)	親潮
(29)	宮古島	(61)	富士山	(93)	日本海流
(30)	石垣島	(62)	荒川岳	(94)	黒潮
(31)	西表島	(63)	槍ヶ岳		
(32)	与那国島	(64)	穂高岳		

高い山ベスト5

1.	富士山	3776m
2.	北岳	3193m
3.	奥穂高岳	3190m
3.	間ノ岳	3190m
5.	槍ヶ岳	3180m

長い川ベスト5

1.	信濃川	367km
2.	利根川	322km
3.	石狩川	268km
4.	天塩川	256km
5.	北上川	249km

大きい湖ベスト5

1.	琵琶湖	669km^2
2.	霞ヶ浦	220km^2
3.	サロマ湖	152km^2
4.	猪苗代湖	103km^2
5.	中海	86km^2

面積の大きい都道府県ベスト5

1.	北海道	78421km^2
2.	岩手	15275km^2
3.	福島	13784km^2
4.	長野	13562km^2
5.	新潟	12584km^2

6 重要ポイント 日本の地形

都道府県とその特徴

レベル A　一般企業レベル

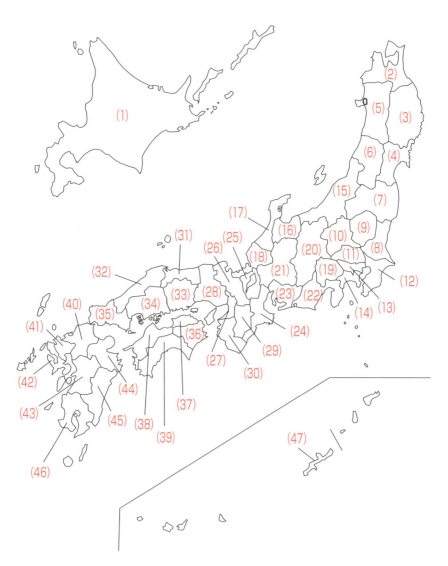

都道府県別データ

人口は2023年1月時点
面積は2023年4月時点

		県庁所在地	面積(km²)	人口(千人)	特徴
(1)	北海道	札幌市	78,421 (北方領土含まず)	5,140	面積1位。人口密度47位。農業生産高1位。
(2)	青森県	青森市	9,645	1,225	りんご・にんにく。ねぶた祭り。
(3)	岩手県	盛岡市	15,275	1,190	面積2位。リアス(式)海岸。南部鉄器。
(4)	宮城県	仙台市	7,282	2,257	気仙沼港。仙台七夕まつり。鳴子のこけし。
(5)	秋田県	秋田市	11,638	941	水深1位の田沢湖。竿灯まつり。
(6)	山形県	山形市	9,323	1,042	さくらんぼ。花笠まつり。
(7)	福島県	福島市	13,784	1,819	面積3位。もも、りんごなどの果物。
(8)	茨城県	水戸市	6,098	2,880	鹿島臨海工業地域。東海村原発。結城紬。
(9)	栃木県	宇都宮市	6,408	1,929	日光東照宮。いちご。益子焼。
(10)	群馬県	前橋市	6,362	1,931	高原野菜。養蚕。草津温泉。
(11)	埼玉県	さいたま市	3,798	7,381	小松菜。関東ローム層。
(12)	千葉県	千葉市	5,157	6,310	醤油、野菜、なし。
(13)	東京都	東京(新宿区)	2,194	13,842	首都。人口密度・住民所得1位。
(14)	神奈川県	横浜市	2,416	9,212	京浜工業地帯。鎌倉、箱根、湘南。
(15)	新潟県	新潟市	12,584	2,164	米。長さ1位の信濃川。
(16)	富山県	富山市	4,248	1,028	黒部ダム。雷鳥。アルミ製品。
(17)	石川県	金沢市	4,186	1,117	加賀友禅。輪島塗。九谷焼。
(18)	福井県	福井市	4,191	760	鯖江の眼鏡枠。繊維産業。永平寺。
(19)	山梨県	甲府市	4,465	813	富士山。富士五湖。甲府盆地のぶどう。
(20)	長野県	長野市	13,562	2,044	北アルプス。白骨温泉。精密機械。
(21)	岐阜県	岐阜市	10,621	1,982	高山の木製家具。美濃和紙。美濃焼。
(22)	静岡県	静岡市	7,777	3,634	富士山。茶。ピアノなどの楽器。
(23)	愛知県	名古屋市	5,173	7,512	名古屋城。中京工業地帯。豊田の自動車。

6

重要ポイント

都道府県とその特徴

	特徴	県庁所在地	面積(km²)	人口(千人)	特徴
(24)	三重県	津市	5,774	1,772	中京工業地帯。伊勢神宮。松阪牛。真珠。
(25)	滋賀県	大津市	4,017	1,414	日本最大の琵琶湖。近江商人の本拠地。
(26)	京都府	京都市	4,612	2,501	かつての平安京。友禅・西陣織・清水焼。
(27)	大阪府	大阪市	1,905	8,784	人口3位。面積46位。阪神工業地帯。
(28)	兵庫県	神戸市	8,401	5,460	神戸港。但馬牛（神戸牛）。灘の酒。
(29)	奈良県	奈良市	3,691	1,325	かつての平城京。毛筆。墨。吉野杉。
(30)	和歌山県	和歌山市	4,725	924	高野山。梅。みかん。まぐろ水揚げ。
(31)	鳥取県	鳥取市	3,507	547	砂丘。二十世紀なし。松葉ガニ。三朝温泉。
(32)	島根県	松江市	6,708	659	古代出雲文化の発祥地。出雲大社。
(33)	岡山県	岡山市	7,115	1,865	瀬戸内工業地域。白桃、マスカット。
(34)	広島県	広島市	8,479	2,771	瀬戸内工業地域。造船。牡蠣。原爆ドーム。
(35)	山口県	山口市	6,113	1,326	秋芳洞。下関の漁業。ふぐ。萩焼。
(36)	徳島県	徳島市	4,147	719	鳴門海峡。阿波踊り。阿波人形浄瑠璃。
(37)	香川県	高松市	1,877	957	面積47位。讃岐うどん。小豆島。
(38)	愛媛県	松山市	5,676	1,327	全国有数のみかん産地。道後温泉。
(39)	高知県	高知市	7,103	685	清流四万十川。足摺岬。なす。かつお。
(40)	福岡県	福岡市	4,988	5,105	博多どんたく。博多祇園山笠。太宰府。
(41)	佐賀県	佐賀市	2,441	807	伊万里・有田焼。吉野ヶ里遺跡。
(42)	長崎県	長崎市	4,131	1,306	諫早湾干拓地。島の数1位。出島。
(43)	熊本県	熊本市	7,409	1,738	阿蘇山の大カルデラ。水俣病。黒川温泉。
(44)	大分県	大分市	6,341	1,124	国東半島。別府温泉。湯布院。かぼす。
(45)	宮崎県	宮崎市	7,734	1,069	日本建国伝説。西都原古墳群。
(46)	鹿児島県	鹿児島市	9,186	1,592	豚・さつまいも。桜島。
(47)	沖縄県	那覇市	2,282	1,486	亜熱帯気候。アメリカ軍基地。

重要

24 単 位

レベル A 一般企業レベル

長さの基本単位

記号	読み	英語	大きさ	日本語
☐ E	エクサ	exa	10^{18}	100京
☐ P	ペタ	peta	10^{15}	1000兆
☐ T	テラ	tera	10^{12}	1兆
☐ G	ギガ	giga	10^{9}	10億
☐ M	メガ	mega	10^{6}	100万
☐ k	キロ	kilo	10^{3}	1千
☐ h	ヘクト	hecto	10^{2}	1百
☐ da	デカ	deca	10^{1}	10
☐ d	デシ	deci	10^{-1}	10分の1
☐ c	センチ	centi	10^{-2}	100分の1
☐ m	ミリ	milli	10^{-3}	1000分の1
☐ μ	マイクロ	micro	10^{-6}	100万分の1
☐ n	ナノ	nano	10^{-9}	10億分の1
☐ p	ピコ	pico	10^{-12}	1兆分の1

※エクサより上、ピコより下は省略した。

理科の単位

☐ 電流	アンペア（A）	☐ 音速	マッハ
☐ 電圧	ボルト（V）	☐ 照度	ルクス（lx）
☐ 電気抵抗	オーム（Ω）	☐ 惑星間距離	光年
☐ 熱量	ジュール（J）	☐ 圧力	パスカル（Pa）
☐ 気圧	ヘクトパスカル(hPa)	☐ 音量	ホン
☐ 放射能量	ベクレル（Bq）	☐ 生体被曝影響度	シーベルト(Sv)

6

重要ポイント 都道府県とその特徴／単位

重要 25 コンピューター

レベル A 一般企業レベル

コンピューターの基本単位

- [ ] bit（ビット）…コンピューターにおける情報の最小単位。0か1。略記号はb。
- [ ] byte（バイト）…8bitのこと。$2^8 = 256$個までの情報を一度に扱える。
  bitと区別するため略記号は大文字Bを使う。
- [ ] コンピューターでは2進法を使うので、1000ではなく$2^{10} = 1024$の倍数を基本単位に用いることが多いが、1024の倍数のときは、MiB（メビバイト）のように明示する場合もある。

  1kB = 1024byte、1MB = 1024kB、1GB = 1024MB、1TB = 1024GB

- [ ] GHz（Giga Hertz：ギガヘルツ）…$(2^{10})^9$ヘルツ。CPU速度（クロック数）に用いる。
- [ ] GB（Giga Byte：ギガバイト）…$(2^{10})^9$バイト。ハードディスク容量やメモリ容量に。
- [ ] bps（bit per second：ビーピーエス）… 1秒あたりのビット数。通信速度に用いる。

コンピューター用語

- [ ] IT…Information Technology。情報通信。Internetの略ではないことに注意。
- [ ] CPU…中央演算処理装置。コンピューターの計算機能の中枢となるIC。メーカーによってはMPUとも呼ぶ。
- [ ] OS…オペレーティングシステム。Windows、MacOS、Linuxなど、コンピューターを動作させるための基本的なソフトウェア。
- [ ] LAN…ローカルエリアネットワーク。企業や家庭内など、狭い範囲のネットワークシステム。ケーブルを用いた有線LANと電波を利用した無線LANがある。
- [ ] Wi-Fi…業界団体が名付けた、無線LANの規格の通称名。
- [ ] USB…プリンタやメモリなどを接続するためのコネクタ規格。
- [ ] プロトコル…protocol。ネットワークを介してコンピューター同士が通信を行ううえで、相互に決められた信号の約束事の総称。
- [ ] クラウド・コンピューティング…Cloud Computing。手元のコンピューターではなく、インターネットなどのネットワーク先のソフトウェアかデータのサービス提供を受けること。
- [ ] デジタル・ディバイド…情報技術や機器を使いこなせるか否かによって生じる格差のこと。

26 情報通信

レベル A 一般企業レベル

IT・デジタル社会に関する用語

□ **IT**
Infomation Technology（インフォメーション・テクノロジー）
コンピューターやインターネットなどを活用した情報技術。

□ **IoT**
Internet Of Things（モノのインターネット）
様々なモノがセンサーや通信機能を持ち、インターネットなどの通信回線を通じて通信を行いながら動作する仕組みのこと。

□ **ICT**
Information and Communication Technology（情報伝達技術）
インターネットなど情報を伝達する技術。

□ **テレワーク**
telework
ICTを活用して遠隔地で仕事を行うなど、時間や場所の制約を受けない柔軟な働き方。

□ **AI**
Artificial Intelligence（人工知能）
人間にかわって、コンピューターが言語理解や推論など高度な知的活動を行う技術。

□ **VR**
Virtual Reality（バーチャル・リアリティ：仮想現実）
コンピューターなどを使って、現物・実物であるかのように、五感を含む感覚を刺激する技術。

□ **AR**
Augmented Reality（オーグメンテッド・リアリティ：拡張現実）
現物・実物の情報と、VRによる仮想的な情報を組み合わせて、感覚情報を拡張する技術。

□ **ディープラーニング**
deep learning（深層学習）
人間のような知的活動をコンピューターに学習させる機械学習の手法。人間の神経細胞（ニューロン）の仕組みを模したシステムである「ニューラルネットワーク」がベースになっている。

□ **トラフィック**
traffic（通信データ量）
インターネットやLANなどのコンピューターなどの通信回線において、一定時間内にネットワーク上で転送されるデータ量。

□ **フィルタリング**
filtering
ネットワーク経由での不正なアクセスや不適切なサイトの利用を防ぐため、通信を制御すること。

□ **ビッグデータ**
big data
巨大なデータ群。転じて、日々膨大に生成されるデータを分析することで、マーケティングに利用すること。

□ **コーデック**
codec
COmpression／DECompression（圧縮/伸長）の略。情報のエンコード（符号化）とデコード（復号）ができる機器・ソフトウェア。または、その信号変換形式のこと。

数学の公式

レベル A 一般企業レベル

●因数分解

- $ax + bx + cx = x(a+b+c)$
- $a^2 \pm 2ab + b^2 = (a \pm b)^2$
- $x^2 + (a+b)x + ab = (x+a)(x+b)$
- $a^2 - b^2 = (a+b)(a-b)$
- $a^3 \pm b^3 = (a \pm b)(a^2 \mp ab + b^2)$
- $a^3 \pm 3a^2b + 3ab^2 \pm b^3 = (a \pm b)^3$
- $a^2 + b^2 + c^2 + 2ab + 2bc + 2ca = (a+b+c)^2$

●解の公式

- $ax^2 + bx + c = 0 \ (a \neq 0)$
  $\Leftrightarrow x = \dfrac{-b \pm \sqrt{b^2 - 4ac}}{2a}$
- $ax^2 + 2b'x + c = 0 \ (a \neq 0)$
  $\Leftrightarrow x = \dfrac{-b' \pm \sqrt{b'^2 - ac}}{a}$

●不等式

$a > 0, \ \alpha < \beta$ のとき

- $a(x-\alpha)(x-\beta) > 0$ の解
  $x < \alpha, \ \beta < x$
- $a(x-\alpha)(x-\beta) < 0$ の解
  $\alpha < x < \beta$

●指数

- $a^m a^n = a^{m+n}$
- $a^m \div a^n = a^{m-n}$
- $(a^m)^n = a^{m \times n}$
- $(ab)^n = a^n b^n$
- $a^0 = 1$
- $a^{-k} = \dfrac{1}{a^k}$

$a > 0, \ b > 0, \ k > 0$ のとき

- $\sqrt{a} \times \sqrt{b} = \sqrt{ab}$
- $\dfrac{\sqrt{a}}{\sqrt{b}} = \sqrt{\dfrac{a}{b}}$
- $\dfrac{a}{\sqrt{b}} = \dfrac{a\sqrt{b}}{b}$
- $\sqrt{k^2 a} = k\sqrt{a}$

●対数

- $\log_a 1 = 0$
- $\log_a a = 1$
- $\log_a xy = \log_a x + \log_a y$
- $\log_a \dfrac{x}{y} = \log_a x - \log_a y$
- $\log_a x^n = n \log_a x$

●三角関数

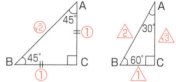

- $\sin 45° = \cos 45° = \dfrac{1}{\sqrt{2}} = \dfrac{\sqrt{2}}{2}$
- $\sin 60° = \cos 30° = \dfrac{\sqrt{3}}{2}$ $\sin 30° = \cos 60° = \dfrac{1}{2}$
- $\tan 30° = \dfrac{1}{\sqrt{3}} = \dfrac{\sqrt{3}}{3}$ $\tan 45° = 1$
- $\tan 60° = \sqrt{3}$ $\sin^2 \theta + \cos^2 \theta = 1$
- $\dfrac{\sin \theta}{\cos \theta} = \tan \theta$ $1 + \tan^2 = \dfrac{1}{\cos^2 \theta}$

●虚数

- $i = \sqrt{-1}$ $i^2 = -1$
- $\sqrt{-a} = i\sqrt{a}$ $i^3 = -i$

●二次関数

- $y = ax^2 + bx + c \ (a \neq 0)$
  $= a\left(x + \dfrac{b}{2a}\right)^2 - \dfrac{b^2 - 4ac}{4a}$
- 頂点 $\left(-\dfrac{b}{2a}, \ -\dfrac{b^2 - 4ac}{4a}\right)$
- 軸 $x = -\dfrac{b}{2a}$

28 理科の法則・公式

レベル A 一般企業レベル

●力学

●フックの法則

□ $F=kx$ （F：力，k：ばね定数，x：伸び）

●天秤

□ $L_1W_1=L_2W_2$

●滑車

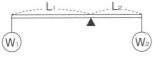

□ $W_1=W_2$ □ $2F_1=F_2$

●輪軸

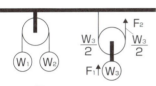

□ $L_1W_1=L_2W_2$ □ $F_2(L_1+L_2)=F_1L_1$

●運動

（v：速度　s：距離　t：時間　a：加速度）

●等速直線運動

□ $v=\dfrac{s}{t}$

●等加速度運動

□ $v=v_0+at$ （v_0：初速度）

□ $S=v_0t+\dfrac{1}{2}at^2$

●電気

●合成抵抗

直列抵抗

□ $R=R_1+R_2+\cdots+R_n$

並列抵抗

□ $\dfrac{1}{R}=\dfrac{1}{R_1}+\dfrac{1}{R_2}+\cdots+\dfrac{1}{R_n}$

●オームの法則

（V：電圧、I：電流、R：抵抗、W：電力）

□ $V=IR$　　□ $W=VI=I^2R$

●化学

□ 水	H_2O
□ 二酸化炭素	CO_2
□ 塩化水素	HCl
□ 硫酸	H_2SO_4
□ 塩化ナトリウム（食塩）	$NaCl$
□ 水酸化バリウム	$Ba(OH)_2$
□ 水酸化カルシウム	$Ca(OH)_2$
□ 炭酸水素ナトリウム	$NaHCO_3$

●生物

●血液型の種類

□ A型：AA　AO　　□ B型：BB　BO

□ AB型：AB　　□ O型：OO

●輸血の方向（赤血球適合）

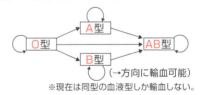

（→方向に輸血可能）

※現在は同型の血液型しか輸血しない。

重要 29 音楽（作曲家と作品）

レベル B マスコミレベル

ドイツ

- □『ブランデンブルク協奏曲』『G線上のアリア』『マタイ受難曲』 — J・S・バッハ（1685〜1750）
- □『水上の音楽』『メサイア（救世主）』 — ヘンデル（1685〜1759）
- □『交響曲3番「英雄」』『交響曲第5番「運命」』 — ベートーベン（1770〜1827）
- □『タンホイザー』 — ワーグナー（1813〜1883）
- □『ハンガリー舞曲』 — ブラームス（1833〜1897）

イタリア

- □『四季』 — ビバルディ（1678〜1741）
- □『セビリアの理髪師』『ウィリアム・テル』 — ロッシーニ（1792〜1868）
- □『アイーダ』『椿姫』 — ベルディ（1813〜1901）
- □『蝶々夫人』『トゥーランドット』 — プッチーニ（1858〜1924）

ポーランド

- □『子犬のワルツ』『別れの曲』 — ショパン（1810〜1849）

ハンガリー

- □『ハンガリー狂詩曲』『超絶技巧練習曲』 — リスト（1811〜1886）

フランス

- □『亜麻色の髪の乙女』『月の光』 — ドビュッシー（1862〜1918）
- □『3つのジムノペディ』 — サティ（1866〜1925）

チェコ

- □『交響曲第9番「新世界より」』 — ドボルザーク（1841〜1904）

ロシア

- □『展覧会の絵』『禿山の一夜』 — ムソルグスキー（1839〜1881）
- □『白鳥の湖』『くるみ割り人形』『交響曲第6番（悲愴）』 — チャイコフスキー（1840〜1893）
- □『火の鳥』『春の祭典』 — ストラビンスキー（1882〜1971）

アメリカ

- □『ラプソディー・イン・ブルー』『パリのアメリカ人』 — ガーシュイン（1898〜1937）

オーストリア

- □『フィガロの結婚』『魔笛』『ドン・ジョバンニ』 — モーツァルト（1756〜1791）
- □『未完成交響曲』『野ばら』 — シューベルト（1797〜1828）
- □『美しく青きドナウ』『皇帝円舞曲』 — ヨハン・シュトラウスⅡ世（1825〜1899）
- □『交響曲「大地の歌」』『交響曲「巨人」』 — マーラー（1860〜1911）

30 美術（画家と作品）

レベル B　マスコミレベル

イタリア

- 『最後の晩餐』　レオナルド・ダ・ビンチ
  『モナ・リザ』　（1452～1519）
- 『最後の審判』　ミケランジェロ
  『ダビデ像』　（1475～1564）
  『モーゼ像』
- 『横たわる裸婦』　モディリアーニ
  『青い服の少女』　（1884～1920）

フランス

- 『民衆を導く自由の女神』　ドラクロア
  （1798～1863）
- 『落穂拾い』　ミレー
  『晩鐘』　（1814～1875）
- 『笛を吹く少年』　マネ
  『草上の昼食』　（1832～1883）
- 『踊り子』　ドガ
  『少女の顔』　（1834～1917）
- 『水浴』　セザンヌ
  『カード遊びをする人々』　（1839～1906）
- 『考える人』　ロダン
  『カレーの市民』　（1840～1917）
- 『睡蓮』　モネ
  『印象－日の出』　（1840～1926）
  『散歩－日傘をさす女』
- 『浴女たち』　ルノアール
  『桟敷席』　（1841～1919）
  『ムーラン・ド・ラ・ギャレットの舞踏場』
- 『タヒチの女』　ゴーギャン
  『黄色いキリスト』　（1848～1903）

- 『オダリスク』　マティス
  『赤い大室内』　（1869～1954）

オランダ

- 『夜警』　レンブラント
  『風車』　（1606～1669）
- 『ひまわり』　ゴッホ
  『糸杉』　（1853～1890）

スペイン

- 『裸のマハ』　ゴヤ
  『着衣のマハ』　（1746～1828）
  『巨人』
- 『アビニョンの娘たち』　ピカソ
  『ゲルニカ』　（1881～1973）
- 『懐胎せる聖母』　ダリ
  『十字架の聖ヨハネキリスト』　（1904～1989）

ノルウェー

- 『叫び』　ムンク
  『星月夜』　（1863～1944）

日本

- 『富嶽三十六景』　葛飾北斎
  『北斎漫画』　（1760～1849）
- 『東海道五十三次』　歌川（安藤）広重
  『名所江戸百景』　（1797～1858）
- 『湖畔』　黒田清輝
  『読書』　（1866～1924）
- 『無我』　横山大観
  『生々流転』　（1868～1958）
- 『黒船屋』　竹久夢二
  『水竹居』　（1884～1934）

著者

角倉裕之　すみくら ひろし

1968年鹿児島県生まれ。91年鹿児島大学工学部電子工学科卒業。93年慶應義塾大学大学院経営管理研究科（慶應ビジネススクール）修了、MBA（経営学修士号）取得。同年、株式会社博報堂に入社し、経営管理本部で財務管理を、マーケティング局で広告戦略立案や新商品開発などを担当。98年、フリーのマーケティングプランナーとして独立。SOHOT（ソーホット）代表としてマーケティングプランニングに携わる。また、早稲田セミナー（Wマスコミ就職セミナー）講師として、のべ数千人の大学生の就職活動を指導。講義・講演先はWマスコミセミナー、ディスコ、広島工業大学、広島修道大学、文京学院大学、跡見学園女子大学、日本大学、相模女子大学、北海道大学、東京大学、東京理科大学など。

〈著書〉
『イッキに内定！ 一般常識＆時事［一問一答］』（高橋書店）

一般常識＆最新時事[一問一答]頻出1500問

著　者　角倉裕之
発行者　高橋秀雄
発行所　**株式会社 高橋書店**
　　　　〒170-6014 東京都豊島区東池袋3-1-1 サンシャイン60 14階
　　　　電話　03-5957-7103
©SUMIKURA Hiroshi　Printed in Japan

定価はカバーに表示してあります。
本書および本書の付属物の内容を許可なく転載することを禁じます。また、本書および付属物の無断複写（コピー、スキャン、デジタル化等）、複製物の譲渡および配信は著作権法上での例外を除き禁止されています。

本書の内容についてのご質問は「書名、質問事項（ページ、内容）、お客様のご連絡先」を明記のうえ、郵送、FAX、ホームページお問い合わせフォームから小社へお送りください。
回答にはお時間をいただく場合がございます。また、電話によるお問い合わせ、本書の内容を超えたご質問にはお答えできませんので、ご了承ください。本書に関する正誤等の情報は、小社ホームページもご参照ください。

【内容についての問い合わせ先】
　書　面　〒170-6014 東京都豊島区東池袋3-1-1 サンシャイン60 14階　高橋書店編集部
　ＦＡＸ　03-5957-7079
　メール　小社ホームページお問い合わせフォームから　（https://www.takahashishoten.co.jp/）

【不良品についての問い合わせ先】
　ページの順序間違い・抜けなど物理的欠陥がございましたら、電話03-5957-7076へお問い合わせください。
　ただし、古書店等で購入・入手された商品の交換には一切応じられません。